El cine
de
Pedro Almodóvar

Ediciones Destino
Colección
Destinolibro
Volumen 285

Cubierta: Pedro Almodóvar (Foto: Paco Navarro)

© Nuria Vidal
© Ministerio de Cultura (I.C.A.A.), 1988
© Pedro Almodóvar, los fotógrafos y los productores de cada una de sus películas, 1988
© Ediciones Destino, S.A.
Consell de Cent, 425. 08009 Barcelona
Primera edición: abril 1988
Primera edición en Destinolibro: abril 1989
ISBN: 84-233-1748-X
Depósito legal: B. 13.839-1989
Impreso y encuadernado por
Cayfosa
Carretera de Caldes, km 3
Santa Perpetua de Mogoda (Barcelona)
Impreso en España - Printed in Spain

Prólogo

Hacía mucho tiempo que tenía ganas de escribir algo sobre Almodóvar, pero nunca encontraba la oportunidad o el lugar adecuado. Por eso, cuando Fernando Méndez-Leite, en el Festival de Valladolid de 1986, me pidió que escribiera alguna cosa para el ICAA, no dudé en proponerle un libro sobre Almodóvar. En ese momento Almodóvar estaba rodando La ley del deseo y el proyecto no se puso en marcha hasta terminado el rodaje. Sólo que entonces surgieron los viajes. En definitiva, mi primer encuentro con Pedro Almodóvar no se produjo hasta el estreno de La ley del deseo en Barcelona. Yo no le conocía ni le había visto nunca en persona, así que el principal problema era que nos gustáramos para poder trabajar juntos. Afortunadamente, así fue, y establecimos un calendario de conversaciones que no comenzaron hasta el mes de abril, ya que Pedro estaba viajando continuamente para promocionar La ley del deseo. Por fin, a mediados de abril, nos encontramos cinco días seguidos para hablar de su cine. De esas conversaciones salieron doce horas grabadas, a las que se sumaron tres horas más a principios de mayo, en un viaje a Cádiz. Almodóvar se iba a localizar exteriores para su próxima película y yo le acompañé durante unos días, lo que me permitió completar la entrevista y conocerle de una forma más cotidiana.

Con todo ese material se construyó la parte fundamental de este libro, que en ningún momento quiso ser una biografía ni un libro de entrevistas exclusivamente. Más bien me proponía hacer una especie de entrevista a varias voces: por un lado las de Carmen Maura, Julieta Serrano y Agustín Almodóvar, con los que

7

mantuve largas charlas acerca de Almodóvar y su trabajo, y por otro con él mismo en momentos anteriores y con textos que de alguna manera iluminaran o ilustraran sus palabras, sin olvidar los diálogos de sus propias películas. De todo ello salió esta primera parte que de común acuerdo hemos llamado «Autobombo».

El problema principal a la hora de hacer un trabajo sobre Almodóvar son las fuentes. Sin duda alguna Pedro Almodóvar es uno de los directores españoles que más ha aparecido en revistas y diarios desde que hace siete años saltó a la popularidad con Pepi, Luci, Bom y otras chicas del montón. Pero la cuestión es que esta enorme cantidad de papel impreso muchas veces es repetitivo, o simplemente falso, y en la mayoría de los casos lo he encontrado sin fechar e incluso sin identificar procedencia. Respecto a la fecha, se podría deducir por la película de que se hablara, pero la procedencia a veces ha sido imposible. Para reunir el máximo material sobre Almodóvar consulté los archivos de la Biblioteca de la Filmoteca Española, de la Biblioteca de la Filmoteca de la Generalitat y el de Jaime Figueras, que amablemente me dejó utilizarlo. Con todo ello, pienso que he reunido una buena parte de la información, no toda ni mucho menos, que se puede hallar sobre Almodóvar. De todos modos, como no creo que éste sea el libro definitivo sobre él, sino una primera aproximación a su persona y a su obra, una obra que está en pleno crecimiento y evolución, dejo para trabajos más eruditos la obligación de datar correctamente todas las fuentes utilizadas.

El libro no es sólo la conversación. Hay tres partes más que lo complementan. En la segunda se intenta dar una visión más crítica, más personal sobre las películas, sobre todo con la intención de completar cosas y rellenar lagunas que hubieran podido quedar en la entrevista. La tercera la he llamado «Guía almodovariana» con el fin de que sea una especie de diccionario temático que permita seguir la evolución de objetos, lugares o personajes a lo largo de sus seis largometrajes. El último apartado es una filmografía con fichas completas de sus trabajos profesionales, una sinopsis y algunos textos de la época que evidencian cómo han ido evolucionando los juicios sobre su trabajo.

Antes de terminar estas líneas quiero agradecer a todos los que me han ayudado en la confección del libro. A Méndez-Leite por la oportunidad de hacerlo, a Pedro Almodóvar por su disponibilidad y colaboración, a Carmen Maura, Julieta Serrano y Agustín Almodóvar por sus charlas e informaciones. A Dolores Devesa y Jaime Figueras por su ayuda en la documentación, a Elena Posa, Laura e Irene de Lauren Films, por su colaboración, y a Ramón Herreros por su paciencia para leer estas páginas y soportar la «fiebre Almodóvar» durante todo el tiempo que duró su escritura.

Barcelona, agosto 1987

Prólogo a la segunda edición

A mediados de 1988, tras un largo proceso de gestación, vio la luz la primera edición de este libro, terminado de escribir en agosto de 1987. El retraso en su aparición se debió a los problemas de la administración para sacar adelante proyectos de este tipo. Pero lo cierto es que el libro surgió en el momento oportuno, justo cuando Pedro Almodóvar estaba lanzado al superestrellato con el éxito de Mujeres al borde un ataque de nervios.

Desde el principio, este libro se planteó como una publicación del ICAA, dentro del Ministerio de Cultura, destinado a la promoción exterior del cine español, sin intención de ponerse a la venta.

Sin embargo, se vio enseguida que su lugar debía estar en las librerías, en la calle. Ello llevó a realizar algunas gestiones entre Ministerio y editoriales que finalmente han dado resultado en esta segunda edición que aparece en abril de 1989, dos años después de iniciadas las conversaciones con Almodóvar. Los dos años transcurridos entre el principio y el final de esta aventura, hacen que el libro tenga dos partes claramente diferenciadas. Lo que constituye el texto original en sí, que termina con La ley del deseo *y el rodaje de* Mujeres al borde de un ataque de nervios, *y un apéndice o cuarta parte que, bajo el título de «Un año después» se ha redactado en el mes de febrero de 1989. Este último capítulo, indispensable para darle actualidad y cerrar una etapa de la filmografía de Almodóvar, es voluntariamente distinto al resto del libro. No surge de la comunicación directa sino indirecta, a través de los papeles y el teléfono y no quiere ser analítico ni exhaustivo, sino simplemente informativo. De ahí las diferencias de estilo, creo que irremediables y necesarias entre una parte y otra, ya que ni Almodóvar ni yo, ni el libro estamos donde estábamos hace dos años.*

«Un año después» quiere ser el apunte recordatorio de todo lo que ha pasado en 1988. Un apunte que sirva para que, quién lea y utilice este libro tenga un punto de partida donde apoyarse para entender el futuro de Pedro Almodóvar. Un futuro por fuerza distinto a lo que aquí se refleja, pero surgido directamente de su propia historia.

Para acabar, tan sólo recordar la voluntad puesta por parte del Ministerio, tanto en la persona de Fernando Méndez Leite, como en la de Miguel Marías y la de Ediciones Destino, para que este libro pudiera publicarse y dar las gracias a Agustín Almodóvar y a Chusa Maza que, en medio del lío descomunal en que viven, protegiendo y cuidando a Pedro Almodóvar, han encontrado un hueco para darme toda clase de información y contarme toda clase de cosas.

Barcelona, febrero de 1989

Primera parte:
Autobombo: Almodóvar, el cine y los demás

Capítulo primero
Pepi, Luci, Bom y otras chicas del montón

Fue mi ironía la que hizo que muchas chicas de provincias se hicieran modernas y ahora sean felices en Madrid. No hay nada como hablar en serio para que los demás te crean devotamente.[1]

Pepi, Luci, Bom y otras chicas del montón, *surge en medio del mogollón, en medio del período de efervescencia de Madrid, en el año 1979-80.*

Sí, coincide con el momento en que Madrid está más vivo. Sin embargo, *Pepi*... sería como es de todos modos en otras circunstancias. Al estar rodeado de todos aquellos amigos, *Pepi*... representa ese momento de Madrid de una manera especial. Yo no me aprovechaba de nada, simplemente reflejaba lo que sucedía a mi alrededor. *Pepi*... se quiso ver como una película costumbrista, tipo *Opera prima*, pero de una fauna distinta, y es verdad que es un espejo de esa otra fauna, pero no es nada costumbrista. Si me hubiera ido a París la hubiera hecho igual, únicamente habría cambiado el ambiente en función del que hubiera allí. En aquella época yo me movía con todos los que después serían grupos famosísimos, pero que en ese momento no sabían ni tocar, ni pintar, ni nada. Lo que sí tenían eran ideas y las ponían en práctica con mucho descaro y mucha frescura. La película ha quedado como un documento y se aguanta muy bien. En el pase de televisión comprobé lo corrosiva que podía ser todavía. Y pensé ¿cómo nos atrevimos a hacerla en 1980?

1. Pedro Almodóvar. «La vocación.» *Diario 16*. Verano 1985.

¿Cómo te decidiste a pasar al terreno profesional?

La película se hizo por Carmen y por Félix Rotaeta. Ellos fueron los artífices, porque yo no hubiera tenido cara para pedirle a tanta gente dinero para hacerla. Ellos conocían a mucha gente y al final éramos más de cien involucrados en la producción. Aparte de que ninguno de nosotros cobró.

Te propones hacerlo en vídeo de media pulgada y hablas con tus amigos para que la interpreten; pero a ellos les atraen las glorias del mundo más que a ti y te convencen para que des el salto definitivo a la pantalla grande.[2]

Ellos se preocuparon de moverla, pero yo tuve la paciencia de hacerla, cambiando cada día. Como no se podía hacer ninguna secuencia tal y como la había escrito, me pasaba las mañanas en la Telefónica re-escribiendo el guión para adaptarlo al rincón donde podíamos rodar por la tarde o el fin de semana. Creo que es el trabajo más exhaustivo de guión que he hecho nunca, porque las circunstancias eran las más salvajes. Estaba dispuesto a terminar la película como fuera y componía el rompecabezas de escenas hasta que podía rodar una secuencia entera. Conseguíamos un poco de dinero y rodábamos. Veíamos las pruebas en el laboratorio y seguíamos recomponiendo.

Carmen Maura completa el panorama de la época:

Cuando leí el guión de Pepi, Luci, Bom y otras chicas del montón *le convencí de que dejara de hacer Super-8 y la hiciera en un formato que se pudiera pasar en los cines. Él no estaba decidido. Sabía que llegaría*

2. Pedro Almodóvar. «¡No hay derecho!» *Diario 16*. Verano 1985.

a hacer cine, pero no tenía prisa. Le dije que sería Pepi, pero que tenía que hacerla en grande. Fuimos a ver a Diego Galán, que era amigo nuestro. En una noche se leyó el guión y se quedó fascinado. Nos animó mucho. Conectamos con Rotaeta y empezamos la larga historia de Pepi..., *que duró año y medio. Hubo momentos muy duros. Trabajando todos los días éramos muy pocos. El resto cambiaba continuamente.*

Yo entonces no sólo era una chica que empezaba, era, además, una niña bien. No había conocido nunca a nadie como Pedro ni parecido a él. Colomo y los modernos no tenían nada que ver. La unión que se producía entre nosotros era muy especial porque éramos completamente distintos en todos los sentidos. Y sin embargo, cuando me dio ese guión, que tenía que sorprenderme una burrada, tan sólo recuerdo que le dije dos cosas: que lo de la meada era una ordinariez y una guarrada y que yo nunca podría decir «¿qué te parece este conejito en su salsa?».

—Vivo allí enfrente, en una de esas ventanas y me han llamado mucho la atención tus macetitas.
—Son bonitas, ¿verdad?
—Cállate que se te va a caer el pelo. Es droga, ¿o crees que me chupo el dedo?
—Y hablando de chupo, ¿qué te parece este conejito en su salsa?
—Así a la vista... de rechupete.[3]

Ahí se me negó el cuerpo y tuvimos que rodarla tres veces a una distancia de seis meses cada una, porque yo le decía que las chicas no decíamos nunca eso. Y el tío no pasaba. Fíjate, con las condiciones que rodábamos, y cuando no le gustaba una secuencia había que repetirla aunque fuera seis meses después.

3. De los diálogos de *Pepi, Luci, Bom...*

Para todos los que se preocupan por el *raccord*, *Pepi...* supone un alivio o un atentado. Por ejemplo, al principio, Pepi sale a abrir la puerta en junio de 1979, se sienta en el salón en diciembre del mismo año y empieza a hablar con el policía en junio de 1980, y los planos van seguidos, uno detrás de otro. Mi único interés era poner la palabra fin.[4]

Tres veces durante el año y medio, porque el cuerpo se me negó, pensando que eso no lo diría nunca una chica. Y con Pedro no puedes pensar que el personaje que él ha escrito no puede decir una cosa. Te tienes que tirar de cabeza. Es evidente que lo que él decide poner en la boca de sus personajes pega, aunque a veces parezca que no pega. De la gente de la película, yo conocía a Eva Siva porque estaba en el teatro y era amiga de Félix. A Alaska la conocí el día de la meada, en el piso del rodaje. No había tiempo para nada, se rodaba los fines de semana, a cachitos, y no había tiempo para reunirse y conocerse. Alaska me pareció supersimpática, superguapa y superdivertida. Tenía quince años. Llegó al piso y Pedro me la presentó pidiéndome que la ayudara un poco porque yo era actriz. Hablamos un rato, tenía una memoria impresionante y era muy buena chica, muy disciplinada y obediente. A ella no le resultaba nada raro lo de la meada. A nadie le parecía raro, ni a Pedro, ni a Alaska, ni a Eva, como si toda la vida les hubieran caído meadas encima. Era un mundo muy raro el que rodeaba a Pedro, un mundo que me fascinó cuando empecé a conocerle bien. Era una gente que podía hacer lo que le daba la gana, nadie juzgaba nada, las cosas no se consideraban tonterías, todo el mundo hacía cosas extrañas que a nadie extrañaban. Eso me encantaba. Yo estaba unida a ese mundo a través de Pedro, que me parecía como un her-

---

4. Pedro Almodóvar. «El raccord de Pepi.» *El País*, abril 1986.

mano pequeño listísimo que nos había salido en la familia y había venido del pueblo. Me lo tomaba todo con naturalidad, y si allí nadie se extrañaba, pues a mí tampoco me extrañaba.

—Vengo meándome.
—Espera. Aprovecha y háztelo encima de ella. Está caliente y la refrescará.
—Un poco difícil sí que va a ser, pero valdrá la pena.
—Un momento que yo te ayudo. Súbete a la mesa. Levanta la pierna.[5]

Además el rodaje fue divertidísimo. Alaska estaba con la pierna levantada y el plano que yo veía era: la cámara, el de atrezzo con una botella tirando cerveza, el coño de Alaska y la cara de la otra diciendo «¡Ah, Ah!». Me quería morir de risa. Era como si eso pasara todos los días. Todo era un disparate.
En aquellos momentos Pedro trabajaba muy preocupado por el tiempo. Teníamos que rodar sólo dos veces y no se hacían tantas bromas como ahora. Yo me lo tomaba todo por el lado surrealista y al cabo de un año y medio me había acostumbrado. Me acuerdo del día que rodamos la paliza de Félix en la calle. Yo ya estaba completamente lanzada porque iba comprendiendo que aquello era jauja. Mi lucha ha sido siempre convencer a los directores para que me dejen ser visceral. Con Pedro eso era lo único que valía. Cada día era una cosa más graciosa, más rara. Además estaba la ropa, y los peinados. Me encantaban. Nunca me he encontrado tan guapa y divertida como en Pepi... *Yo entonces era una parada que no sabía qué ponerme y si iba de progre era peor. Y, de repente, me vestían de chica fantástica, la más moderna de Madrid. Pero el*

5. De los diálogos de *Pepi, Luci, Bom...*

rodaje fue muy duro. A veces pienso que teníamos un verdadero amor por aquella historia, porque era cansado, todos los fines de semana. Pero era tan fascinante que te enganchabas. Por otro lado, yo sé que he sido importante para Pedro, me ha dado papeles que he hecho muy bien, pero él es un tanque. Si yo me hubiera echado para atrás, o cansado, Pepi simplemente se va de vacaciones a Londres y viene Mari Pili, que es una chica estupenda, que le adora, y hace mi papel. En eso he sido plenamente consciente, y me encanta que sea así.

Desde la famosa escena de la meada en Pepi... *la escatología ha sido una constante en tu cine, aunque se ha ido depurando poco a poco, y si en las primeras aparecía de una manera dominante, en* Matador *y en* La ley *es apenas un apunte.*

Yo creo que no hay que darle demasiada importancia al asunto de la escatología. Forma parte de la naturalidad, de la sinceridad de mis películas. Lo que pasa es que, como se utiliza poco y yo lo pongo de una forma muy directa, resulta muy chocante. La comicidad de la escatología entronca directamente con una determinada tradición de la literatura española, pero yo no la subrayo, la utilizo como un elemento más. En las películas no se ve a la gente mear ni cagar, pero es que no hace ninguna falta, el cine no es la realidad y por tanto si no es necesario no se pone y punto. Yo lo uso de una forma nada documental. Normalmente me gusta mirar al personaje en ese momento tan íntimo de estar en el baño. Por ejemplo, en *Entre tinieblas,* cuando Yolanda entra en el cuarto de baño y mea, antes se mira en el espejo y dice «pasa de él, tía», es muy fuerte. En el cuarto de baño uno hace y dice cosas muy raras, es uno de los instantes de mayor intimidad. Todo eso informa sobre los personajes. En *Pepi...* me sirve para presentar a Eva y Alaska de una forma especial, en *Laberinto...*, por ejemplo, la urgencia de ir al lavabo y que no la dejen me va bien para crear un *gag*. No voy a renunciar a ese *gag* o a esa presentación por una cuestión de remilgos, simplemente los utilizo si me sirven para hacer progresar la acción.

En diciembre de 1980 Pedro Almodóvar escribió:

«Los de la revista *Star* habían visto uno de mis anuncios en Super-8 mm —el de las bragas que en *Pepi, Luci, Bom...* atribuyo a Pepi— y les encantó. Por aquella época yo quería hacer una fotonovela, se lo dije y me prometieron publicarla. Pero me sugirieron que hiciera una cosa muy sucia. No tengo nada contra la grosería, todo lo contrario, pero me molestó que ya me impusieran un tono. Así que me olvidé del tema. Pero una noche muy estimulado por la cena, a modo de diversión, me puse a escribir automáticamente algo muy descarado, pensando en el encargo de *Star*. Lo empecé como un juego de obscenidades. El resultado fueron las primeras secuencias de la película, en forma de narración. Al día siguiente el ejercicio seguía divirtiéndome, y después de una semana tenía terminado el primer guión. Había abandonado la idea de la fotonovela definitivamente, aunque conservaba cierta estructura de historieta gráfica. Mientras escribía el guión pensaba en esas películas de Cantudo, Agata y Bárbara, donde para desnudarse sólo necesitaban estar vestidas (que conste que algunas son ya verdaderas joyas del *kitsch*). Me interesaba mostrar una serie de comportamientos propios del porno, pero dentro de una atmósfera cotidiana y naturalista, desprovista de exhibicionismo. Por entonces fui a visitar a unos amigos que tienen una niña pequeña. Allí estaba Félix Rotaeta, amigo también de la pareja. Hubo un momento en que nos quedamos solos Félix, la cría y yo. Mientras que yo mecía a la criatura, le conté a Félix, con diálogos y todo, la historia que acababa de escribir. Y él se moría de risa viéndome mecer a la niña mientras que decía cosas como: "Y hablando de chupar, ¿qué te parece este conejito en su salsa?"... En un arranque de loca suficiencia, me prometió que haríamos la película. Él se encargaría del dinero. En esa época yo trabajaba de actor en la compañía de Carmen Maura. Sin ningún otro argumento que su intuición. Carmen me aseguraba que yo pronto haría una película de verdad, y no en Super-8.

»También tenía la convicción de que si había alguien que la convertiría en la "nueva Carmen Maura", bella, bien vestida, distinta, ése era yo. Mientras se maquillaba en su camerino para salir a escena, Carmen se entregaba a esta serie de adivinaciones, como si su espejo fuera una bola de cristal. Yo la oía con gusto, pero no le hacía mucho caso. Le di el guión y enloqueció. Ella sería Pepi. Félix llamó a la puerta de multitud de amigos y la mayoría acabó dándonos una discreta limosna que nos permitió empezar la película en régimen de cooperativa. De ese modo llegamos a rodar el primer guión. Duraba cuarenta minutos. A mí lo del metraje me tenía sin cuidado, pero el resultado no era muy convincente. El final era tan abierto que no sólo permitía una continuación, sino que la pedía a gritos. Decidimos convertir la película en largo, para lo cual faltaban historia y dinero. De la historia me encargué inmediatamente. "Hacen falta 45 minutos de insertos", me dije. Al poco tiempo ya estaban escritos. El dinero tardó en llegar un año. Pero llegó, en forma de joven e intrépido productor catalán: Pepón Coromina. Nos asociamos con él y terminamos la película. Respecto a *Pepi, Luci, Bom...* sólo puedo repetir lo que ya he dicho más de una vez: que es una comedia que participa de muchas otras cosas, lo cual la hace bastante atípica. Que es divertida, audaz, corrosiva, incorrecta, moderna, desigual, subversiva y amoral. Que en ella Eva Siva se revelará como una actriz inclasificable, que Carmen Maura demostrará su capacidad para ser otra Carmen Maura, que Kiti Manver se convertirá en la chica más ordinaria jamás soñada, etcétera, etcétera.

»Sólo me queda desear que os guste y que se me permita hacer la segunda. Aunque sólo sea para demostrar que es mentira eso de que en España es difícil hacer cine.»

¿Cuál fue el papel de Pepón Coromina?

Pepón Coromina no fue el gran salvador de *Pepi...* en todo caso fue el gran explotador de *Pepi...* Éste es un asunto que tenemos que solucionar. *Pepi...* en este momento se ha amortizado con creces. Sólo con el pase por televisión ya está amortizada.

¿Te gustaría ver algún día tus películas en TVE?
—Me gustaría mucho, y creo que por parte de televisión es un error no poner *Pepi, Luci, Bom...* porque tanto *Pepi...* como la actual están hechas de modo que puedes interrumpirlas cada cinco minutos y poner publicidad, sin que eso afecte al ritmo de la narración. Creo incluso que ganaría la película.[6]

Nosotros, la cooperativa que se formó entonces,

---

6. Pedro Almodóvar. Autoentrevista durante el rodaje de *Laberinto de pasiones*.

no hemos cobrado ni nuestro sueldo. Ya no hablo de ganancias, y eso que el 40 % de la película era nuestro. Hay un montón de cuentas que nos tienen que rendir, pero ¿sabes lo que ocurre? No hay papeles. No tenemos nada de nada. Nadie sabía que realmente estábamos haciendo una película, nadie se preocupaba de esas cosas. En un año llegamos a hacer casi cincuenta minutos, pero agotamos la posibilidad de encontrar más dinero, así que se la mostramos a varios productores. Pepón no fue el primero que la vio, la vieron otros antes. Todos salían con los pelos de punta diciendo que cómo nos atrevíamos a enseñarles eso. Pepón fue más listo y tuvo más olfato. Yo, ahora, no le acuso. Le agradezco que la cogiera. No sé hasta qué punto nos engañó o no, pero lo cierto es que queríamos que alguien nos engañara, pedíamos que alguien abusara de nosotros y nos engañara para poder terminarla. Pepón fue el único que tuvo olfato para ver que allí había una película. Habló con J. Esteban Alenda, consiguió un adelanto de distribución de tres millones y con esos tres millones se pudo terminar la película, montarla, hincharla a 35 y estrenarla. Ellos hicieron un negocio, sin duda. No pusieron un duro y se quedaron con el 50 %. Pero no les acuso. Ellos sacaron su partidillo y yo conseguí acabarla. Lo que pasa es que ahora, después de todo este tiempo, pienso que nosotros deberíamos ver algo de todo eso. Esteban Alenda, simplemente por haber dado ese adelanto, ya tenía tres licencias, lo cual le amortizaba la película. Todo el mundo la tenía amortizada menos nosotros. Pero ¡era tan raro hacer esa película en aquel momento y que se estrenara! que por eso esto lo digo sin rencor. Únicamente, que ya que *Pepi...* es una película que se ha exhibido durante años ininterrumpidamente y se ha convertido en un clásico de los cines de medianoche, se ha pasado en televisión, está en vídeo y costó sólo cinco o seis millones, pienso que esa cooperativa que la hizo y se divirtió haciéndola, merece que le den una explicación. Pero sin ningún rencor. Creo que tanto Pepón como Esteban Alenda hicieron lo que sus papeles les obligaban a hacer.

En Pepi... *están en germen prácticamente todos los temas que aparecen en tus otras películas: los hermanos, las amas de casa...*

...las relaciones matrimoniales turbulentas, la chica supermoderna, ingeniosa, autónoma, amoral, a prueba de todo, los anuncios de publicidad, la música, las fotos. Hay un hilo conductor entre *Pepi...* y *La ley...* Aunque todas las películas son distintas, si alguien quiere seguir mi trayectoria tiene miles de pautas para hacerlo.

En todas tus películas cuentas la propia película en cierto modo. Siempre hay alguien que explica, con otro medio, lo que está sucediendo. En Pepi... es la propia Pepi la que lo hace cuando intenta hacer un vídeo.

Es verdad. Casi siempre hay una explicación verbal. No sé si está en todas, pero en *Pepi...* desde luego sí que está. Me acuerdo muy bien. En *Pepi...* lo hacía porque necesitaba explicar el personaje de Luci, el de Eva Siva. Me encanta como está Eva Siva en la película, me encanta esa especie de apatía que tiene, esa cosa de no registrar nada de lo que pasa, es como japonesa, no mueve nunca un músculo. No es una buena actriz, pero me gusta porque la hace aún más atípica y funciona divinamente. Pero yo tenía dudas de si el espectador se estaba dando cuenta de hasta qué punto es atípica. Por otro lado, Alaska no era lo suficientemente agresiva con ella, ni tan guarrona como yo quería. Para que todo eso quedara claro pongo a Carmen, que quiere hacer un vídeo sobre ellas y explica quiénes son. Esa explicación sirve para que el espectador se entere de que Luci es un ama de casa cuarentona, cosa que Eva Siva no era. Pepi lo dice haciendo un gran ejercicio de distanciamiento.

—No sólo tenéis que ser vosotras mismas, sino que tenéis que representar vuestros propios personajes. Y la representación es siempre algo artificial.
—Yo eso no lo entiendo.
—Pues mira. Por ejemplo, tú. Eres una cuarentona, mujer de policía, ama de casa, pero que te va la marcha y tal. Pues eso tiene que quedar bien claro. Porque yo he visto cómo te han pegado, te has comido mocos, te han hecho de todo y te has quedado como si nada.
—¡Uy! chica, no sé...
—¿Y supongo que te gusta?
—¡Uy! sí, me encanta.
—Pues eso se tiene que notar, porque tú te comes un moco como si te comieras un trozo de pan.
[...] —Lo divertido de vuestra historia es que tú seas una cuarentona mujer de un poli y tú una cantante *punk* de dieciséis.[7]

El vídeo es pura teoría y puro morro por mi parte, a la vez que es un ejercicio muy curioso de hablar de la película dentro de la película, hablándole al personaje. Es como si yo me metiera allí y la hablara no a Eva sino a Luci, explicándole cómo debe ser. A veces los personajes tienen que ser más para que los demás los vean.

Pepi... *es una película muy diurna, muy llena de luz.*

7. De los diálogos de *Pepi, Luci, Bom*...

Pepi... sí. La noche está muy presente en *La ley...*, por ejemplo, la noche y el calor. *Pepi...* siempre la relaciono con el verano. *Pepi...* y *La ley...* son las únicas que he rodado en verano. Todas las demás las he hecho en otoño o invierno. En *Pepi...* todos viven de día, por la mañana y por la tarde, es muy luminosa. El adjetivo de noctámbulo es más bien aplicable a mis productos, que han sido condenados a la noche. Mis películas se ponen sistemáticamente en las sesiones de medianoche de las grandes ciudades. Lo de la nocturnidad es más bien una cuestión de los cauces de distribución que de la propia película.

Yo soy un personaje muy diurno. Es algo que conservo de la etapa de la Telefónica, una de las cosas por las que me sigo levantando pronto es porque me he acostumbrado a levantarme pronto, incluso aunque me acueste tarde. He estado diez años levantándome a las siete de la mañana. Inevitablemente tienes que acostumbrarte. De hecho, sólo me gusta trabajar con luz de día, de noche trabajo muy poco. Aunque recientemente empiezo a cambiar las costumbres por culpa del teléfono. Durante la mañana no para de sonar y no me puedo concentrar. Por la noche nadie llama. Me gusta mucho la vida de las mañanas, el movimiento, la luz. Sin embargo, salgo mucho de noche, es una contradicción que no tengo acabada de resolver.

En Pepi... *ya se ve que utilizarás el espacio urbano de una forma poco convencional. Por ejemplo, cómo aprovechas las esquinas.*

Tengo una tendencia a las esquinas. Me gusta mucho mucho ver aparecer un personaje en el cuadro, en medio de la pantalla. La esquina es ideal para eso. Tienes la cámara colocada y ves una esquina.

27

Entonces hay un personaje que entra, las ventanas también tienen esa función de marcar un cuadro dentro del cuadro. Hay una cierta tensión al ver cómo un personaje va apareciendo poco a poco, sin cambiar de tamaño y siempre en el mismo plano, cruzando la pantalla. Por eso me gustan las esquinas y que alguien se asome por una.

¿Dónde está rodado el plano del final de Pepi...?

Ese plano está rodado en el puente que cruza la carretera de Andalucía desde la residencia Primero de Octubre. Es un plano muy importante y definitivo.

—Oye una cosa, ¿por qué no dejas a los pintores como decías y te vienes a vivir conmigo a casa?
—¿Lo dices en serio?
—Pues claro, yo soy una chica que vive sola. Necesito alguien que me proteja. Tú, con el boxeo, te estás poniendo que... podrías ser mi guardaespaldas.
—Estaré encantada de protegerte.
—Pues vamos ahora mismo a recoger tus cosas.
—Eres un ángel, Pepi.
—¿Y qué te pasa ahora? Anda, alégrate.
—Aunque me vaya a vivir contigo no pienso vivir a costa tuya. No me gusta que me mantenga una mujer. Tengo que sacar dinero de algún sitio.
—Mujer, tienes la música.
—La música. No tengo grupo. Éstos se han ido. No tengo nada. El *pop* ha pasado de moda, no se lleva, tengo que buscar otro estilo y no lo veo nada claro.
—En eso ya he pensado yo. ¿Por qué no te haces cantante de boleros?
—¿Boleros? ¿Como Olga Guillot?
—Claro.
—Me encantaría.
—Pues ya está decidido.
—Pero, ¿tú crees que yo sabré?

—Mira, desde luego autenticidad no te va a faltar, y eso es lo importante. Del resto me encargo yo. Ya se me ocurrirá algo.
—¡Uf! ¡Cuántos cambios para un solo día!
—Anímate. Ante ti se abre una nueva vida.
—Ante ti también.
—Eso espero.[8]

¿Sabes una cosa muy curiosa? No es que yo me crea un adivino con poderes premonitorios, pero hay un montón de cosas que aparecen en mis películas que después han sido realidad. Por ejemplo Olvido. En aquel momento no había grabado todavía ningún disco, ni siquiera era cantante. Ella era la guitarrista de «Kaka de Luxe». Cantó por primera vez en la película. «Yo no canto», me dijo. Pero la convencí de que el personaje tenía que cantar y cantó y grabó por primera vez. Ahora, seis años después, Olvido se ha hecho cantante de boleros y aunque no se ha hecho boxeadora, se dedica a hacer culturismo y pesas. Le interesa mucho.

—¿Qué tal con el boxeo?
—Bien, me mantiene en forma.
—No sé para qué. Acaba agotada. Se pasa todo el día con el balón y a mí ni caso.
—¡Cállate, estúpida![9]

Otro ejemplo. Carmen, en una película que hicimos juntos hace muchísimo tiempo, un Super-8, hacía de presentadora de televisión, una presentadora muy parecida a la que ha sido después.

Cantidad de cosas que sucedían en esta película han pasado después. Es gracioso y agradable darse

8. De los diálogos de *Pepi, Luci, Bom*...
9. De los diálogos de *Pepi, Luci, Bom*...

cuenta de ello. Te voy a poner otro ejemplo. Cristina Sánchez Pascual trabajaba en *Pepi...* era la mujer barbuda que forma parte de una especie de unidad independiente dentro de la película. Se trata de una versión muy «sui géneris» de *La gata sobre el tejado de zinc*. El marido de la mujer barbuda es el que paga la fiesta y la mira con unos prismáticos. Ese hombre tiene una relación con la mujer barbuda exactamente sacada de la obra de Tennessee Williams. Es un monólogo de ella acusándole de que no le hace caso. Habla de su amigo, ese deportista con el que se supone que ha tenido un lío y llega a decirle:

Hace cuarenta días y cuarenta noches que no jodemos y yo estoy que estallo. Estoy como una gata sobre un tejado de zinc.[10]

Eso me recuerda que en *La ley...* he hecho algo parecido con *La voz humana*. No me había dado cuenta hasta ahora de la coincidencia de estas dos historias al margen, pero dentro de la historia principal. Pero bueno, volviendo a lo de las premoniciones, la actriz que interpretaba la mujer barbuda, exactamente cinco años después hizo con Eusebio Poncela un montaje de *La gata sobre el tejado de zinc*. Al final hubo problemas y fue sustituida por Carmen Elías, pero era un montaje suyo. Es extraño. Son ese tipo de cosas del inconsciente colectivo. Uno capta cosas que están flotando en el aire y se producen esas casualidades. Por suerte, hasta este momento todas han sido casualidades agradables. No han matado a nadie como en mis películas, pero sí se han hecho cosas agradables que ya pasaban en ellas.

10. De los diálogos de *Pepi, Luci, Bom...*

Yo soy un chico con suerte. No creo mucho en la fatalidad ni en las supersticiones, pero sí creo que tengo suerte, que es todo lo contrario de ser supersticioso. De pequeño sufría mucho y me inventaba mis propias supersticiones. Por ejemplo: si mi madre me dejaba sentado en una puerta y me decía «espérame que ahora vengo», yo me decía a mí mismo «si pasan dos señoras es que está a punto de llegar, pero si viene un señor no vendrá nunca». Tendría cinco o seis años y era terrible tener esa dependencia del azar. Supersticioso o no, débil o no, con buena suerte o con mala, tú te tienes que hacer siempre. Hay un modo de que las cosas sucedan si tú las provocas. Por otra parte, está la cuestión de la oportunidad y eso sí que no lo controlas. Por ejemplo: yo he aparecido muy oportunamente en el panorama del cine español y he aparecido igual de oportunamente en el panorama del cine internacional. Fuera de España he surgido justo en el momento en que los ojos estaban puestos en este país. Y en España salí también en el momento ideal, en el momento de explosión de un nuevo movimiento. Mucha gente piensa que he sido un oportunista, que supe aprovecharme. Y se olvidan de que *Pepi...* está hecha en el 79, mientras que esa nueva ola o movimiento, me acuerdo perfectamente porque forma parte de mi historia, empezó más tarde. En diciembre de 1980 salió el disco de «Radio Futura»; el primer disco de «Alaska y los Pegamoides» apareció en el verano del 80 cuando la película estaba rodándose hacía más de un año.

En cuanto a la cantante «Alaska y los Pegamoides», que son «Bom y Los Bomitoni» en la película, pues yo les conocía hace año y medio, cuando aún eran absolutamente desconocidos y tocaban bastante mal. Como yo necesitaba un grupo que no tocase demasiado bien, trabajaron conmigo.[11]

Yo no sabía que era oportuno, ni hacía las cosas con esa idea, como tampoco he salido fuera de una manera pensada y calculada. Ha coincidido que en el momento de empezar a exportarse mis películas hay una gran curiosidad por España en todo el mundo. Y yo represento de algún modo lo más contemporáneo. Mis películas reflejan el cambio que ha habido en España, entre otras cosas porque no se habrían podido hacer antes.

¿Te cuidabas tú de la ropa y los decorados?

Toda la ropa y los muebles de *Pepi...* los escogía yo. En el caso del vestido de Julieta le dije al figurinista —es mucho decir llamarle así— que quería un traje tipo *Dama de las Camelias,* pero cuando Julieta lo vio dijo que se parecía más a Escarlata O'Hara.

Julieta Serrano, alias Escarlata, alias Damas de las Camelias, recuerda:

Pepi... *se hizo a trozos. Yo estuve en lo que se puede llamar la segunda vuelta, el segundo año de* Pepi... *Trabajaba con Carmen en el teatro haciendo* Motín de brujas, *mientras ella hacía* Pepi... *con Almodóvar. Cuando me explicó que habían encontrado dinero para continuar la película le comenté que me gustaría hacer una aparición. Mi papel era el de* Dama de las Camelias. *Lo de Escarlata se me ocurrió a mí porque al verme dije:* «¡Si voy vestida de Lo que el viento se llevó!». *Pero figuraba que era la* Dama de las Came-

---

11. Pedro Almodóvar en una entrevista de la época del estreno de *Pepi...*

lias. *Recuerdo que nos maquillábamos nosotras mismas en el lavabo de aquella discoteca. Y me acuerdo de que el día del rodaje se olvidaron el miriñaque. Aquel vestido sin miriñaque no se podía usar, así que Félix Rotaeta improvisó uno con unos aros de «hulahop» unidos con cinta aislante. Cada vez que corría detrás del niño en aquel pasillo espantoso del barrio de Azca, metía el pie en el aro y me iba de narices al suelo. Costó mucho de rodar.*

Yo quería la *Dama de las Camelias* porque me apetecía la imagen de una actriz muy aparatosa corriendo por aquel terrible pasillo subterráneo lleno de polvo, medio derruido y con algo de postnuclear. Quería que en aquel lugar apareciera una mujer de otra época con un vestido imposible. Es una imagen impactante, dentro de que la imagen en *Pepi...* es lo menos impactante del mundo. Era bonito ver a Julieta corriendo como una loca por aquel pasillo pegándole al niño. Casi todo lo que aparece en la película son cosas que yo he visto y esta situación en concreto es completamente real, yo la he vivido. He visto a una actriz a las cuatro de la mañana acarrear a un niño por las calles y darle de golpes de esa manera.

El tema principal de Pepi *yo creo que es la amistad.*

La amistad, la gente que comparte algo. La amistad es un elemento clásico, un elemento dramático, un tema de toda la vida. El amor, la amistad, la belleza, la verdad, la libertad, la justicia, la muerte, el placer... son temas de los que se está hablando desde el origen de los tiempos. A mí me gusta la amistad básicamente entre mujeres. En las películas norteamericanas normalmente la amistad es entre hombres, pero a mí me gusta la complicidad que hay entre las mujeres.

—Me pregunto cómo podemos ser tan buenas amigas tú y yo siendo tan distintas como somos.
—Yo nunca me pregunto esas cosas.[12]

Para mí la amistad es masculina, pero prefiero hablar de ella entre chicas, me fascina mucho más ver a dos chicas cómplices. Lo de dos chicos cómplices es algo que conozco más de cerca, pero el espectáculo de la amistad de dos chicas que se meten en un lavabo, a hablar de sus cosas, es una situación que adoro.

La mujer ha podido dedicarse sin remilgos a la amistad por una cuestión cultural y porque ha estado condenada a vivir secretamente su intimidad y su intimidad sólo la ha manifestado con sus amigas.

Se quitó el vestido por la cabeza quedándose de pie, en combinación, ante la señora Copperfield. [...]
—No se sienta incómoda. Las mujeres me gustan mucho. A veces me gustan más que los hombres. Me gusta mi abuela, y mi madre, y mis hermanas. Siempre nos hemos divertido mucho juntas, las mujeres de mi casa.[13]

En el mundo de las chicas nadie le daba importancia. Una chica siempre se ha apartado con otra a un rincón para chismorrear de sus cosas y no ha tenido importancia. A mí me interesa ver eso, el gozo con que una chica habla con otra. La complicidad física que hay entre las mujeres. Estoy seguro de que las chicas se han besado en la soledad y no ha pasa-

12. De los diálogos de *Pepi, Luci, Bom*...
13. Jane Bowles. *Dos damas muy serias*, Editorial Anagrama, Barcelona 1981.

de la amistad entre mujeres

do nada. Nosotros nos merecemos que hagan eso, creo que el hombre merece ser engañado por la mujer con mujeres. A mí me encanta la idea de una chica engañando al marido con una amiga. Es una imagen que me gusta y que forma parte de la independencia secreta de la mujer. Las mujeres tienen una ventaja en su marginación: se sospecha menos de ellas. Dos chicos sólo pueden compartir la parte más salvaje de sus vidas, la más brutal, la más tradicional. A un machista intolerante le preguntas si acepta la homosexualidad femenina y te dirá que la idea de ver a dos mujeres desnudas no le molesta en absoluto, pero no soporta ver a dos hombres desnudos. Acepta la idea de dos mujeres como imagen agradable independientemente de lo que piense de ellas, por eso se puede mostrar siempre que se quiera un cuerpo femenino, pero mostrar uno masculino es más difícil de aceptar, es más duro.

NB Ahora me doy cuenta de que quizá eso de que a mí me guste la intimidad de las mujeres no deje de ser un reflejo machista. Pero espero que no, porque a mí me interesa la mujer y su mundo en todos sus aspectos, no sólo cuando van al cuarto de baño a cuchichear, sino siempre. Yo creo que soy uno de los hombres menos machistas del mundo, más auténticamente feministas. Lo que no quiere decir que no vea la realidad. Defiendo a las mujeres, pero no creo que sean unos arcángeles. Pero mi corazón suele estar siempre con ellas. Aunque hay cosas que te salen debido a una educación y un comportamiento social impuesto y no las puedes evitar, algunas de ellas no me gustan, pero son irremediables. Casi todos mis guiones los he basado en las chicas, pero eso no quiere decir que descuide los papeles masculinos. Lo que pasa es que a la hora de elegir el eje, he elegido a las chicas, a excepción de *Matador* y *La ley*

35

del deseo. En las otras hay algunos personajes masculinos que me gustan mucho: Sadec en *Laberinto de pasiones*, donde Antonio Banderas está espléndido. Era su debut y te dabas cuenta, sólo con unos días de trabajo con él, que iba a ser un gran actor. En *¿Qué he hecho yo para merecer esto!* me gusta mucho el hijo mayor de Carmen, Juan Martínez, un chico que venía directamente de la calle con una intuición enorme, y también me gusta como personaje el padre de esa película.

Explícame un poco la música de Pepi...

La canción de los títulos de crédito se llama *Little Neals*, la canta una chica inglesa que salía en *Rocky Horror Picture Show*. Por cierto que uno de los sitios más de moda en Nueva York se llama *Neals* y es de ella. Hay también un pasodoble, *Mi loca juventud*, cantado por una flamenca, un trozo de zarzuela, discos de aquí y de allá y dos canciones de Alaska.

Estamos hablando con Alaska y sus Pegamoides durante la filmación de *Erecciones Generales* [sic], la primera película *punk* española en la que interviene esta formación. Alaska, como buena estrella del *rock*, es la que más habla y entre otras cosas dice:
—La definición que podríamos dar a nuestra música es la de música feliz, ella refleja lo que somos, mucho color, mucha diversión, mira, tenemos una media de edad de 18 años y no sabemos todavía dónde queremos llegar pero sí sabemos lo que queremos ahora.
—¿Y qué queréis ahora?
—Queremos ser un bote de Colón para salir en televisión.[14]

Pepi... corresponde a la época del *punk*. Aunque

14. Revista *Star*, número 50, septiembre 1979.

estéticamente no es *punk*, sino *pop*, popísima. Cuando empecé a escribirla partía de la ideología del *punk*, la agresividad, la corrosividad social que tenía el *punk* y que estaba representado por el personaje de Alaska.

> Te quiero porque eres sucia,
> guarra, puta y hortera
> la más obscena de Murcia
> y a mi disposición entera.
>
> ¡Sólo pienso en ti
> Murciana!
> porque eres
> una marrana.[15]

Pepi... está escrita en el año 1978, influenciada por el movimiento *punk*, pero el *punk* está transformado por lo que se vivía aquí, es una manera de ver el *punk* más vital, más *pop*. *Pepi*... en realidad habla de la alegría de vivir. La droga, por ejemplo. Aquí la droga es algo divertido, no tiene un sentido dramático. Además, es una droga de plástico porque las plantas de marihuana son de plástico. No me gustan las plantas de verdad ni los animales porque no tengo tiempo para ello y no los cuido lo suficiente.

Y ahora, hablemos de lo «verde». A mí no me gusta convivir con nada que esté vivo, para no tener que ser testigo de su muerte, ya sea amante, animal o planta, porque es desagradable para una persona sensible, y yo lo soy, contemplar cómo algo o alguien muere a tu lado por falta de atención. Por tanto, trato de no tener ni amante, ni perro, ni gato, ni plantas... Sin embargo, siempre hay gente encantadora que aprovecha cualquier pretexto para dar

15. De los diálogos de *Pepi, Luci, Bom*...

cierta humanidad a mi casa, por ejemplo, Carmen Maura, que no pierde la ocasión de regalarme plantas que poco a poco van extinguiéndose. Reconozco que el verde es un color con el que se puede vivir, pero prefiero las plantas de plástico, son igual de espectaculares y de frescas, y desde luego exigen mucho menos.[16]

A mí *Pepi...* es una película que me gusta mucho y que creo que es lo que tiene que ser, tanto en la parte más defectuosa como en la parte más agresiva.

Cuando una película tiene un defecto es una película incorrecta, pero cuando son varios, eso se llama nuevo lenguaje, estilo. Y *Pepi, Luci, Bom...* lo tiene. Es esencialmente una película amoral: los valores no están subvertidos ni transgredidos; sencillamente no existen. Es una película feminista porque trata de mujeres absolutamente dueñas de sus destinos. Es una historia de seres fuertes y vulnerables que se entregan a pasiones, que sufren, aman y se divierten.[17]

Hay ciudades muy sensibles a *Pepi...* Por ejemplo Valencia, donde una cierta fauna urbana ha hecho suyas algunas de las frases de la película. Eso es agradable. En *Pepi...* estoy tan representado como en la última. De cualquier forma, tengo un vínculo muy sentimental con ella por ser la primera y por lo que significó. Es un clásico de las sesiones de madrugada, la gente la ha visto un montón de veces y se ha convertido en una película de culto. Éstas son cosas siempre ajenas a uno mismo. Vamos, yo no calculaba, cuando retozaba por la Mancha y tenía cinco años, que en el ochenta iba a hacer una película que la gente iba a ver diez veces.

16. Pedro Almodóvar. «Contra lo natural, el plástico.» *Diario 16* (sin fecha).
17. Pedro Almodóvar. Entrevista en *El País*, octubre 1980.

Capítulo segundo
Laberinto de pasiones

1982

La agresividad de mi cine tal vez viene de que no soy tierno ni lírico. Siento poco cariño por mis personajes, por mi mundo e incluso por mí mismo.[1]

Han pasado cinco años desde que se estrenó *Laberinto de pasiones* y no ha dejado de proyectarse ininterrumpidamente desde entonces. Sigue en las sesiones nocturnas del Alphaville y en Barcelona creo que también. *Laberinto*... es una especie de catálogo de modernidades. Como las generaciones se van sucediendo unas a otras, cada año hay gente que tiene quince años por primera vez y quiere ser modernilla. *Laberinto* es como una especie de bautismo para todos los que se inician en lo de ser modernos. Todas las nuevas generaciones van a verla porque resume lo que era «ser moderno» en Madrid.

Un tema obligado al hablar de Laberinto *es la movida, esa especie de movimiento que se vivió en Madrid y al cual se te vinculó de algún modo.*

Con la palabra «movida» no sé bien a qué se refieren. Es un término que nosotros nunca aceptamos. Es difícil hablar de ello, porque nunca nos hemos reconocido en su definición. Lo de la «movida» es una creación de los medios de información. Pero hay algo cierto: se puede hablar de la gente que trabajamos en Madrid haciendo cosas muy modernas en unos años muy determinados, 1977-1982. Los años

1. Pedro Almodóvar. *Casablanca* n.º 23, noviembre 1982.

de la UCD, que han sido los grandes años de Madrid, cuando la ciudad era libre de verdad. Fue una coincidencia histórica que estuviera la UCD en el Gobierno —yo creo que lo que pasaba es que no había Gobierno y la ciudad salía ganando—. Los grandes cambios llegaron entonces. Pero si había algo que nos caracterizaba a todos era una independencia feroz y una envidia por los demás igualmente feroz, con una pésima disposición para valorar el trabajo del otro. Ningún grupo español veía a otro grupo español si no era para criticarle duramente. No había un solo pintor en Madrid que hablara bien de otro pintor, incluso aunque estuvieran haciendo cosas parecidas. En el cine casi no se notó porque no hubo cineastas de la «movida», aparte de mí. Creo que precisamente por eso yo tuve la suerte de poder trabajar con todos, con Ceesepe y Pérez Villalta, con Bernardo Bonezzi o Carlos Berlanga, con Olvido y «Gabinete», con Poch o «Ejecutivos Agresivos». Como yo no era ni pintor ni músico, sino director de cine, no pertenecía a ninguno de sus mundos y los tocaba todos. Lo que es cierto es que formábamos parte del mismo ambiente porque íbamos a los mismos sitios y nos divertíamos con las mismas cosas. Lo mío era la pura diversión en la que todo el mundo participaba, pero si hubiera sido un auténtico músico nunca hubiera podido salir a cantar con ellos. Yo era un intruso sin pretensiones, que no competía con ellos.

Lo de Almodóvar y McNamara es un bromazo de mucho cuidado, al que tampoco hay que buscarle excesivas justificaciones: o los tomas como son o te alejas encogiéndote de hombros. Personalmente, la estética cutre acaba repateándome los hígados, y la sordidez por la sordidez nunca me ha estimulado demasiado, pero el saludable descaro de esta pareja les libra, por un pelo, de caer en el patetismo desgarrado del Villa Rosa o la Bodega Bohemia. Almodóvar tiene talento e intuición; su mundo está forrado de formica, boatiné y polispán, y la desmesura y el trazo grueso, sus principales características, están muy bien siempre y cuando no se queden simplemente en eso. [...] Almodóvar le echa todo el desparpajo de que es capaz, conecta con el público y demuestra, como en las inolvidables veladas de *Salomé* y sus cortos en Super-8, que lo suyo es la improvisación y el homenaje. [...] Si de mí dependiera, ponía ahora mismo a don Pedrito (que está como nunca) a dirigir una temporada de Zarzuela en La Latina. Si Werner Schroeter ha realizado impecables adaptaciones operísticas, no quiero ni pensar lo que sería una *Corte de Faraón* con escenografía de Mariscal, figurines de Nazario, orquesta formada por la Banda Municipal de Liria y un ingente despliegue de tresillos. Almodóvar como el Casto José, Paloma Chamorro como la mujer del Faraón, las hermanas Hurtado en el rol de las Tres Viudas y Manuel Aleixandre de Amenophis IV (o Terenci Moix, para que la cosa quedara más nuestra), y hala, a ver pasar los billetes. ¿A qué están esperando, señores promotores?[2]

Lo que sí tenía la «movida» es que nos divertíamos mucho. Eso ha desaparecido, se ha perdido. La ciudad ha cambiado, el mundo ha cambiado. Es normal. Todas las ciudades tienen unos ciclos vitales y a Madrid le toco entonces, pero esos ciclos se acaban y comienzan otros. Lo interesante de entonces es que Madrid estaba bullendo. Se hacían mil cosas que nunca se habían hecho y que coincidían con lo que estaba pasando en el resto del mundo. En la película existe esta especie de glorificación de Madrid un poco estúpida que ha habido en los medios de comunicación. Está como una parodia.

Mi película tiene una tesis, ¿comprendes?, yo eso lo he

2. Marcos Ordóñez. Mayo 1983.

aprendido en los cine-fórums, que hay que tener una tesis, y mi tesis, que es lo primero que escribí, es que en mi película Madrid es lo mejor de lo mejor, vamos que en el 79 era la clave del mundo.[3]

En aquel momento eso no se decía pero se pensaba. Se pensaba que Madrid era el centro del universo. En la película eso se expresaba verbalmente por primera vez. Era una broma, pero la gente se lo tomó en serio.

—Dime, ¿es cierto que Riza está en Madrid?
—Sí. Tenía ganas de conocerlo. Como dicen que es la ciudad más divertida del mundo y él es tan moderno.[4]

Ahora mismo en el resto del mundo no está ocurriendo nada y en Madrid ha pasado ya esa fiebre. Una fiebre muy creativa en la que había mucha gente que sólo hizo una cosa, un disco, un desfile de modelos, un cuadro y que luego no tuvo cuerda para más. Después de esta fiebre continúa trabajando la gente que vale por sí misma. Ya no hay modas, ahora es tu propia capacidad la que te mantiene. Ha habido un filtro con los años y ese filtro ha dejado fuera a mucha gente. Hubo gente que tuvo ideas para un momento y ha habido otras con capacidad para evolucionar. «Radio Futura» existe, «Alaska y Dinarama», siguen, Ceesepe pintará siempre. Dentro de sus evoluciones personales hubo un momento que coincidió con la «movida», pero ellos habrían trabajado igual en otras circunstancias, sin esa etiqueta, sin esa moda. Empezaron antes, coincidieron

---

3. Pedro Almodóvar. «La vida en un bolero», entrevista de Maruja Torres, *Fotogramas* número 1674, mayo 1982.
4. De los diálogos de *Laberinto de pasiones*.

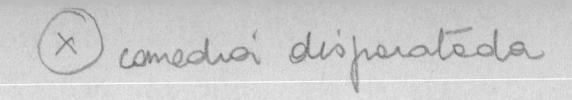

con ello y continúan después. Para terminar con este tema, que siempre resulta aburrido e incómodo, sólo te diré que nosotros nos dedicábamos a vivir y a divertirnos. Toda la terminología de la «movida» y la bola de nieve que se fue formando hasta traspasar incluso nuestras fronteras, se inició en 1984, cuando todo eso ya no existía. De ahí la reticencia que tenemos todos los supuestamente involucrados cuando nos preguntan por ella, nosotros simplemente lo vivíamos, sin más, y eso que era lo importante.

En cualquier caso, *Laberinto* ha quedado como un documento, porque está toda la gente que era algo en ese momento.

Quizás por eso es la menos representativa de tus películas.

Yo creo que todas las que he hecho son muy mías y también *Laberinto* lo es. *Laberinto* ha sido una película maltratada. Es como el hijo menos agraciado, por eso tiendo a defenderla más que las otras. Lo que pasa es que en *Laberinto* desarrollo un tipo de cine que se ha quedado un poco lejos de mí. *Laberinto de pasiones* es una comedia disparatada, con mucha acción y muchos personajes, en el estilo de Billy Wilder, pero sin la acidez de Billy Wilder, porque es una película muy *pop*. A veces pienso que la gente no la ha entendido, a pesar de ser un éxito de público porque es muy divertida y muy inmediata. Pero no se ha entendido que es una parodia de las comedietas rosas sobre amores adolescentes. La gente se la ha tomado en serio y ése ha sido un gran error. La comedia disparatada es un género que me gusta mucho, siempre están pasando miles de cosas, los personajes están corriendo sin parar, persiguiéndose mutuamente, entrecruzándose, subiendo, bajando, sin parar ni un momento. Pero en *Laberinto* hay también una clara alusión a un determinado cine de mi niñez. Películas de amores imperiales, hechas sin ningún rigor, como en una revista de cómics femeninos, tipo *Florita* o *Romántica*. También está hecha desde el punto de vista de *Sissi emperatriz*. Por otra parte tiene mucho que ver con el *pop* de Richard Lester, películas urbanas donde todo es muy banal: los chicos y las chicas se enamoran mucho, sufren mucho, pero con sufrimiento que nunca va acompañado de dolor. Estas cosas de los fans que una imita a la otra. Más allá de todo esto, está lo que yo realmente quería contar: las dificultades para mantener una relación amorosa hecha en un tono ligero, pero en el que subyace cierta tristeza. Poner estos dos ninfómanos que cuando se encuentran ya no pueden follar porque ésa es la manera de expresar el amor verdadero, es algo muy típico de comedia pero a la vez muy dramático.

De Laberinto *se dijo en su lanzamiento que era «por fin una película de Almodóvar que se puede ver y se puede oír».*

Mientras se hacía *Pepi*..., yo seguía trabajando en la Telefónica. Cuando se estrenó estuvo a punto de que le dieran el premio a los nuevos realizadores, pero al final se lo dieron a González Sinde por *Viva la clase media* y a Antonio del Real por *A la pálida luz de la luna*. Esto significó que me tuve que quedar por lo menos dos años más en la Telefónica. Allí empecé a escribir el guión de *Laberinto de pasiones*. Entonces me puse a moverla. Al primero que se la ofrecí fue a Pepón Coromina, pero Pepón estaba muy soberbio y me reprochaba que se me había subido el éxito a la cabeza. No era eso. Lo que pasaba es que yo quería hacer *Laberinto* y hacerla bien, con medios. Él la veía de otro modo y no hacía más que darme largas, además estaba muy liado con otro proyecto, una película que se llamó *Percusión* y la dirigió Josechu Sanmateo con Kevin Ayers. Entonces surgió la oportunidad de hablar con los de Alphaville que en ese momento estaban interesados en producir. Después se dieron cuenta de que lo de la producción era más complicado de lo que parecía y no siguieron por ahí. Con ellos no hubo ningún problema. Pedí la excedencia en la Telefónica y me entregué de lleno a mi primer rodaje realmente profesional. Fue una película baratísima. Por ejemplo, los vestidos. Los compraba yo o una amiga mía, Blanca Sánchez, a la que le dedico la película. Cecilia se los ponía y después Blanca se los quedaba. Los decorados los pintaba yo si hacía falta. La habitación de Sexilia estaba diseñada por Pérez Villalta, él me dijo los colores y yo me pasé una noche pintando las paredes.

—¡Uf! pero bueno, pero qué monada de paredes. Qué colores más divinos.
—¿Verdad que sí?
—Pero cómo quedan. Qué combinación más maravillosa. Fíjate. Rosa. Es divino.[5]

Con esto quiero decirte que la hicimos bien pero abaratando mucho los costes, porque podría haber costado el doble y tampoco teníamos tanto dinero. Lo que pasa es que los niveles técnicos son ya de profesional. En *Pepi* me aproveché de la capacidad que tenía de dar sablazos a la gente no sólo para conseguir dinero, sino para conseguir que me ayu-

---

5. De los diálogos de *Laberinto de pasiones*.

daran. En *Laberinto*, los técnicos son auténticos profesionales.

La nota exótica, si es que se puede hablar de una sola nota exótica, la forman el ingeniero de sonido, Martín Mueller, y el microfonista, Armin Fausten, los dos alemanes y muy conocidos del cine de Wenders. Deambulan con un cierto aire de despiste que no es tal, ya que su eficacia está a prueba de cualquier comentario. Es increíble ver a Fausten manejar la pértiga en rápidos movimientos, rozando siempre la entrada en cuadro sin entrar jamás. «Son increíbles estos chicos —dice Almodóvar—. A veces tengo la sensación de que alucinan con nuestra manera de trabajar, pero la verdad es que jamás hay problemas con ellos.»[6]

Con Ángel Luis Fernández he hecho cinco películas desde entonces y creo que ha hecho bien cada una de ellas. *Laberinto* tiene una fotografía preciosa, muy brillante, típica de comedia. Yo quería una fotografía barroca, para relacionarla con ese tipo de películas de alta comedia histórica y a la vez muy moderna: una mezcla de *Sissi emperatriz* y el hiperrealismo americano.

¿Por qué escogiste a Helga Liné?

Helga pertenece a una generación de actrices que me gusta mucho. Helga y Katia Loritz, por sus orígenes germanos, representaban un poco el mal, lo que podía ser el mal en los años sesenta, una cosa muy *kitsch* que me hacía mucha gracia. Tenían esa cosa un poco intrigante de las extranjeras que fuman, las mujeres de las que se enamoraba el protagonista pero con las que nunca se casaba. Eran dis-

---

6. Julio S. Valdés. «Laberinto de pasiones.» *Casablanca* n.º 16, abril 1982.

tantes, calculadoras, muy elegantes. Me divertía mucho que ésa fuera la representación del mal para mi infancia. Eran las perversas. Escogí a Helga para hacer de Toraya porque además tenía un aire principesco que le iba muy bien al personaje.

Desde hace años arrastro una deuda con su padre y con el pueblo tiraní y Toraya siempre paga. La historia de este secolo ha sido molto injusta con me.[7]

Hay un determinado tipo de actrices a las que siempre he distinguido de las películas que hacían. Josele Román, por ejemplo, sería otra. Hay mujeres que tienen una carrera llena de películas terroríficas, de subgénero, de serie Z, pero ellas siempre están por encima, distinguiéndose incluso de una forma inconsciente. Aparte de que a mí me interesan mucho los subgéneros, y una actriz que haya hecho todo lo que ha hecho Helga, por fuerza tiene que tener sentido del humor. Helga ha hecho de todo: de vampira, de muerta viviente, de amante de personajes disparatados, de espía, de esclava romana. No fue nada difícil trabajar con ella, entendió enseguida por dónde iba el papel porque es una mujer muy moderna. Tampoco tuve ningún problema con ella cuando le propuse hacer de madre de Antonio en *La ley del deseo*. Nunca la he doblado, por eso, como tenía un acento muy raro, entre andaluz y no se sabe el qué, se me ocurrió poner que era alemana. Con una línea de diálogo justificaba todo el personaje, y además apoyaba la idea del espionaje. En Berlín se rieron mucho cuando oyeron a Antonio decir:

Mi madre es alemana y le gusta espiar.[8]

7. De los diálogos de *Laberinto de pasiones*.
8. De los diálogos de *La ley del deseo*.

¿Sexilia estaba escrito expresamente para Cecilia Roth?

Sí, lo escribí pensando en ella. Cecilia está en todas mis películas menos en las dos últimas porque estaba en Argentina.

Pedro es muy divertido. El guión de esta película es delirante y eso, en Pedro, se junta con una terrible seriedad y voluntad de trabajo que hace que ese delirio sea una cosa muy clara, muy perfecta.[9]

Almodóvar definía así sus personajes en el pressbook *de lanzamiento de* Laberinto de pasiones:

«Sexilia es un personaje víctima pero civilizado, con lo cual controla bastante sus emociones; ahí está su propia fuerza. Yo creo incluso que es un personaje bastante brechtiano, que hay una especie de frialdad en lo que hace, frialdad a base de que se da cuenta de lo que hace, de por qué lo hace, etc. E incluso cuando se muestra apasionada, no es apasionada como lo sería la heroína de cualquier historia de amor, porque, de algún modo —aun siendo un personaje que se enamora a primera vista y al cual ese amor redime de todos sus problemas psíquicos y mentales— ella prevé que no es un amor duradero. Es un personaje bastante sobrio que, a lo mejor, desconcierta a los espectadores, que podrían pensar que debería haber más pasión, más fuerza en ella, incluso como actriz. Yo creo que el personaje de Sexilia es más inteligente, más sensible y más consciente de lo que está viviendo que los demás que la rodean.

»En esta película hay cuatro o cinco personajes masculinos bien diseñados y bien interpretados

9. Cecilia Roth durante el rodaje de *Laberinto de pasiones*.

además, y que tienen mucha entidad, ya que me he preocupado de que la parte masculina del argumento se tome la revancha en esta ocasión. Al margen de esto, yo creo que si hay algún personaje con cierta autonomía es el personaje de Sadec.»

Recuerdo que la primera vez que le vi (a Pedro) fue en la cafetería del María Guerrero. Me pareció un tipo divertidísimo. Yo estaba trabajando en *La hija del aire* con la ex-mujer de Imanol Arias, Socorro, y me hice amiguete de Imanol cuando todavía era un desconocido. Un día me dijo que Pedro estaba buscando a alguien para un personaje de *Laberinto de pasiones* y que le iba a traer al teatro para que me viera. Y vino. Y lo vio. Y me contrató, y ahí empezó todo. Yo todavía no conocía el alcance que tenía su cine y la movida no se nombraba tanto en aquel momento. Además, he de reconocer que la primera vez que vi *Laberinto de pasiones,* no es que me desilusionara, pero no era lo que yo esperaba. Cuando me di cuenta del verdadero alcance de aquello fue en una proyección con público. Entonces me sentí inmerso no sólo dentro de la película, sino también de un movimiento cultural.[10]

Los personajes que más me representan en *Laberinto de pasiones,* son Queti y Sadec. Queti tiene una continua búsqueda y entrega a los padres, primero al suyo y después al padre falso, que es una cosa que tengo yo, y Sadec está muy influido por su olfato, cosa que me determina a mí absolutamente. Fabio cumple el papel de ángel que existe en todas las historias de iniciación. Es él quien encuentra primero a Riza Niro, quien le introduce en el mundo —la ciudad—, quien le hace encontrarse con determinados ambientes y personas y luego le suelta. Es a él a quien recurre Riza Niro cuando quiere cam-

---

10. Antonio Banderas. *Fotogramas* n.º 1730, mayo 1987.

biar de aspecto físico. Y la escena en la que le enseña el libro con los pelucones es como de cuento de hadas.»

Para Riza Niro no tenía cara. Me puse a buscar chicos. Imanol acababa de llegar de Cuba, era amigo de Cecilia y de Eusebio y daba muy bien para el papel. Era suficientemente moreno y suficientemente ambicioso como para que funcionara y se entregara de lleno.

Yo creo que Pedro Almodóvar es un caso excepcional, único y no sólo en España. Pienso que Pedro es un fenómeno a tener en cuenta y que conecta con un cierto tipo de público que está dejando de ir al cine porque le enrolla más ir a otros sitios.[11]

El rodaje fue muy divertido, aunque el que se divirtió menos fue Imanol Arias, que se lo tomaba como un trabajo muy serio. Yo pienso que un actor debe ser serio ante la cámara, hacer bien su trabajo, pero el resto del tiempo se pueden hacer muchas bromas. Imanol es de la escuela antigua, reflexiva. Para salir a actuar necesita aislarse. Son maneras. Yo he visto de todo en los actores. He visto como un actor pasaba de estar haciendo bromas con un eléctrico a ponerse delante de la cámara y hacer cosas terribles. Me acuerdo concretamente de Julieta Serrano en el momento final de *Entre tinieblas*. No habíamos ensayado el grito porque yo quería que fuera una cosa muy animal, quería que lo hiciera delante de la cámara y ver qué pasaba. Justo antes de rodar, Julieta estaba gastando bromas con alguien, y en cuestión de segundos, fue decir «¡motor! ¡acción!», y

11. Imanol Arias durante el rodaje de *Laberinto de pasiones*.

no he oído nunca un grito más desgarrador. Y pasó en cuestión de segundos. Por eso no creo mucho en la cuestión de la concentración y el aislamiento, pero cada uno trabaja como puede. En el fondo, creo que lo que les gusta es darse importancia y que el equipo se fije en ellos.

Es una costumbre en tus películas que tú aparezcas en algún momento, pero en Laberinto *casi tienes un papel.*

Hay muchas respuestas tópicas para justificar esas apariciones: un guiño a Hitchcock —fíjate que bobada—, aunque Hitchcock siempre hace de simple figuración y yo juego un papel en la narración. La verdad es que siempre es por una casualidad o tiene una razón poderosa, pero es difícil que la gente se lo crea y lo comprenda, así que prefiero decir que es una cuestión de narcisismo, que es por *egotrip*. Es más gracioso y es más fácil. Y como todo el mundo cree que soy vanidoso, pues se entiende y se acepta. Pero en realidad responden a un posibilismo total de solucionar las cosas sobre la marcha. En todas las películas siempre hay un momento determinado en que se ha de hacer algo y no hay nadie para hacerlo. Entonces voy y me pongo yo. Concretamente, en *Laberinto de pasiones* la escena era para Fabio. Fabio está haciendo la fotonovela y llega Imanol a verle. En esta escena Fabio está maravilloso, pero es alguien que no tiene mucho control de dónde están las marcas, dónde está la cámara. Se puede salir del cuadro porque no se acuerda de esas cosas. Él se pone, actúa y se olvida de todo. Para controlarle dentro del cuadro y para obligarle a decir exactamente el diálogo que quería que dijera por teléfono, me metí dentro de la escena. Él dice cosas muy divertidas y ocurrentes, pero yo quería que dijera dos o tres esenciales y muy precisas, así que me puse dentro del cuadro como director de la fotonovela.

—Goza, goza más. Mírale a él con ojos lúbricos. Mírale a él. Acércate a la broca. Deseas tanto esa broca. Sí, sí, trata de lamerla. Te gusta, te gusta, te gusta su sabor. Muy bien. Estas cogiendo la broca ¿verdad Pablo? Córrete un poquito.
—No, no.
—Sí, sí. Más. Di más, me lo merezco.
—Me lo merezco, más, más, ah!
—Soy lo peor, vicio.
—Muy bien.
—Destrúyeme.
—Muy bien Fabio. Ahora llaman por teléfono. Pídele permiso a él para cogerlo. Es una amiga que llama por teléfono.
—¿Puedo?
—Sí, pero sé breve. Y a ver qué le dices.
—Hola, fulanita.
—Fulanita te llamo y tal para charlar contigo y para invitarte a un cutre-bar a comernos una ensalada de algo. Bueno, una empanada gallega mejor, casi. Y entonces tú le dices. Oye bonita, que tengo que colgarte porque ha venido un sádico asesino que me está destrozando el hígado y si sobrevivo te llamaré para contártelo todo con pelos y señales. Un poco así.
—Oye bonita, tengo que colgarte porque me está destrozando un sádico que ha venido y tengo que esperar que me destroce totalmente.
—Si consigo sobrevivir...
—Si consigo sobrevivir saldré luego y nos iremos a un cutre bar a comer algo con muchísima grasa. Una fabada. Bueno bonita, adiós.
—Sí, eso es, siempre fumando y gozando, te excita naturalmente... y ahora tú con la broca, la pones aquí junto al

cuello y haces como si la traspasaras. Éste es el momento final. Fabio, hazme la última foto de la fotonovela.[12]

Al mismo tiempo que se rodaba Laberinto de pasiones *apareció en la revista* El Víbora, *número 32 y 33, una fotonovela de Pedro Almodóvar protagonizada por Patti Diphusa que se llamaba* Toda tuya *y en la que se repetía la escena de la violación y el descuartizamiento, además de multitud de otras cosas de las que Patti era objeto.*

Patti Diphusa es un personaje que bien podía habérselo inventado Anita Loos, Patti Diphusa *es como Lorelei, son ese tipo de chicas francamente atractivas que además están dotadas de una extraña inteligencia para hablar de cosas que en principio no tienen ningún interés, como son los hombres, los brillantes, la ropa interior, las ciudades. Todas esas cosas que demuestran que estos seres que en principio no han leído nada poseen una gran vida interior.*

—¿Tiene el valor de decirme que quiere casarse con mi hijo, pero que no le interesa en absoluto su dinero?
—Es la verdad.
—Entonces, ¿por qué quiere casarse con él?
—Sencillamente, por el dinero de usted.
—Vaya, Oh! Lorelei...
—Comprende. No estaría bien que engañara a tu padre.
—Por fin nos enfrentamos con la verdad. Acepta que lo único que le interesa es tu dinero.
—Yo no he dicho eso. Es muy sencillo. No comprende, señor Esmond, que un hombre rico es igual que una chica guapa. No se casaría usted con alguien sólo por su belleza. Sin embargo, eso es un gran aliciente. Y si tuviera usted una hija, ¿dejaría que se casara con un hombre pobre?
—Bueno, yo...

12. De los diálogos de *Laberinto de pasiones*.

—Al contrario. Desearía para ella lo mejor del mundo y que fuera muy feliz. ¿Qué hay de malo en que yo desee también eso?
—De acuerdo, sí, aunque... ¡Oiga! ¡me dijeron que era usted tonta! Y no me lo parece.
—Puedo ser inteligente cuando conviene, pero eso no gusta a los hombres.[13]

Patti Diphusa escribió sus memorias en La Luna de Madrid. *Empezaban así:*

Lo más difícil para una persona como yo que tiene tantas cosas que decir, es empezar. Me llamo PATTI DIPHUSA *y pertenezco a ese tipo de mujeres que protagonizan la época en la que viven. ¿Mi profesión? Sexsymbol internacional, o estrella internacional del porno, como quieran llamarlo. Mis fotonovelas y algunas películas de Super 8 mm. se han vendido muy bien en África, Portugal, Tokio, en el Soho y en el Rastro. Mis interpretaciones eróticas, según los críticos especializados, están provistas de algo inclasificable, algo que me convierte en única, y que suele aparecer en ese tipo de subproductos. Y es que* YO, *ante todo, y haga lo que haga, soy una actriz. ¿Por qué habría de ocultarlo? Y diré más, no sólo poseo un cuerpo que vuelve locos a los hombres, también tengo cerebro. Pero eso sólo lo muestro de vez en cuando. No es de buen gusto con los caballeros demostrarles que detrás de tu aspecto de perfecta muñeca tipo Barbi Superestar se esconde un cerebro privilegiado. Aunque a veces merece la pena ir a tope de inteligente.* YO, *como casi todas las mujeres de mi condición, aunque no haya escrito una sola línea, siempre me he sentido escritora. Con otra particularidad, cuando una chica de mis características es-*

---

13. De los diálogos de *Cómo casarse con un millonario* de Howard Hawks.

cribe, siempre le salen cosas filosóficas, como a la Lorelei de Anita Loos. Pura y simple filosofía. No importa que el tema sea UNA MISMA. *A pesar de mi corta edad,* YO *he conocido a mucha gente, pero a quien conozco mejor que a nadie es a* MÍ MISMA. *Creo que es un rasgo de honestidad con los lectores hablar de lo que una conoce. [...]*

Si la aparición en la secuencia de la fotonovela fue premeditada y pensada por una cuestión práctica, la otra, la del escenario cuando canto con Fabio, fue completamente improvisada. Habíamos grabado el *playback* de *Suck it to me*. Yo lo cantaba con Fabio, pero quien tenía que salir era Popocho. Él estaba de acuerdo, tenía la cita y habíamos ensayado. El día del rodaje fue un día durísimo porque rodamos todo seguido lo que pasaba en el Carolina: la caída por las escaleras de Ángel Alcázar, los camerinos de las chicas y de los chicos, la gente, los pasillos, las actuaciones. Rodamos de ocho de la mañana a doce de la noche. Un día durísimo. Íbamos dejando para el final la secuencia de Fabio y Popocho porque no llegaba. Llamamos a Javier Gurruchaga, un buen amigo mío, y él nos dijo que Popocho se había tenido que ir corriendo a San Sebastián porque su madre estaba enferma. Era mentira, simplemente Javier no quería que Popocho trabajara en la película conmigo. Nos encontramos que faltaba alguien. Entonces me puse yo, que me sabía la canción porque la habíamos grabado antes. Mandé a mi hermano a buscar una chaqueta de guardia civil a casa y le pedí los pendientes a Cecilia, me maquillé y salí. No había otra razón. Era tardísimo y todos estábamos cansados.

En *Matador* el papel lo iba a hacer Francis Montesinos, el modisto. El desfile era suyo y los modelos eran suyos. Pero el día del rodaje no pudo venir, así que le pedí un traje, me puse un bigote y lo hice yo como si fuera él. Siempre suele ser así, por casualidad, aunque algunos son momentos privilegiados e importantes en los que en cierto modo se explica la película. Casi siempre me convierto en director de escena en estas apariciones. En *Pepi...* era el director de escena en la fiesta, en *Laberinto* está clarísimo en la fotonovela, en *Matador* durante el desfile también. La aparición en *¿Qué he hecho yo para merecer esto!* es más complicada y tiene otro sentido. Y en *Entre tinieblas* y *La ley* sí que hago de simple figuración. De todos modos, a mí me divierte hacerlo, pero no estoy loco por actuar. Si no, ya me habría escrito un papelón para mí en cualquier película. Si tuviera veleidades artísticas como actor lo habría hecho, pero no creo que funcionara.

El sadomasoquismo aparecía en **Pepi**... *y vuelve aquí en la fotonovela. En casi todas tus películas hay alguna nota de sadismo más o menos divertida, más o menos seria, ¿te interesa de un modo especial este tema?*

No me interesa nada en absoluto y además me repugna la visualización de estos temas. Yo casi siempre lo utilizo de un modo más crítico que otra cosa. Es el resultado de determinadas conductas. En el caso de *Laberinto de pasiones* no creo que esté en la fotonovela, sino, en todo caso, en las relaciones de Luis Ciges, el tintorero, con Queti, su hija. Pero cuando Ciges la ata a la cama no lo hace por sadomasoquismo. El padre ahí pierde el sentido de las cosas, y pierde el control. De hecho, la tiene que atar como una medida práctica, porque la otra, como es lógico, no se deja y no quiere estarse quieta.

Te gusta, sí. Eres una viciosilla. Me he casado con una mujer que además de tener dos personalidades es una viciosa. Pero yo te quiero igual cuando dices que eres mi hija que cuando dices que eres mi mujer.[14]

Mis personajes son muy espontáneos y muy independientes. Yo reflexiono poco sobre ellos. No tienen muchos prejuicios. No son ni sádicos ni masoquistas, responden a sus circunstancias. En este caso lo que sucede es que el padre no quiere que se mueva y el mejor modo de conseguirlo es atarla. O, por ejemplo, el escritor que hace Gonzalo Suárez en ¿Qué he hecho yo... A él no le gusta que le peguen, y a Cristal no le gusta pegar, pero como ella es una prostituta muy profesional, pues si le dicen que pegue, ella pega. Lo que Gonzalo busca es el tópico de la prostituta con látigo.

—Mira lo que te ha traído la tía Cristal.
—¿Qué es eso?
—Un palo. No encontré un látigo, pero esto duele igual o más. ¿Te pego ya?
—No hombre, no. Yo lo que quería era una escena típica de sadismo tópico y elegante y sofisticado, como esos que se ven en las películas francesas.
—Ah, ya. Lo que pasa es que tú no eres un sádico de verdad.
—Pues claro que no. Yo he venido para informarme para escribir una novelita porno que se venda mucho. Pero ya veo que tendré que inventarla yo.
—Pues invéntala, que para eso eres escritor.[15]

El sadomasoquismo de mis personajes está motivado por su sentido práctico. Pero es un mundo que no me gusta y que rechazo. En mis sadomasoquistas

14. De los diálogos de *Laberinto de pasiones*.
15. De los diálogos de *¿Qué he hecho yo para merecer esto!*

no hay morbo, son secuencias frescas. Incluso en *Pepi...*, la relación de Luci y Bom está más basada en la violencia que en el sadismo. Es una violencia de cómic. Con esa relación lo que me interesa por encima de todo es defender la autonomía de los personajes y dejar bien claro que en una pareja siempre hay un contrato que muchas veces no es explícito, sino tácito, y que es lo que permite que esa pareja funcione. Ese contrato se puede basar en cualquier cosa. En el caso de Luci es la violencia. Eso me permite además hacer una ironía sobre la violencia que sufre la mujer en el matrimonio. Ella, lejos de sentirse víctima, disfruta. Eso es algo que está en todas mis películas. Todo lo que es negativo y te convierte en víctima, en el momento que eres tú el que lo eliges, lo controlas. Por eso mis personajes están por encima de sus problemas.

PADRES AUSENTES

En esta película, curiosamente, hay padres en lugar de madres. No es muy normal encontrar padres en tu filmografía. En Pepi... *es una voz por el teléfono. En* Entre tinieblas *es el elemento represor que obligó en el pasado a que su hija se hiciera monja. En* Matador *es el ejemplo nefasto que Julieta le tira en cara a Ángel. En* La ley del deseo *es el causante de todos los males de Carmen. En todas estas películas el padre está ausente. En cambio en* Laberinto... *y en* ¿Qué he hecho yo para merecer esto! *hay padres presentes, con cara. Aunque muy diferentes en las dos películas.*

Es verdad que no hay padres. Cuando me pongo a escribir no me salen. Siempre están ausentes. Quizá tenga algo que ver conmigo mismo, no lo sé. Yo no tenía mucha relación con mi padre. Murió hace años, poco después del estreno de *Pepi...* Nunca me he puesto a pensar en ello, pero debe haber algo con los padres. En la época de *Laberinto* yo tenía una fijación. Ahora ya me ha pasado porque he cambiado mucho, pero entonces el complejo de Edipo era algo que tenía muy presente en mi cabeza y yo buscaba un padre y lo buscaba en las personas que me rodeaban. Lo que pasa es que, por mi carácter, el padre que me hubiera gustado tener era un padre al que hubiera podido adoptar, una especie de hijo-padre. Por eso he dicho algunas veces que el personaje que más me representa en *Laberinto*, tal como yo era entonces, es Marta Fernández Muro. De todo esto lo que se desprende es que en *Laberinto* hay un doble complejo de Edipo porque ambas acaban acostándose con sus padres.

Eso te da pie a poner una psicóloga argentina.

Madrid estaba lleno de psicólogos argentinos y me gustaba como tópico. Sobre todo me divertía que ambas tuvieran un trauma infantil y que ese trauma les empujara a la ninfomanía. El momento en que ella recuerda el trauma en casa de la psicóloga es muy hitchcockiano. Hay música de Béla Bartók para hacerlo más hitchcockiano todavía. Esto de los traumas siempre me lo he tomado un poco a broma, pero constituye una especie de género propio en el cine. En la vida no puedes explicarlo todo con los traumas, pero en una comedia sí, lo justifican todo. Mientras escribía tenía en la cabeza *La luna* de Bertolucci. No me acuerdo bien de qué problemas tenía el niño con la madre o con el padre, pero me parece que se identificaba a la madre con la luna. Aquí yo identifico al padre con el sol. Ella no soportaba el sol y tiene muchos problemas porque el padre la rechazó en la playa a pleno sol. Desde entonces se dedica a tirarse a todos los niños que encuentra y odia a su padre.

59

—Encontré a algunos chicos, pero me los llevé a casa gratis. Todavía no tengo que pagar por ello. Yo nunca invito a chicas a mis fiestas porque me basto sola. Soy ninfómana desde niña.
—La culpa de todo esto la tiene tu padre.
—¿Mi padre? ¿Por qué?
—Te lo voy a explicar. Tú odias el sol porque lo identificas con tu padre, porque estás enamorada de él, muy enamorada. Y te tiras a todo bicho viviente a ver si reacciona y se entera de que existes.[16]

Laberinto de pasiones se puede definir como una cosa tan típica como el complejo de Edipo mezclado con una cosa tan artística como *La luna*, pero en realidad no es más que una broma sobre la psicología barata que utiliza el cine y que Hitchcock se encargó de poner en su sitio com muchísimo morbo en *Recuerda*.

En Laberinto *el kitsch en todas sus manifestaciones es un elemento clave.*

Es parte de la historia. El personaje que hace Marta Fernández Muro lee muchas revistas del corazón y se las cree. Su padre se compra toda clase de artilugios que se anuncian en ellas y todos están muy influenciados por lo que se cuenta en ellas. *Laberinto* es la película más *pop* que se ha hecho nunca. Es *pop* puro, glorificación de mal gusto de lo cotidiano elevándolo a la categoría de algo artístico. Eso es el *pop*. Y eso es, por ejemplo, la secuencia en la tienda de lámparas.

—Mira, por cutre se entiende algo que surge de la miseria y que, en vez de resultar lastimero, resulta regocijante.

16. De los diálogos de *Laberinto de pasiones*.

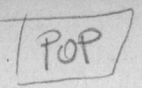

Lo que podría llevarte a hacerte el *harakiri* quizá te hace reír. Aunque, claro, hay muchos tipos y formas de ser cutre: el quiero y no puedo es de lo más cutre. ¿Que dónde está lo cutre?: mira a tu alrededor, por favor, en todo, en todo lo de este país.[17]

El personaje más *pop* es Queti, que vive de esa sabiduría de las revistas, que se las sabe de memoria, sabe cómo volver fértiles a los pajaritos, cómo apaciguar la potencia de su padre. Les da remedios a todos: para las uñas, para los muslos. Es una especie de enciclopedia adquirida en las cajas de cerillas y en las peores revistas de este tipo, *Pronto* y otras por el estilo, es un personaje *kitsch* puro. Hubo un tiempo en que esas revistas me interesaban mucho.

Tú sabes la cantidad de disparate, de imaginación que se encuentra uno en esas vidas de la gente que aparece en revistas íntimas, de gran tiraje... y las fotonovelas, los radioteatros, los consultorios femeninos...[18]

Forman parte de un momento histórico de mi carrera que en cierto modo quedó cerrado con *Laberinto* o un poco después. Esas cosas son divertidas, pero acaban cargándote mucho cuando te dedicas a ellas. Ves que se repiten y pierden la gracia. Entonces empiezas a ver otras cosas, empiezas a vislumbrar auténtica incultura, empiezas a adivinar todo lo que hay detrás de ellas y te das cuenta que lo que hay detrás de ellas no es nada divertido. En este momento no me interesan nada.

Hablemos un poco de la música de fondo, no de las canciones. Es muy felliniana.

17. Pedro Almodóvar en una entrevista de Margarita Rivière. *El Periódico*, octubre 1982.
18. Pedro Almodóvar. «La vida en un bolero» (e.c.).

Tan felliniana como que es de Fellini, bueno, de Nino Rota. La música es un elemento narrativo de primer orden. Lo que más me gustaría es construir una banda sonora con música de otras películas. Me divierte la idea de coger una música que se ha creado para una imagen y ponerla con otra para la que no estaba pensada y que funciona a veces más. Nino Rota es un genio y además los derechos de sus músicas eran baratos y fáciles de conseguir. Hay dos momentos de Fellini en la película: Cecilia en el metro por la mañana, cuando va a buscar a Imanol y cuando coge un taxi que se oye un *twist* muy suavecito de *La dolce vita*. En *Entre tinieblas* también había música de Nino Rota. Concretamente un tema muy dramático de *Rocco y sus hermanos*. Sólo he tenido música original para la película en *¿Qué he hecho yo para merecer esto!* y *Matador,* las dos eran de Bernardo Bonezzi. Las demás tienen músicas de mil sitios.

En Laberinto de pasiones *hay una inflación de personajes. No hay un centro aunque haya una historia principal. Esto lo justificabas entonces diciendo:*

Sí, creo que peco de inflación en cuanto a personajes. Lo que ocurre es que a la hora de escribir un guión todas las presencias secundarias tienen mucha importancia y entonces creo una historia para cada uno de los personajes y sin darme cuenta inflo el guión. Después tengo que ir sintetizando. En efecto, todos los personajes tienen entidad, pero sí, puede que haya demasiados. De hecho de *Laberinto* se puede hacer una película de cada uno de los diez personajes principales, pero a mí me apetece más ponerlos todos juntos. A lo mejor es que todavía no me siento capaz de coger dos protagonistas y llegar al fondo.[19]

19. Pedro Almodóvar. «Laberinto y tinieblas», entrevista de Bal Toscani. (s.f.)

¿Sigues pensando así?

No. Con el tiempo me he ido convenciendo que era necesario que hubiera todos aquellos personajes entremezclados y aún debía haber más para dar más sensación de locura, de velocidad y de disparate. Creo que *Laberinto* necesitaba esa acumulación aunque sólo fuera para poder librarme de ella y empezar a escribir cosas de menos personajes.

En un momento dado, cuando se estrenó la película, te preguntaron que por qué el título de Laberinto de pasiones *y tú contestaste: «Porque hay muchas pasiones, tantas como personajes, y no se desarrollan en línea recta sino a través de intrincados laberintos. Hay un proverbio chino que dice: "El demonio camina en línea recta, y evitar lo derecho es un modo de burlarse de los demonios"». Es la primera vez que citabas este proverbio chino que luego has repetido muchas veces.*

Lo del proverbio chino viene de Julieta Serrano. En aquella época yo leía un libro que me regaló Julieta en Barcelona cuando hacíamos *La casa de Bernarda Alba*.

Una aclaración, quizá innecesaria, pero divertida, por parte de Julieta:

Yo conocí a Pedro hace muchos años, cuando hacía un papelito en La casa de Bernarda Alba. *Aún trabajaba en la Telefónica y hacía cortos. Él era una vecina en el montaje que hizo Ángel Facio, donde Bernarda era Ismael Merlo. Con este montaje nos fuimos de gira y Pedro vino con nosotros. Su papel consistía en sacar la cabecita por un plástico y mirar. Nos llamábamos las bernardinas y no recuerdo una gira más divertida que aquella.*

El libro se llamaba *Un bárbaro en Asia* y era de Henri Michaux. Es un libro que me impresionó mucho, es el único libro de viajes que he leído, porque en general no me gustan los libros de viajes. Allí habla mucho de China, y hablando de los chinos cuenta que nunca se acercan directamente a un asunto. Por eso negociar con ellos es una tortura —una tortura china—. Son incapaces de abordar un tema directamente, tardan años en decidirse, desgastan al interlocutor. Esto forma parte de su cultura, en la que casi nunca hay una representación directa de las cosas. Todo es algo que simboliza otro algo. El proverbio ese es muy claro de su forma de ser: darle vuelta a las cosas, no ir directamente a los sitios. En la época lo citaba mucho porque me servía como justificación del título, pero no es más que una frase caprichosa que utilizo de vez en cuando.

Laberinto de pasiones se estrenó en el Festival de San Sebastián de 1982. En aquella ocasión Pedro Almodóvar contestó a los periodistas:

«Cada película es distinta y *Pepi...* ya la hice y no voy a repetirla. Se esperaban, por lo visto, de mí más disparates, más escándalos, y no sé por qué. *Laberinto de pasiones* es, por los menos, tan amoral como *Pepi* ... pero más templada, menos esperpéntica. Parece que algunos se han desconcertado con la parte de melodrama que hay en ella, pero a mí me parece que tiene suficiente unidad, que es una película coherente, porque cuenta una historia imposible, de ciencia ficción, como si fuera una comedia de costumbres. Lo más curioso de todo es que también se me ha reprochado que *Laberinto de pasiones* sea una película mejor hecha que *Pepi...* Por lo visto, uno no tiene derecho a aprender. *Pepi...* era una película pobre, muy pobre, y sus defectos se tomaron como una parte de su estilo. Ahora que no hay tales defectos, algunos quieren volver contra mí esa ventaja, lo que no deja de ser un poco raro.»

Capítulo tercero
Entre tinieblas

Soy un hombre serio, si no ¿cómo podría hacer películas? ¿Qué se ha creído la gente?[1]

Pepi... y *Laberinto formaban una especie de prólogo en tu filmografía. A partir de entonces se produce un cambio.*

Pepi... y *Laberinto* son dos películas *pop*, muy distintas entre sí porque *Pepi...* corresponde más al *pop* mezclado con el *punk* y el *rock* más propios de final de los setenta, y *Laberinto* es muy de los años ochenta, pero bebiendo en fuentes de hace veinte años, como el *pop* naciente y lesteriano, más suave y más sutil. En todo caso, son dos comedias. En *Entre tinieblas* hay un cambio de tono. Es algo un poco irracional porque, aunque mis películas siguen siendo divertidas, empiezan a aparecer más claros los sentimientos, los boleros y lo que representan.

—Adoro toda la música que habla de los sentimientos, boleros, tangos, merengues, salsa, rancheras...
—Es que es la música que habla y que dice la verdad de la vida. Porque quien más y quien menos, siempre ha tenido algún amor o algún desengaño.[2]

Y también la muerte. No es una decisión voluntaria, pero responde a un cambio que hay en mí. De algún modo voy liquidando cosas, como mi compromiso con el *pop*. A partir de entonces puedo mirar a

1. Pedro Almodóvar, *El Periódico*, noviembre 1983.
2. De los diálogos de *Entre tinieblas*.

otros géneros que me interesan y que también irán quedando atrás en mi vida.

En *Entre tinieblas* las emociones están expuestas de un modo más claro, tienen más importancia en la narración y los personajes están motivados por ellas. El ritmo es un ritmo más interior, no es tan externo como en las otras dos. Los personajes hacen muchas menos cosas y todo sucede en lugares más reducidos. La historia exigía una narración más tranquila, un estilo más reposado y minucioso, hay un acercamiento puramente dramático y sentimental que exige un cambio de narrativa. En *Entre tinieblas* voy descubriendo los *travellings* y los primeros planos y los planos picados, que serán una constante en mi cine. Hay quien dice que estos planos quieren mostrar el punto de vista de un ser superior, de Dios, por ejemplo, ya que estamos en un convento. Pero realmente no tenían esa función. Empecé a utilizarlos porque trabajábamos en decorados e interiores que lo permitían. En esta película hay muchos momentos en que conviene mirar las cosas desde arriba, no por soberbia o por una asimilación a Dios, sino porque es una manera de aprisionar al personaje contra el suelo. Los hundes y eso va bien a la narración. En esos planos lo que más me interesa es la geografía que surge del decorado: el suelo, las paredes, los perfiles de los muebles. Eso está muy bien cuando Julieta le está rezando a Dios en la capilla o cuando está rebuscando en la habitación de Sor Rata como si ella misma fuera una rata negra, hurgando entre las cosas; o cuando recibe a Cecilia en el portal y las dos parecen pegadas al suelo.

En realidad otra de las cosas que diferencia Entre tinieblas *es que es una película de espacios únicos, cerrados y con pocos personajes.*

La película transcurre toda a la sombra de los muros de aquel enorme convento. De hecho, estuvo funcionando como convento hasta tres años más o menos antes de rodar. Estaba muy ruinoso y tuvimos que reconstruir algunas cosas y después darles un tono de vejez. Los grandes espacios del convento facilitaban la planificación especial que tiene la película. Aunque toda se rodó allí, nunca tuve sensación de claustrofobia, era un lugar muy amplio. Con *¿Qué he hecho yo...* sí tuve sensación de claustrofobia; por eso, cuando pensé *Matador* lo primero que tenía claro era que sería una película de grandes espacios abiertos. Pero en el convento no tenía esa impresión, había muchos pasillos y vericuetos. Podías andar kilómetros por una especie de laberinto, como un microcosmos con todo lo que quisieras: habitaciones, capillas, patios, cocinas...

...y religión.

La religión está en todas mis películas a partir de *Entre tinieblas*. Está en *Matador*, está en *La ley...* e incluso está en *¿Qué he hecho yo...* en la figura de la abuela que tiene una religión muy práctica, con la que se encomienda continuamente a los santos, utilizando la religión como un apoyo para sobrevivir. Pero en *Entre tinieblas*, lo importante es la ausencia de religión, o mejor dicho la religión entendida desde otro punto de vista, con otro sujeto y otro objeto. Es decir, los sentimientos religiosos los provoca otra cosa que no es Dios, y la piedad está referida a otra cosa. La religión es el lenguaje que el ser humano se ha inventado para relacionarse con algo superior y ese lenguaje contiene una serie de rituales que pasan por la piedad. Lo paradójico de esta película es que estas monjas tienen una religión, pero no una religión inspirada por Dios. De hecho, ellas se han alejado hace tiempo de Dios, su misión de apostolado hace tiempo que no funciona y en todo ese tiempo de espera y seguir viviendo, cada una se ha ido dedicando a sus cosas, a sí mismas, y se han ido alejando de Dios, acercándose cada vez más a su propia naturaleza.

La vida en aquel convento es una situación salvaje, inocente. Es como si aquellas monjas no hubieran perdido la inocencia y no supieran distinguir entre el bien y el mal que están profundamente entremezclados. Estas monjas son libres y viven libremente en una especie de utopía al margen de la sociedad en la que todo es posible y todo es comprensible.[3]

La única que no se ha olvidado de su misión es Julieta, la madre superiora. Por eso se puede decir que es una película religiosa, porque la religión está provocada por los seres humanos, más exactamente por el ser humano en su abyección y aún más exactamente por el ser humano de género femenino con problemas policiales y de cualquier otro tipo, con problemas con la sociedad, marginadas.

Dentro de poco este pabellón estará lleno de asesinas, drogadictas y prostitutas, como en otra época.[4]

En este sentido es absolutamente religioso. El personaje de Julieta está lleno de piedad y todos sus actos son actos piadosos. Desde ponerse la heroína para demostrar que no es una cosa mala, hasta el último detalle. Todo lo que hace está inspirado por

3. Julieta Serrano.
4. De los diálogos de *Entre tinieblas*.

el amor que siente hacia esa chica. Y eso es la religión al fin y al cabo. En esta película no hay ningún ataque a la religión católica como se ha querido ver. Si hubiera querido hacer una película anticlerical habría hecho otra cosa.

Hay una cosa que me aburre sobremanera: la aureola de escándalo que rodea la película. Cada uno es libre de escandalizarse con lo que quiere, pero *Entre tinieblas* no es una película escandalosa, y menos todavía que busque el escándalo. Con el espectador prefiero establecer una relación de complicidad, no de escándalo. Si lo hubiera pretendido, la habría rodado de otro modo. Tampoco es antirreligiosa. Ojalá que las monjas reales fueran tan generosas como las de mi película.[5]

Me atraía la idea de que fuera un grupo de monjas viviendo en un convento donde Dios no estuviera presente, pero ellas estuvieran inspiradas por sentimientos verdaderamente piadosos. Ésa es la parte más inmoral, si hay alguna, de la historia. Dios no está, pero sí hay una iconografía muy precisa. Una iconografía ingenuamente del mal, posibles heroínas de boleros que se han atrevido a vivir de acuerdo con la pasión y los deseos, como Ava Gardner o Marilyn Monroe. Para Julieta las imágenes de Ava Gardner, Brigitte Bardot y hasta Amanda Lear, componen el firmamento del pecado. Cuando yo era pequeño, recuerdo perfectamente que el pecado estaba simbolizado en las artistas de cine y en el divorcio.

Pero creo que la parte mágica, como dirían los pedorros, me llegó a través de los cromos. Porque en el pue-

[5]. Pedro Almodóvar. «Con él llegó el escándalo.» *Diario 16*, octubre 1983.

blo donde vivía se proyectaba muy poco cine, pero se comía mucho chocolate para merendar. Y los cromos venían en las tabletas de chocolate, unos cromos untuosos, llenos de grasa. Estaban todas las estrellas de Hollywood, con sus nombres y una pequeña biografía detrás. Eran de colores muy fuertes, como los de las películas de Hitchcock, puro technicolor. Para mí era una especie de ventana interior a través de la cual soñaba. Todo muy Minnelli. No sé por qué ejercían sobre mí esa fuerza de sugestión, porque nadie me explicaba quién era Rita Hayworth, ni nada. A través de los cromos yo no imaginaba una cosa concreta, pero estaba seguro de que allí dentro había un mundo que me interesaba mucho más que el que me rodeaba.[6]

Para mí, las más grandes pecadoras eran Ava Gardner y Lana Turner, porque se suponía que se habían divorciado muchas veces y se decía que instigaban a los hombres a masturbarse y soñar con ellas. Ava Gardner era la más pecadora con mucha diferencia, porque tenía una cosa prohibida: la belleza. La belleza es algo excepcional, es agresiva por su excepcionalidad y como tal está condenada. Todas ellas son lo que los católicos llamarían pecadoras y ésas son las auténticas vírgenes de la religión que Julieta profesa.

—Son algunas de las grandes pecadoras de este siglo. Te preguntarás qué hacen aquí.
—Pues sí.
—En las criaturas imperfectas es donde Dios encuentra toda su grandeza. Jesús no murió en la cruz para salvar a los santos, sino para redimir a los pecadores. Cuando miro a alguna de estas mujeres siento hacia ellas una enorme gratitud pues, gracias a ellas, Dios sigue muriendo y resucitando cada día.[7]

6. Pedro Almodóvar. Entrevista en *Fotogramas*, número 1690, octubre 1983.
7. De los diálogos de *Entre tinieblas*.

El apostolado lleva a eso, el apostolado consiste en acercarte a la delincuencia y a la gente con problemas, a los pecadores, a todos aquellos que están lejos de la mano de Dios, y salvarlos convirtiéndose en uno de ellos. Si se trata realmente de personas muy abyectas, pecadoras, drogadictas, asesinas, perversas, etc., ella tiene que convertirse en eso mismo, lo mismo que Jesús se hizo humano para salvar al hombre.

Esto justifica el que cites tanto a san Juan Bosco y a Jean Genet.

Genet y san Juan Bosco son intercambiables, sus motivaciones son las mismas, a ambos les interesaba lo mismo, los chicos descarriados, los jóvenes con problemas. Les mueven los mismos sentimientos, los mismos deseos. Luego, cada uno los desarrolla según su propia personalidad. San Juan Bosco empieza a crear albergues, y casas donde reunirlos y entretenerlos jugando y enseñándoles una profesión, y Genet se convierte en uno de ellos. Para protegerlos se une a ellos, les ayuda a robar, los ama en la cárcel y los acompaña en su viaje al fondo del infierno, como Julieta y las «Redentoras Humilladas». Toda la obra literaria y la vida de Genet tienen ese tipo de misticismo.

Sin embargo, ¿qué es su violencia junto a la mía que consiste en aceptar la suya, hacerla mía, quererla para mí, captarla, utilizarla, imponérmela, conocerla, premeditarla, discernir y asumir sus peligros? Pero, ¿qué era la mía, premeditada y necesaria para mi defensa, para mi dureza, para mi rigor, junto a la violencia que ellos sufren como una maldición, ascenso de un fuego interior simultáneo a una luz exterior que los inflama y nos ilumina? Sabemos que sus aventuras son pueriles. Ellos mismos son estúpidos. Aceptan matar o morir por una partida de cartas en que el adversario —o ellos mismos— hacían trampas. Y, sin embargo, gracias a tipos semejantes son posibles las tragedias.[8]

Julieta es también una mística, sólo que es la carne, palpitante y prohibida, la que provoca su adoración. Es religiosa, pero Dios tiene poco que ver.

¿Estarías de acuerdo en que se definiera Entre tinieblas *como un melodrama?*

Completamente. Para mí *Entre tinieblas* entra de lleno en el género del melodrama con referencias muy concretas y claras a Douglas Sirk, especialmente en la iluminación. Cuando preparaba la película con Ángel Luis Fernández le puse como referencia de luz a Sirk, pero también los claroscuros de los cuadros de Zurbarán. Además me gustaba que hubiera aquella atmósfera inquietante y barroca de las películas de terror de la Hammer de los años sesenta, con azules transparentes, morados, púrpuras, colores muy dramáticos. Pero el melodrama no viene sólo por eso, surge muy directamente de que se está hablando del amor como fuente de inspiración, como motor, como energía que te empuja a hacer las cosas más extraordinarias, sin importarte que a veces sean las más abyectas o las más sublimes. Estamos hablando de amor y de pasión.

En esta película ya está el embrión de *La ley del deseo*, la pasión transgresora y sin moral. Este personaje sólo tiene su amor y su pasión y lo demás no le importa. La mo-

[8]. Jean Genet. *Diario de un ladrón*. Editorial Planeta, Barcelona 1977.

ral no tiene sentido. Su pasión la lleva a una situación límite.[9]

Lo de menos en realidad es la cuestión de las monjas. Si hubiera seguido en la línea de *Pepi*... y de *Laberinto*... habría hecho una película muy *pop* con las monjas. Las monjas se han tratado mucho en el cine, especialmente en los musicales y en comedietas ligeras. A mí me hace mucha gracia ver a Rocío Dúrcal cantando y bailando con un grupo de monjas que son como *go-gos*, con los hábitos rosas, ceñidos para marcar el pecho y las notas cosidas en las faldas. También me divierten las películas de monjas de Sara Montiel. La monja es casi un género cinematográfico que nunca ha funcionado cuando se toma en serio. La idea de las monjas me motivaba mucho, tenía en la cabeza un montón de estrellas que han hecho de monjas y han sufrido muchísimo. Lo tenía en la cabeza, pero traté de olvidarme de ello en el momento de hacer la película. El personaje principal de esta historia es Yolanda, una mujer que mata por casualidad, que es drogadicta, que bebe, que tiene «mono», que entra en el convento y hace que la gente enloquezca con ella, pero ella no sabe amar del todo. Es una mujer muy capacitada para meterse en problemas, pero también sabe salir de ellos.

Eso queda más o menos claro en la aparición de Yolanda en la capilla...

Esa aparición apoya el sentido religioso de la película. Ellas están en misa, van a comulgar y van cantando:

9. Julieta Serrano.

> Dueño de mi vida
> vida de mi amor
> ábreme la herida
> de tu corazón.
> Corazón divino
> dulce cual la miel
> tú eres el camino
> para el alma fiel.
> Dueño de mi vida
> vida de mi amor
> ábreme la herida
> de tu corazón.

Están a punto de ser poseídas por Dios, que es lo que significa comulgar. En ese momento, se abre la puerta de atrás y como una aparición, más que mágica, divina, aparece Yolanda. Julieta sigue cantando pero se da la vuelta y se dirige hacia ella. A ella le dedica la canción y a ella se acerca para comulgar. Esa escena resume mejor que ninguna otra la religiosidad de la película. Yo no quiero decir con la película que todas las monjas son lesbianas y se drogan, sino que éstas viven en el mundo de otro modo. La capilla y en general las iglesias siempre me han parecido lugares de refugio, de paz y de recogimiento. El clima, la atmósfera que hay en ellas, independientemente de su sentido último, me invitan a descansar, a sentarme en un banco y pensar. La iglesia contiene todos los elementos sagrados, por eso quería que la aparición de Yolanda fuera en la iglesia, como una metáfora clarísima. Hay un meridiano que va de Yolanda al altar, y ese trayecto, que sigue Julieta, es el eje de la película.

La madre superiora se entrega totalmente, por su pasión es incluso capaz de traicionar.

¿Te refieres a la secuencia con Cecilia Roth? No creo que se pueda hablar de traición. Ella quiere, por encima de todo, salvar a Yolanda, no le gusta entregar a la otra a la policía, pero quiere salvar al objeto de su adoración. Cecilia resume en cierto modo todas las chicas que ha amado Julieta y que han desaparecido de su vida. Pero Cecilia debe ser una de las que más adentro se le quedó, la que más la hizo sufrir y la que se comportó de forma más egoísta. A mí me gusta mostrar a mis heroínas en momentos en que son todo menos heroicas, sino más bien mezquinas, egoístas y rencorosas. Así aparece Julieta en el diálogo que tiene con Cecilia, un diálogo durísimo. Se supone que Julieta ha debido de sufrir mucho por culpa de esta chica y esta chica le ha mentido mucho. Ella no quiere saber nada de lo que le sucede ahora, entre otras cosas porque está enamorada de Yolanda. Así que la trata con mucha dureza para que se vaya.

—Te dije que si te ibas ya no volvieras por aquí.
—Le juro que ya no puedo más, madre. Déjeme estar aquí por lo menos esta noche. Por favor. Además éste es un refugio de pecadoras, ¿verdad?
—Supongo que sí, pero mañana te vas. No quiero problemas. Bastantes tengo.
—Ha sido horrible, madre, horrible.
—Ahora trata de descansar.
—No me deje sola, tengo miedo.
—¿Qué habrás hecho?
—Madre ¿no tendría un calmente? Si no, no voy a poder dormir. Estoy muy nerviosa.
—Acuéstate. Te traeré una pastilla.
—¿No tiene algo más fuerte, madre?
—Voy a ver.
—Madre, la quiero.
—No. Me necesitas.

—Déjeme explicarle...
—Fuiste muy clara en su momento. No tienes nada que explicarme.
—Yo no la he olvidado.
—Pues yo a ti sí. Ve acostándote y no hagas ruido.[10]

No quiere engañarla. Ella necesita ayuda y se la va a prestar por una noche, pero no quiere complicaciones. No quiere denunciarla, pero cuando llega la policía, su única preocupación es salvar a la otra. No hay una traición, o al menos yo no quisiera que se viera así. A Julieta esas chicas le producen una auténtica piedad, por eso, cuando más hundida está Cecilia, cuando sale corriendo por el pasillo con aquellas medias rotas y llena de sangre y pierde el zapato, ella los detiene:

¡Esperen! ¿No ven que está descalza?

porque no soporta la idea de que se la lleven descalza, ir sin zapatos es un síntoma de auténtica indefensión, de desgracia terrible. Eso no lo puede soportar, así que se acerca y se los pone en un acto de piedad infinita, se arrodilla frente a aquella chica que se supone que ha hecho algo terrible y le pone los zapatos con toda ternura despidiéndola con la mirada porque no puede hacer otra cosa. En ese momento su única opción es Yolanda.

También Yolanda toma una decisión importante a raíz de la detención de Cecilia.

Yolanda rompe con su pasado en ese momento, justo cuando Julieta está dispuesta a llegar al fondo de donde haya que llegar. Cuando abre la puerta

10. De los diálogos de *Entre tinieblas*.

después de que la policía se ha ido, está dispuesta a hacer todo lo que Yolanda le pida. Pero no hay nada peor para una persona amada, que no ama del mismo modo, que estos actos de entrega y de generosidad. Son cosas que pesan como una losa. La reacción de Yolanda es la de romper con su pasado para que la policía no encuentre pruebas, por eso rompe el cuaderno, pero también para librarse de la superiora y quitársela de encima. Por eso decide volver a la salud, a las plantas, quiere dejar la droga y rechaza de plano a la madre. Esta actitud, que es aparentemente positiva, tiene un origen muy sibilino. En realidad lo hace para rechazar el amor de Julieta, es algo muy mezquino. Uno tiene todo el derecho del mundo a querer dejar la droga, pero no hay derecho a herir a otro como lo hace ella en la escena de la confesión que se ve desde la ventana.

—¿De verdad piensas dejar la droga?
—Sí, y usted también debería dejarla.
—Lo pasaremos bastante mal. Lo sabes.
—Serán sólo unos días. Yo no me pico mucho. Ofrezca sus sufrimientos por nuestros pecados.
—Mi único pecado es quererte demasiado.
—¡No me hable así!
—Dios está al lado de los que aman.
—Y de los que sufren.
—De todas las mujeres que he conocido, tú eres la que menos entiendo.
—Por eso está tan colgada conmigo.[11]

La droga atraviesa toda la película, pero no deja de ser un motivo anecdótico, importante desde luego, puesto que es el elemento de unión más profundo entre las dos mujeres, pero está absolutamente desdramati-

11. De los diálogos de *Entre tinieblas*.

zado, incluso en el momento del «mono» de Yolanda, que podría ser el más trágico.

El fenómeno de la droga es algo que está presente en la vida cotidiana, así que no vale la pena construir grandes argumentos a su alrededor, es mejor afrontar como lo que es, un drama a veces un poco *kitsch*, a veces muy trágico, pero absolutamente normal. En la historia de *Entre tinieblas* es la causa de la muerte que a su vez provoca el que Yolanda se refugie en el convento, es el punto de relación más fuerte entre Yolanda y la madre superiora, es la posibilidad de encontrar una salida económica a la crisis de la comunidad con un viaje a Thailandia, etc. No hay en ningún momento un juicio moral. Respecto al «mono», yo no sabía muy bien lo que era y tuve que enterarme. El «mono de caballo» produce temblores, sudores, te duele todo el cuerpo, tienes picores, es muy doloroso y a veces pienso que en *Entre tinieblas* quedó demasiado lírico a causa de la música que se oye todo el tiempo. En cambio, el «mono» de Julieta es muy diferente, no tiene síntomas físicos pero se siente completamente abandonada por todos. Está ahí, clavada en el suelo de la iglesia. Ni come, ni bebe, ni nada. La ausencia de Yolanda es su auténtica tortura. Y en ese momento sí que confunde a Dios con Yolanda, confunde la ausencia de Yolanda con la ausencia de Dios. No se miente a sí misma, es la forma que encuentra para dar rienda suelta a su dolor. Como no puede ir a decírselo a ella, se cobija en lo que siempre ha sido su refugio, la iglesia. Intenta hablar a Dios pero no puede. Lo intenta con la mejor intención y con toda sinceridad, pero no puede. Empieza a sentir lo que se supone sienten los pecadores, porque el pecado, si existe, no es otra cosa que el sentirse separado de

Dios. Separarte de Dios te sume en grandes tinieblas. Lo peor del pecador es que no sabe ni dónde está, ni por qué está, no sabe nada. Para un pecador lo peor es que no puede ver a Dios, no puede comunicarse con Él, está perdido. Ésta es una de las partes más crueles de la religión católica. A lo mejor a nadie le interesa esto, pero yo le dediqué mucho espacio porque me interesaba hablar del pecado y de cómo se siente el pecador.

—Dios ¿dónde está? Dios me ha abandonado. Le llamo para pedirle perdón y refugio, pero Él se esconde.
—Si la vieran así las redimidas. Una mujer de su fortaleza.
—Yo soy como ellas. De tanto admirarlas me he convertido en una de ellas.
—No diga eso, madre. Usted es buena.
—Soy una pecadora, Sor Estiércol. El pecado tiene un sabor oscuro y amargo. No sabes hacia dónde dirigirte. Estás sola entre las tinieblas, sin proyectos, sin esperanzas, porque sabes que Dios te rechaza. Y no puedes buscarle porque Él tiene la luz que te mostrará el camino y se niega a mostrártelo.[12]

Esta situación transcurre en paralelo al «mono» de Yolanda y habla de su propia religión que no es otra que «Yolanda Bell». En ese momento no puede verla, está perdida, está sola.

Julieta Serrano recuerda el rodaje de Entre tinieblas *como un momento de plenitud:*

Entre tinieblas *se rodó toda en un convento de la calle Hortaleza. Un antiguo convento que está en ruinas. Las monjas se lo vendieron a una inmobiliaria*

12. De los diálogos de *Entre tinieblas*.

—*como en la película*— *y ahora lo tiene la Comunidad de Madrid para hacer algo para el barrio. No es una casa histórica, pero es un lugar enorme en donde se pueden hacer muchas cosas. El convento era genial porque se estaba cayendo. Era exactamente el decorado que él (Pedro) quería. La verdad es que fue un rodaje fantástico. Cada una de nosotras tenía una celda con una cama y una estufa. Cuando no rodábamos, nos podíamos retirar allí a descansar. Prácticamente vivíamos allí. Yo estaba entonces haciendo dos funciones diarias en el teatro y al mismo tiempo estudiaba el papel de Doña Rosita. Únicamente haciendo una película con Pedro he sido capaz de hacer todo eso, porque estaba llena de energía. Era como si tuviera las pilas cargadas, me sentía capaz de todo. Además, era muy cómodo para mí porque no había problemas de vestuario ni de maquillaje. Llegabas por la mañana, te ponías la toca y a rodar. Estaba muy cansada pero eso le iba bien al papel pues se suponía que debía tener mala cara. El problema es que tenía tanta energía que no se me ponía mala cara de ninguna de las maneras. Hay una frase en la película que se la inventó Pedro porque no había manera de que aparentara enfermedad. Recuerdo que él me decía: «por poco que duermas, por mucho que trabajes, continúas teniendo cara de campesina bávara, tendré que inventarme algo porque no tienes cara de drogadicta». Y entonces puso aquello de «Yo soy fuerte. La heroína le va bien a mi naturaleza», porque por más ojeras que me pintaran, por más cansada que fuera, no perdía la cara de manzana.*

La columna vertebral de la película son las relaciones madre superiora-Yolanda, pero también se habla de las otras monjas.

En la película se habla sobre todo de la autonomía

de un grupo de mujeres que se enfrentan de un modo visceral, natural e inconsciente, al orden establecido. En el momento que las cosas no funcionan, se hacen independientes de un modo feroz y aprovechan esta situación volviéndose hacia sí mismas de una forma total. Justamente cuando parece que su función ha desaparecido, esas mujeres adquieren su mayor autonomía. Cada una se ha relacionado con las delincuentes de un modo distinto. Julieta físicamente, a través del amor, el sexo y todo lo que ello conlleva. Chus, en cambio, ha sido amiga, la confidente. Esa amiga simpática y muy graciosa a la que es más fácil contarle todo. Como tiene veleidades literarias, ha empezado a escribir lo que las otras le contaban como una especie de Corín Tellado, que escribe historias que nunca ha vivido pero que ha imaginado con gran lujo de inocencia a pesar de que sean muy fuertes. Dentro de esa inocencia, acaba convirtiéndose en un fenómeno literario porque escribe mucho. Además, tiene ese lado entrañable de estar explotada por su hermana, que se aprovecha de que es una monja, se hace pasar por ella y la engaña. El personaje de la hermana de Chus lo escribí pensando en Eva Siva. Es un personaje muy odioso, es como una vampira que lo único que quiere es comprarse cosas, en una especie de consumo puro, simple y salvajemente indiscriminado. Es un tipo de persona que va a los grandes almacenes como si fuera a un museo. A mí me gusta mucho la gente que va a los grandes almacenes con reverencia y que valora las cosas que allí se venden como si fueran obras de arte. Esto se repite en mis películas. Por ejemplo, Verónica Forqué en *¿Qué he hecho yo...* habla de sus cosas como si fueran tesoros.

Yo no tengo nada más que hablar con usted. Solamente

decirle a usted que no hay derecho, que alguien esté en su casa y venga otra persona y le mate. No hay derecho. Porque, por ejemplo, una chica como yo, que vive sola y con tantísimos objetos de valor. Pues no hay derecho. Y ustedes deberían hacer algo.[13]

La historia de Carmen con el tigre funciona muy bien. Carmen es el ama de casa del convento. Cuando la marquesa le quiere hacer un regalo, le lleva un paquete de detergente y la otra lo mira como si fuera una obra de arte:

Detergente para todo uso, biodegradable, abrir aquí. ¡Qué maravilla!

Habla con los pajaritos, las gallinas y los conejos como si fueran sus hijos. Al tigre lo llama «niño» porque lo ha criado ella. Es una monja simplona, que sería una excelente madre y ama de casa, pero como no lo es, asume ese rol allí dentro. Está obsesionada por la limpieza en un sitio que se está hundiendo. Hay gente para la que su equilibrio pasa porque el pasillo esté limpio. Es un ama de casa independiente que ha escogido ese trabajo. Nadie la obliga, en aquel sitio todas pasan olímpicamente de la limpieza y ella lo hace porque le gusta. Es un comportamiento muy especial. Carmen está deliciosa en *Entre tinieblas*. Ella sabía que era un personaje de segundo plano, que siempre estaba detrás de las otras, apostillando y a ser posible con un trapo, limpiando. Es un personaje secundario que sólo tiene un primer plano en toda la película, cuando se despide del tigre y llora porque no soporta dejarle. Car-

---

13. De los diálogos de *¿Qué he hecho yo para merecer esto!*

men sabía que su papel no era muy importante y sin embargo se entregó de lleno.

Carmen Maura, Sor Perdida, vivió una auténtica aventura con el tigre.

Al principio yo no trabajaba en Entre tinieblas. *Pedro me explicaba el guión y no había ningún papel para mí. Yo entré casi al final, cuando me preguntó si me gustaría salir con un tigre. Me acuerdo que me dijo: «Te advierto que tu monja no es muy importante, pero si le pongo un tigre estará mejor». Fue un detalle de amor maravilloso. Sé que el tigre me lo regaló porque mi monja era la buena, la tonta, la más anodina. No podía extenderse mucho conmigo, así que me puso un tigre y se me vio muchísimo. Mi relación con el tigre fue una de las experiencias más bonitas de mi vida profesional. Si te dicen que vas a salir con un tigre se supone que tomarán las medidas oportunas. Pero un día, al llegar al rodaje, me dijeron que subiera y me encontré que el tigre estaba metido en una habitación como si nada. La verdad es que atendí mucho las indicaciones del domador. Yo tengo mucha capacidad para comunicarme con las plantas y los animales, así que intenté entenderme con él. Lo importante era no hacer ninguna de las cosas que te decían que no hicieras, no provocarle. Y el tigre me llegó a ronronear. El domador me dijo que me fuera con ellos de gira ese verano, que si salía a una pista con él y tres más arrasábamos. Me confesó que realmente había conseguido establecer una relación con el tigre que era muy difícil de alcanzar. La verdad es que daba un poco de miedo porque era muy fuerte, pero a mí me quería y yo también lo quise mucho.*

—Como te vuelva a ver echándole mano a una gallina me voy a Albacete y a ver cómo te las arreglas tú solo. Que no haces más que darme sofocaciones. Te gusta que te toque los bongos mientras comes. Claro. Te recuerda África. Y no me arañes, no me arañes, que mira cómo me pones, que parezco un Divino Señor.[14]

Era la cosa más morbosa que he tenido nunca entre las manos. No sabes cómo es esa piel, esa fuerza, ese animal tan grande y ronroneando cuando tú sabes que es peligroso. De hecho, tuvimos un problema con él. El día antes de que se lo llevaran se puso furioso y agarró a una chica en el rodaje y tuvimos que llevarla corriendo al hospital.

Julieta Serrano recuerda muy bien el día del accidente:

Yo no tenía ninguna secuencia con el tigre, pero sí lo conocí. Un día llegué al rodaje y me llevaron a una habitación. Allí estaba el tigre, estirado en el suelo como durmiendo. Había un señor con una barra de hierro que era su cuidador. Me dijeron que lo acariciara, que no hacía nada. Yo no lo veía nada claro. De repente, se cayó la barra de hierro y el tigre se despertó de golpe. Se levantó y me miró con aquellos ojos verdes refulgentes. Entonces me di cuenta de que estaba dentro de la jaula con el tigre, aunque aquello fuera una habitación, y me fui lo más silenciosamente que pude. Siempre me lo miraba con mucho respeto. Pero en un rodaje se pierde mucho el sentido de la realidad y pienso que nos olvidamos un poco de que un tigre es un tigre. Lo tratábamos como si fuera un gatito y el tigre debía de estar harto. Además, me parece que también hacía doblete, como yo. Por la mañana en el rodaje y por la tarde en el circo. Hasta que un día se hartó y se comportó como un tigre. El día del accidente yo no

---

14. De los diálogos de *Entre tinieblas*.

tenía que rodar, pero nos citaron a todas precisamente para hacernos una foto con él, para la promoción de la película. Estábamos en la iglesia y había mucha gente de prensa y amigos y de repente oímos un grito terrible. Yo me subí corriendo a un taburete, cosa absurda porque el tigre me habría comido igual. La verdad es que el pobre no tuvo la culpa de morder la pierna de aquella chica. Todos habíamos perdido la noción del peligro. El cuidador nos había dado una serie de normas para no provocarlo y entre esas cosas, una muy importante era que no se le podía dar nunca la espalda porque se enfadaba. La chica no se acordó o pensó que «qué estupidez que al tigre no le gustara que le dieran la espalda» y el tigre se enfadó y la atacó. Carmen se entendía muy bien con él porque nunca fue consciente del peligro.

Marisa Paredes también está maravillosa y es otro tipo de mujer muy distinto. Necesitaba poner una chica que ha entrado como asesina y se ha convertido; es una cosa muy de las religiosas, ha sido captada para la congregación y se ha quedado allí por devoción a la madre superiora.

—A mí también me redimió. Llevaba poco tiempo en Madrid y maté un hombre a cuchilladas. Ella declaró en el juicio una mentira y me salvó. La debo todo. Sería capaz de cualquier cosa por defenderla.[15]

Es el perro fiel de la madre superiora, la espía. Hay una especie de triángulo extraño entre Marisa Paredes, Sor Estiércol, la madre superiora y Yolanda. Julieta quiere a Yolanda, que no la quiere, y a la vez es querida por Sor Estiércol, es un esquema parecido al de *La ley...* pero no hay deseo, es más trián-

15. De los diálogos de *Entre tinieblas*.

gulo sentimental. Marisa ama a Julieta de un modo fanático porque la ha salvado. La quiere con pasión pero sin deseo. Es un personaje que es como un bloque, se mueve por instinto, sin fisuras. Julieta es más consciente, como Eusebio en *La ley...* es consciente de su historia y de su entorno. Nunca había pensado en este paralelismo con *La ley...* pero es cierto, aunque aquí lo que las mueve es la pasión, es un sentimiento más abstracto.

Marisa es también un poco fakir. Con esta faceta de su papel quería poner en evidencia ese tipo de gente que se está sacrificando continuamente por los demás, pero porque no les cuesta nada. Yo estoy seguro que a los mártires les privaba que los quemaran vivos. No hay sacrificio en eso. El dolor lo provocan otras cosas, como el complejo de culpa, y ella se quiere redimir torturándose de una forma muy ostentosa. Sor Estiércol tiene esa intolerancia de la gente que lleva una vida muy austera, porque la austeridad les da morbo. Además, con los «viajes» que se pega está siempre pasadísima. Tiene unas visiones religiosas de lo más emocionantes motivadas por cosas tan concretas como son los ácidos. Seguro que los místicos tenían visiones porque en su organismo se producía un proceso químico muy parecido al del ácido provocado por el hambre. Marisa ve sus visiones, alucina y se enrolla muy bien.

—Pues para mí, comer esta tarta es como comulgar. Se me apareció Jesús mientras la hacía, chorreando sirope y me ofreció sus llagas para que se las chupara como si fuera una golondrina.[16]

En cuanto a Lina Canalejas, Sor Víbora, a ella lo

16. De los diálogos de *Entre tinieblas*.

único que le interesa es la moda. Le preocupa que la religión católica, que se ha desarrollado tanto en sus últimos años después del Concilio del Vaticano II, no se haya preocupado en evolucionar en lo que respecta a las imágenes, que al fin y al cabo son la representación de su poder. Eso me da pie a introducir la historia del cura. En ningún momento quería caer en la trampa de hacer una película de mujeres donde hubiera un hombre y éste se hiciera dueño de la situación. El hombre aquí está en un segundo plano, además es un hombre que lleva faldas y se ha feminizado para poder estar con ellas. Lina y Manolo Zarzo se relacionan a través de la costura, no porque a él le interese especialmente pero como a ella sí le preocupa y es una innovadora que quiere cambiar los modelos de todos los santos, él aprende para poder compartir su vida porque está enamorado y ése es el único modo de estar con ella. Por eso, en la sacristía, le cuenta que ha estrenado *My Fair Lady*. Como no pueden hablar de amor, hablan de Cecil Beaton y de los modelos, pero es un diálogo completamente amoroso.

—Cecil Beaton ganó un Oscar por el vestuario.
—Es que ese hombre tiene un gusto.
—Si viera qué modelos. Y los sombreros.
—Me encantan los sombreros.
—Audrey Hepburn lleva una inmensa pamela blanca con cintas negras así, ladeada sobre la cabeza y sujeta con una redecilla de encaje blanco, todo salpicado de florecillas. Preciosa.
—Me lo describe usted tan bien que ya no hace falta que vea la película.
—Tiene que verla. Iremos a verla.[17]

17. De los diálogos de *Entre tinieblas*.

Recurro al cine como recurro a los trajes, para establecer diálogos amorosos entre ellos, no como referencia cinéfila. Gracias a Lina y Manolo he podido hacer una escena que siempre había querido hacer: utilizar un confesionario para que alguien se declare su amor. Es una idea que me gustaba desde hacía mucho tiempo y nunca sabía dónde meterla, hasta que encontró su lugar idóneo.

—Yo también la quiero. Aprendí a coser para estar más tiempo con usted y más cerca.
—Nuestro amor es como un tigre que ha ido creciendo dentro de estos muros sin darnos cuenta.[18]

El tigre es seguramente lo único que representa al hombre. Si hay una presencia masculina en esta película, es el tigre. También es el elemento más buñueliano. Se ha querido comparar *Entre tinieblas* con el cine de Buñuel por la cuestión de la religión, pero es un error. Cuando decían que cualquier secuencia de Buñuel era más antirreligiosa que toda la película se equivocaban, porque yo nunca quise hacer una película antirreligiosa. Yo no soy católico. Hay cosas en la religión católica que odio y otras que admiro, pero desde luego no he hecho una película anticlerical ni mucho menos. No me interesaba hacer una película revanchista. Hace falta mucha memoria y buenas dosis de rencor para tomarse la revancha después de los años. Y yo no poseo ni una cosa ni otra. Y es una pena, porque la memoria y el odio son dos fuerzas importantes. Mi experiencia con los curas fue monstruosa, pero no me siento afectado. Por ejemplo, la secuencia de la canción que canta Yolanda en la fiesta de cumpleaños de la

18. De los diálogos de *Entre tinieblas*.

madre superiora es algo totalmente autobiográfico.

Al director del colegio Salesiano donde estudiaba le gustaba mucho *Torna a Sorrento*. En aquella época, yo era el solista del coro, me pasaba el día ensayando misas y romanzas al piano. Uno de los curas tuvo la idea de regalarle al director, en la fiesta de su onomástica, una versión de *Torna a Sorrento*, con otra letra, y cantada por mí. La nueva letra decía: «Jardinero, jardinero, todo el día entre tus flores, defendiendo sus olores con la llama de tu amor». Lo que seguía era aún más equívoco. Los alumnos comíamos en un comedor y los curas en otro. Durante la sobremesa me sacaron y me llevaron al de los curas. Habían bebido un poco y se habían desabrochado algunos botones de la sotana. Me pusieron en el centro, y a palo seco, yo le canté al director su canción favorita, en cuya nueva letra él era un jardinero y los alumnos flores que él cuidaba amorosamente con la llama de su amor. Yo estaba un poco desconcertado, pero adivinaba su emoción. Recordando esto me di cuenta que en la fiesta de la madre superiora ocurre algo parecido. Yolanda Bell, su redimida favorita, le dedica un bolero. Pero en este caso es una canción de rechazo y despedida. Yolanda es mucho más cínica con la madre superiora que yo con el director de mi colegio, pero es que ella hace de cantante de cabaret, con mucho pasado, y yo, en aquella época, sólo tenía diez años y no sabía nada de la vida.[19]

Nunca he hecho referencias autobiográficas explicando cómo los curas metían mano a los niños, pero hay secuencias como ésa, que hacen referencia directamente a momentos de mi vida. En *La ley*... también hay un momento autobiográfico cuando Carmen entra en la capilla con Ada y se encuentra con el padre Constantino. Las dos están inspiradas en las mismas vivencias. No quise hacer una pelícu-

---

19. Pedro Almodóvar. «Con él llegó el escándalo» (e.c.).

la anticlerical porque me parecía más original hacer una película de monjas que no lo fuera. Supongo que porque la religión para mí ya no es un problema. No es un enemigo contra el que tengo que luchar. No me siento afectado por todas las barbaridades que dice Juan Pablo II. Si hay algo de Buñuel en mi cine es el tigre, el tigre representa lo irracional que ha ido creciendo dentro de aquellos muros simplemente por ley de vida, como la individualidad de cada una de ellas que ha ido creciendo dentro de ellas como el jardín interior. Son cosas que no hay que explicar porque están ahí y nada más.

Quizá eso justifique la escena de la Verónica, la que más roza el ridículo.

A mí me encanta esa secuencia. Los milagros son así y a mí me encanta hacer cosas muy descaradas. Ésta es una película muy seria y ése es un momento muy emocionante para mí, aunque sea muy *kitsch*. Yolanda se está desmaquillando y aparece Julieta, que coge un pañuelo y se lo pone en el rostro diciendo:

Que Dios me perdone si no me siento una nueva Verónica.

Por otra parte, no es tan ilógico. Ella está maquillada y es normal que los colores de su cara se queden en el pañuelo. Pero a mí lo que me gustaba es que se viera como un retrato. Es un *gag* y la gente se ríe siempre. Y si te paras a pensar, el que el pañuelo tenga el rostro de Yolanda es tan *gag* como que el rostro de Cristo esté en la Sábana Santa. La religión está llena de esas cosas, que en realidad son muy emocionantes. Puede parecer un *gag*, pero la cara de

Julieta en ese momento es sublime, para ella es un momento profundo y emocionante.

El papel de la madre superiora tiene una ambivalencia constante. Nunca sabes si ha de hacer reír o no, si hace el ridículo o no. Probablemente la escena de la Verónica es una de las puntas de ese personaje que en general está continuamente en la cuerda floja del ridículo. Como la primera aparición en el camerino de Yolanda. Yo lo hice con mucha seriedad, de un modo muy sentido, muy enamorado de verdad. Nunca intenté hacer una caricatura, porque me di cuenta que Pedro quería que aquello fuera muy serio.[20]

En *Entre tinieblas* hay cosas muy divertidas, pero que tienen que ser dichas y hechas muy en serio para que no se conviertan en una parodia. En la parodia no crees en los sentimientos y aquí hay que creer, aunque te hagan gracia. Lo que pasa es que siempre es divertido ver a la gente hablar de un modo tan desvergonzado y con tan poco pudor. Y eso sí que ocurre en mis películas, nadie disimula nada. Julieta, por ejemplo, habla con la madre generala y le dice lo que piensa mientras se está metiendo una raya de coca en la nariz, o cuando habla con la marquesa se muestra muy clara, muy diáfana desde el principio.

La marquesa es quizás el único personaje que no está a la altura de la historia.

Está en función de un personaje ausente, que es su hija. Esta hija está en el origen de la fundación del convento y después desapareció en África. A mí me gustaba la idea de que se produjera una especie de

20. Julieta Serrano.

posesión a través de la habitación de Virginia, y eso no queda claro en la película. Yolanda debía seguir los pasos de Virginia y llegar a relacionarse como una hija con la marquesa. También con Chus tenía que establecer las mismas relaciones. Hay un plano muy importante y muy difícil. Cuando Julieta acompaña a Yolanda a la habitación, las vemos aparecer con una grúa, desde una ventana. La cámara se mete en una habitación y vemos cómo se abre la puerta y entran ellas dos. Es como si aquella habitación estuviera esperándola, estuviera decorada para ella. Yolanda va a terminar los cuadros de Virginia, se va a acostar en la misma cama y se va a ir con su madre. También iba a acabar relacionándose con Tarzán, el hijo de Virginia. De hecho rodé esa secuencia aunque luego no la monté. La marquesa traía a su nieto de África y éste se enrollaba con Yolanda en la piscina del chalet de su abuela. Está rodado, y tenía que ser al final. Pero cuando vi el grito de Julieta, ese plano del alarido casi animal y la otra abrazándola, saliendo con un *travelling* imposible por la ventana, un *travelling* aéreo, me pareció tan impresionante dejarla allí, con los muros en donde se ven las sombras de los árboles, que no podía imaginar ningún otro final. Se hubiera roto el clima.

Entre tinieblas *la produjo Tesauro*.

Entre tinieblas es una película que, por extrañas circunstancias, casi no puedo volver a ver. Sé que contiene un montón de cosas que me gustan y me interesan, pero me resulta muy doloroso volver a verla. *Entre tinieblas* es una película muy importante en mi trayectoria, pero para mí es una película frustrada. Realmente es un encargo, porque hay muchos modos de hacerte un encargo. En este caso me propusieron hacer una película para Tesauro en la que estaba implícito que era hacer una película para Cristina Sánchez Pascual. Nunca se formuló así, pero estaba claro, al menos para mí, y ésa fue la causa de que inventara el personaje de Yolanda Bell para ella. Ingenuamente, intenté hacer un papel impresionante construyendo toda la historia alrededor de ella para que pudiera lucirse. El papel de una chica a la que le pasa de todo y hace de todo, un papel para una estrella. Lo que ocurre es que mis películas no son convencionales y mis estrellas son raras, pero yo intenté que la persona que me producía la película tuviera realmente una gran actuación, que estuviera guapa, con ojeras, con muchas pelucas, cantando, en un cabaret, con muchas joyas, perseguida, volviendo locos a hombres y mujeres, y que al final saliera triunfante de todo ello. Era un papel bombón. El problema es que Cristina estaba atravesando una época muy difícil de su vida que la tenía muy preocupada. Yolanda Bell era un personaje muy fuerte y le dio un poco de miedo, pero por otro lado estaba muy excitada por hacerlo. La verdad es que tuvimos muchos problemas de entendimiento y eso me obligó a cambiar el personaje a lo largo del rodaje en función de lo que ella daba y no daba. Por eso no me gusta, porque tengo la impresión que ha destrozado el personaje, ya no lo reconozco como mío. Es probable que tenga una entidad propia, pero no es la que yo quería. Esta falta de entendimiento entre Cristina y yo llega a estar incluso explícita en el guión en una línea de diálogo, cuando Julieta dice:

De todas las mujeres que he conocido, tú eres la que menos entiendo.

Eso iba bien para el momento, porque yo creo que en el amor no hace falta ni conocer ni comprender a la otra persona. Ésa es la maravilla del papel de Julieta, que acaba dando los dos personajes a la vez a través de la forma como la mira. En *Entre tinieblas* funciona todo lo que está relacionado con las monjas.

Pedro se dio cuenta que estaba más seguro y apoyado en las monjas que en Cristina, y entonces cambió el peso de la película. Esto demuestra que es un gran director. La capacidad de cambiar sobre la marcha, de no empeñarse en conseguir lo que estaba previsto, si no se puede, y tratar de aprovechar al máximo lo que se tiene es una prueba de su talento.[21]

Pero no funciona lo relacionado con Cristina, a pesar de que tiene una cosa especial, una manera de ser antipática, impermeable, en tensión continuamente, que acaba dando el personaje. Pero hace que todo lo que la rodea se venga abajo, la historia de Tarzán o la de la marquesa, son acotaciones que sólo le pertenecen a ella. Para mí el personaje estaba muy claro en la canción que canta en la fiesta de la superiora:

> Si a tu amor yo llegué porque llegué
> de tu amor yo salí porque salí.
> Otra vez voy pasando por ahí
> otra vez con mi cara tan feliz.
> Si a tu amor yo llegué porque llegué
> de tu amor yo salí porque salí.
> Aquí llegué porque llegué
> y salí porque salí
> amo porque puedo amar
> sigo andando por ahí.

21. Julieta Serrano.

Ése es el personaje de Yolanda, una mujer como Tina, por ejemplo, con una capacidad enorme para complicarse la vida, entregándose a los peligros de una manera inconsciente y saliendo horrorizada, pero fortalecida, de ellos. Una mujer que va cruzando por la vida sin impregnarse de nada, pero con alegría y vitalidad. Es una itinerante.

Yo no quiero llegar a ningún sitio. Lo que soy es una aventurera y tú no lo entiendes porque no tienes el más mínimo sentido del humor.[22]

A mí me interesaba mucho todo lo que sucedía en la habitación, con los cuadros, la ropa, era una especie de posesión sutil que terminaba en que se iba a vivir con la madre de la otra y se iba a liar con el hijo de la otra. Pero todo eso queda desdibujado. Tuve que variar la historia y dejarla en realidad como un testigo un poco antipático, incómodo, misterioso e interesado que nunca se entera de nada y nunca participa. Al margen de mis sentimientos hacia ella hay algo que interesa de Yolanda Bell. Unos días antes que se estrenara la vio por casualidad Margarethe von Trotta, una mujer especializada en personajes femeninos, y le apasionó Cristina. Me dijo que ella la veía como una víctima. Entiendo lo que decía Margarethe von Trotta, y tiene algo de razón, es un personaje que está sin hacer nada, mira y le pasan cosas. Muy bien, pero a mí me llevó a la más simple de las desesperaciones, y por eso me apoyé en las monjas.

El personaje de Julieta sale fortalecido de ello.

De *Entre tinieblas* si hay algo que adoro es el tra-

22. De los diálogos de *Entre tinieblas*.

bajo de Julieta. Chus está maravillosa, Carmen y Marisa están muy bien, hay muchas apariciones, como la de Concha Grégori en el Rastro, que me divierten, pero el monstruo de la película es Julieta. Hay una cosa muy importante para una actriz, la manera de mirar y Julieta fulmina con la mirada, explica con la mirada todo lo que Cristina no es capaz de mostrar. No he visto nunca otra actriz tan dotada y tan inteligente, a Julieta no le cuesta nada dominar todas las disciplinas y todos los recursos de la técnica, pero sabe también olvidarse de ellos y entregarse del todo a lo que está haciendo en cada momento.

Julieta Serrano vivió a fondo el personaje y la historia:

Cada vez que leía el guión de Entre tinieblas *me sumía en un mar de dudas, no sabía si la madre superiora se tenía que hacer como una caricatura, si era un personaje serio. Intentaba aplicar lo que había aprendido pero no encontraba el tono, el estilo. Así que pensé que lo mejor era ponerme en sus manos. El primer día de rodaje estaba nerviosísima, pero como él lo tenía tan claro, en seguida entendí por dónde iba. No es sólo una cuestión de hablar, tienes que estar disponible y dejarte llevar. Es lo que decía Jeanne Moreau hablando de Orson Welles: «te coge de la mano y te lleva». Para mí es el único camino para conseguir un buen trabajo. Hay que entregarse mutuamente y las cosas salen. Yo conozco actores que no se han entendido con él, pero conmigo funciona muy bien. En* Entre tinieblas *tuve sensación de comodidad casi desde el primer momento. Las tres últimas semanas de rodaje, estaba tan metida que se puede decir que rozaba la felicidad. Me sentía potenciada al máximo, me podía pedir cualquier cosa. Estaba llena de confianza y de seguridad. La madre superiora era un papel muy difícil porque era la que iba en serio, era la que realmente se entregaba hasta el fondo, asumiendo su papel y el papel de Yolanda. Todo era muy directo en* Entre tinieblas. *Es una historia muy seria contada de una manera que hace reír. Pedro tiene esa capacidad de hacer cosas muy dramáticas sin perder el sentido del humor. No sé cómo la gente, el público e incluso amigos no se dan cuenta de la seriedad que subyace en su obra. Recuerdo haber tenido algunas discusiones con amigos míos que no querían admitir que su cine era importante y me acuerdo de haberles dicho «dentro de unos años os arrepentiréis de lo que decís y os daréis cuenta del valor que tiene en realidad». El tiempo y su trabajo me están dando la razón. Pedro es muy serio en su trabajo, hay quien piensa que en sus películas todo se improvisa y que cada uno dice lo que quiere, como tienen esa frescura y espontaneidad parece que te acabes de inventar el diálogo. Pero todo, absolutamente todo, está escrito, no hay ni una línea improvisada. Es muy riguroso y muy exigente. Te obliga a dejarte la piel en sus películas, pero tienes muchas compensaciones. Al final del rodaje estábamos todos tan entusiasmados que se habló de hacer una continuación, un* Entre tinieblas 2 *con todas las monjas en el África, con caníbales y muchas aventuras. Con las películas de Pedro pasa siempre algo parecido. Son como árboles a los que les van saliendo continuamente ramas nuevas llenas de vida. A veces es un peligro, porque las historias se le pueden dispersar, pero cada vez es más consciente de ello y ha aprendido a concentrarse más en la historia principal, utilizando las ramas paralelas sólo como anotaciones.*

¿Te pasa con Julieta lo mismo que con Carmen Maura?

Con Carmen Maura he llegado a tener una comunicación casi peligrosa entre dos seres humanos. La dirijo casi sin que ella se dé cuenta, de un modo hipnótico. Carmen ha llegado a unos extremos de generosidad conmigo que nadie más ha tenido. Julieta se entrega, pero es otra escuela, con Julieta he tenido diálogos sobre los personajes que no he tenido con nadie más. En ella hay una especie de coincidencia de lo que hace, además de unos recursos variadísimos, que no hay en todos los actores. Carmen es diferente. Carmen es como un instrumento que está afinado exactamente para mí, puedo hacer con ella lo que quiera, porque se ha llegado a despojar por completo de sí misma y se ha convertido en un material transparente y moldeable con el que yo hago exactamente lo que quiero. Nunca he tenido esa sensación con nadie más; es una cosa maravillosa, pero también muy peligrosa, aunque esa influencia yo sólo la manifiesto en el trabajo. En *La ley del deseo* Carmen se me escurría entre los dedos haciendo lo que yo quería que hiciera. No sé cómo lo he conseguido, pero se ha convertido en el vehículo ideal para mí, se ha especializado en trabajar conmigo. En esa especialización se ha ido convirtiendo en una gran actriz, con una enorme capacidad para dar todo tipo de papeles, ella se relaciona así con otros directores, pero en mí encuentra tal afinidad, que le provoca una entrega total y desmedida.

Carmen Maura corrobora estas impresiones:

Pedro es caprichoso, pero tiene unas cualidades como ser humano enormes. Una de las cosas que más me gustan de él es que es un chico de pueblo con un perfecto sentido de la tierra, de lo real, de lo auténtico. Entiende muy bien lo que son los sentimientos de ver-

dad: un verdadero amor, un verdadero cabreo, un verdadero agobio. A mí me ha llegado a conocer hasta unos extremos casi de pudor. Fíjate si nos conocemos desde hace años, pues todavía tengo pudores con él que me divierten mucho porque, si no, no podríamos entrar en ese terreno de respeto mutuo que nos tenemos. Es capaz de ponerme colorada y provocarme vergüenza, pero en cambio, cuando consigo sorprenderle conozco perfectamente la expresión que pone. Normalmente le sorprendo porque le hace más gracia el resultado de las cosas de lo que él pensaba. Entonces se sonríe de una manera muy especial, muy auténtica. Nadie me ha llegado a conocer como él, me adivina todo, no le puedo engañar respecto a nada. Todo esto, que sucede cotidianamente, por ejemplo en los viajes de promoción donde parece saber exactamente cuál es mi proceso mental, se acentúa al máximo durante los rodajes.

Cuando trabajamos es que sólo existe la película, pero con la película se vuelve la persona más entregada y más generosa. Si tú formas parte de esa película, te adora. Te quiere y aprovecha de ti hasta el último rincón y la cara de satisfacción que pone cuando ve que has dicho y hecho exactamente lo que él quería, te compensa de todo. En los rodajes te sientes muy mimada. Lo cuida todo: no deja que un zapato te haga daño, que un pendiente te siente mal o un vestido no te sirva. Está en todo, y cuando algo no le gusta, no para hasta conseguirlo. En ¿Qué he hecho yo para merecer esto! recuerdo que no le gustaba cómo quedaba Kiti y se fue piso por piso viendo los vestuarios de todas las vecinas del edificio, hasta que encontró lo que quería exactamente. A él le interesa mucho que los actores estén relajados y se entreguen. No le gustan los actores que se dan mucha importancia, como si se creyeran que son más importantes que los eléctricos, por ejemplo. No es una cuestión de humildad, es una cuestión de realismo. Los actores que trabajen con él tienen que entender que en sus rodajes si hay alguna estrella es él y deben plegarse completamente a lo que él exige. Nuestra amistad ha pasado por muchas etapas, pero siempre ha habido una cosa muy importante: yo le admiro a él y a él le gusto como actriz. Hemos ido evolucionando juntos y me ha enseñado muchas cosas. Ha visto cómo me iba transformando en una buena actriz. En La ley del deseo creo que no hay ni un solo segundo que no sea exactamente lo que él quería. Lo que tengo con él es una pasión que no tiene nada que ver con el amor. Es muy diferente, es una entrega total, es saber que estás en manos de otro. A mí eso me encanta como actriz. En la vida no soporto que nadie me diga lo que tengo que hacer, no aguanto que nadie me maneje, pero en un rodaje, saber que un director me está manipulando, me produce una satisfacción y un bienestar enorme, es casi un placer. Nuestra relación es muy sana justamente porque no escribe papeles para mí. Él escribe sus historias, y si hay un papel para mí, me lo da y me cuida al máximo. Pero si no lo hay, no lo hay y ya está. Hay una relación muy abierta, y yo soy la última en preguntarle si hay un papel para mí. Sé que si lo hay me lo dará. Trabajar con Pedro es sentirte querida y es una experiencia enorme.

Tanto Carmen como Julieta son perfectas en su trabajo, pero el tipo de perfección de Julieta es con conciencia y en Carmen es instantáneo. En Carmen influye una intuición desmesurada, en Julieta incluye más la reflexión, el análisis. Las dos son excelentes actrices cómicas. Julieta tiene un sentido y una capacidad para el humor grandísima. Es una gran actriz de comedia a la que casi nunca han dejado hacer reír. En *Matador* es lo más cómico de la película, es muy mala y ella lo hace de una forma muy graciosa. En *Entre tinieblas* tiene algunos momentos muy cómicos, con situaciones de pura comedia. Por ejemplo, toda su relación con Chus. Chus y ella son las amigas de toda la vida, se supone que han hecho el noviciado juntas, por eso no se soportan.

—No, Julia. Yo soy muy buena amiga tuya, desde que éramos novicias.
—No te pongas sentimental.
—Muchas veces he pensado que por qué te has distanciado de mí. Deben ser celos.
—¿Celos de qué?
—Tú no podías soportar que las chicas se hicieran más amigas mías que tuyas.[23]

Hablemos un poco de los textos que aparecen en la película y de la música.

Todo lo que lee Cristina en el cuaderno está escrito por mí, está en el guión y sirve para darnos una información sobre ella.

Un día te cansarás y te irás, por eso tengo que vengarme antes de que te vayas. Eres el precio más alto que he tenido que pagar por la heroína... Hay una parte de mí que te necesita y otra que te odia. Y yo detesto ambas partes. Nada te afecta, ni siquiera la droga.[24]

El otro texto largo es el que lee Chus en la iglesia. Es un texto maravilloso de un libro de consejos y ejemplos que se llama *La doncella cristiana*. A pesar de su origen reaccionario encuentro que esos consejos son literariamente muy bonitos y tan anacróni-

23. De los diálogos de *Entre tinieblas*.
24. De los diálogos de *Entre tinieblas*.

cos que resultan divertidos. El libro está lleno de cosas como «si gustas del lujo y diversiones de la sociedad, no es tu tesoro Dios sino Baal», o «no imites a esas jóvenes necias que sólo gozan en los espectáculos públicos, donde pueden ostentar sus postizos adornos y hacer alarde de su fugaz hermosura». Es un librito pedagógico para la adolescencia, publicado en los años sesenta. Es muy *kitsch*, muy truculento, con un estilo literario que me fascina, casi apocalíptico, muy sensual, porque cuando se trata de prohibir todo lo que tiene relación con los sentidos, el lenguaje que se utiliza es mucho más sensual que el de los propios sentidos cuando se manifiestan libremente.

Tantas clases de besos, como clases de amor. El beso sobre la frente, paternal, el beso sobre los ojos, lleno de paz, el beso sobre la nariz, gracioso, el beso en la mejilla, amistoso. Todos ellos algo anodinos, pero que sirven de tentadora invitación a otros más pérfidos, como el indiscreto beso en la garganta, el arrullador beso en el oído, semejante a la confidencia de un secreto. Y existe por fin el beso en los labios. Un beso no compromete a nada, piensan las alocadas. Tal vez si eres fría como el hielo y si tu compañero, poco fogoso, te deja escapar fácilmente de sus brazos. Pero si el beso te ha conmovido deliciosamente, ten en cuenta que a él le conmueve más imperiosamente que a ti y despierta toda la fuerza de su deseo. No des un beso amiga mía más que con la alianza en el dedo. Es un recatado consejo que canta en *Fausto* el mismo diablo.[25]

Respecto a la música, recuerdo que escribí cuando se estrenó la película: «He sustituido el *pop-rock* por el bolero. Toda la película está contaminada por

25. De los diálogos de *Entre tinieblas*.

el espíritu del bolero. Desde aquí quisiera agradecer a Lucho Gatica que hace varias décadas compusiera *Encadenados* pensando en mi película. También quiero agradecerle a Nino Rota y Miklós Rosza los temas que he utilizado en *Entre tinieblas*. No importa que ellos los crearan para *Rocco y sus hermanos* y *Providence*, respectivamente. A mí me han venido como anillo al dedo para completar esa atmósfera de drama y misterio que Ángel Luis Fernández ha sabido captar perfectamente con su fotografía». Ahí está explicada toda la música de *Entre tinieblas*. Los boleros ilustran y hacen avanzar la acción. *Dime*, al principio, explica mejor que otra cosa la situación de vacío y pérdida en que se ha quedado Yolanda tras la muerte del otro:

> Pero dime que aún es tiempo,
> que yo nunca te he perdido
> porque siento que sin ti, mi vida, amor,
> yo pierdo la razón.

Y *Encadenados* es una perfecta declaración de amor cantada a dúo entre ellas dos con el acompañamiento de Lucho Gatica:

> Cariño como el nuestro es un castigo
> que se lleva en el alma hasta la muerte.
> Mi suerte necesita de tu suerte
> y tú me necesitas mucho más.
> Por eso no habrá nunca despedidas,
> ni paz ninguna habrá de consolarnos.
> El paso del sol ha de encontrarnos
> de rodillas en la vida,
> frente a frente y nada más.

Al margen de los boleros, que forman parte de la escritura del guión, la música de fondo es, como siempre, una mezcla. Respecto a la música hay una cosa determinante: la has de poner con la imagen y ver si funciona, ésa es la prueba de fuego, no importa el tipo de música que sea. Es como ponerte un traje y ver si te sienta bien, da igual si lo has comprado en El Corte Inglés o te lo has hecho a medida. Yo nunca uso estereotipos: es de noche, hay un chico que va a matar a alguien, música de saxo en plan serie negra. Odio este tipo de soluciones. Normalmente yo utilizo la música como contrapunto. Por ejemplo, en *Pepi...*, poco antes de que llegue Alaska a mearle a Luci y que se produzca el encuentro que va a ser determinante para ambas, la música que se oye es una banda de pueblo tocando una marcha de Semana Santa. Las dos cosas funcionan divinamente y me divierte que el contexto sea completamente distinto, es un juego nada gratuito, pues si la imagen lo rechaza, lo rechaza y punto. Las músicas las pongo siempre después, y pruebo muchas cosas hasta encontrar la que mejor funciona. Generalmente pongo cosas que a mí me gustan y que, de algún modo, tiene que ver con el ritmo de la imagen. Esto en cuanto a las músicas de fondo, porque la música de las canciones está buscada de otra manera. Están pensadas en el momento de escribir el guión, utilizándolas como un elemento dramático y narrativo, como un personaje. Nunca sale un personaje, canta y se va. Con las canciones continúa el diálogo. En el caso de Julieta y los boleros está muy claro. El bolero es lo que mejor expresa el personaje de Julieta, por eso es una experta bolerista, le gustan las chicas de mala vida y no hay nada que exprese mejor la mala vida y los sufrimientos que los boleros. Por otra parte, ella está locamente enamorada y sufre como un tigre, y ninguna otra canción puede expresar mejor sus sentimientos. Yo soy totalmente ecléctico, tanto puedo usar un *rock* de última hora como un bolero, una canción de los Panchos, o un fragmento de música clásica. Es como un *collage* que coincide conmigo mismo, es muy sincero porque refleja la variedad de cosas que yo oigo durante todo el día.

En *Entre tinieblas* hay de fondo música de Rosza, que siempre me ha gustado mucho, concretamente la música de *Providence* la escogí por una asociación de imágenes. Yo tenía una idea muy vaga de que en *Providence* el protagonista trataba de abrirse paso en una maraña de plantas en un parque que tenía árboles extrañísimos que no le dejaban andar. Como en *Entre tinieblas* había aquel jardín tan extraño, donde vive el tigre, me sugirió la misma imagen y busqué la misma música. Y, en efecto, es ideal para esa atmósfera.

La película se estrenó en el Festival de Venecia.

Sí, aunque no en la sección oficial. Se presentó primero a Cannes, pero allí se asustaron mucho y la rechazaron. En Venecia la aceptaron, pero a regañadientes. La Democracia Cristiana estaba muy metida en el Festival y se pasaron un mes dilucidando si admitían mi película. La calificaron de provocadora, anticanónica, anarquista y no sé cuántas cosas más. Pero fue un éxito.

Al volver de Venecia escribió:

«De vuelta de Venecia descubro que aquí se ha contado detalladamente todo lo ocurrido en el Festival. Afluencia masiva de público para ver *Tra le tenebre*, aplausos durante y después de la proyección y críticas contradictorias, tirando a malas. Está visto que yo no gusto a la crítica. Lo tomo por su lado más positivo, en realidad los críticos me apoyan y tratan

de mi vida y los lugares donde has vivido son los que te dan los elementos con los que vas a trabajar.

Entonces ¿crees que el lugar de nacimiento condiciona de alguna manera?

Yo creo que no. Influye el lugar donde vives, donde te has desarrollado. Por ejemplo, yo noto que estoy acostumbrado a la luz y al sol. Nosotros somos mediterráneos no sólo porque pertenecemos a una cultura, sino porque el propio organismo se ha desarrollado en unas condiciones respecto a la naturaleza muy concretas. Yo no podría vivir en un país sin luz. Te determina tu experiencia, el lugar donde vives, pero por encima de todo te determina algo que no sé si son los genes o qué es: tu personalidad. Con eso naces en cualquier sitio y es algo sólo tuyo que te individualiza. Lo que pasa es que puedes encontrar mejores o peores condiciones para desarrollar esa personalidad, eso depende de las circunstancias y la capacidad para superar los peligros y los escollos que se te van presentando.

¿Tú crees que vivir en un pueblo o una ciudad puede ser lo mismo?

No lo sé ahora, porque hace mucho tiempo que no voy a ningún pueblo, ni siquiera al mío. Pero creo que hay una tendencia hacia la uniformidad y el acercamiento de los modos de vida. Cuando yo era pequeño sí que era muy diferente. De todos modos, lo que me asusta de los pueblos es algo que seguro que no ha desaparecido y que no existe en una gran ciudad: el hecho de que una comunidad viva estrechamente unida, inevitablemente produce una especie de vigilancia espontánea que es insoportable para vivir. Te sientes permanentemente vigilado, todo el mundo está al tanto de todo. Cuanto más pequeña sea una comunidad, más condenados están a vivir pendientes unos de otros, y eso desarrolla lo peor que hay dentro del ser humano. Vivir en un pueblo puede llegar a ser una tortura.

Sin embargo en ¿Qué he hecho yo para merecer esto! *el pueblo es una especie de paraíso.*

No creo que se pueda entender como el paraíso. De todos modos, pienso que a una persona como yo le sería imposible vivir en un pueblo. Pero hay otro tipo de gente, como pueden ser mis hermanas, por ejemplo, para las que el pueblo sigue siendo una presencia constante. Eso depende de lo que busques con el cambio del pueblo a la ciudad. En casos como el mío, en que buscaba dedicarme a una actividad más o menos artística e independiente, es evidente que en un pueblo nunca lo habría logrado. Allí no hay estudios, ni laboratorios, ni actores... Tenía que salir por fuerza. Pero, en cambio, hay otro tipo de emigración que sale del pueblo para ponerse a trabajar en una fábrica y vivir en barrios tan espantosos como el de la Concepción. Muchos de ellos vivían mejor en el pueblo. El estatus social a que hago referencia en ¿Qué he hecho yo... es éste precisamente. Esta gente viviría mejor en su pueblo si hubiera allí una fábrica donde pudieran trabajar o si el campo fuera mínimamente rentable.

Es probable que Carmen o sus hijos, que ya han nacido en Madrid, puedan tener más oportunidades de sobrevivir, pero un personaje como la abuela no tiene ninguna posibilidad de adaptarse. Las gentes que pertenecen a esta tercera generación, la de los abuelos, tienen muchos problemas para vivir en Madrid. En ¿Qué he hecho yo... he intentado darle

el pueblo

una carga de energía al personaje de Chus para que pueda vivir aquí, pero está claro que para ella no hay nada comparable al espacio en que vivía.

—Qué frío hace en Madrid. Si no me llevas al pueblo este invierno, me voy a helar viva...
[...] —¿Qué tal abuela?
—Pues cómo quieres que esté, hija mía.
—Tiene que tener resignación.
—Sí, pero yo me quiero ir al pueblo. No quiero morirme en Madrid y que me entierren lejos de casa como mi pobre hijo y el lagarto también.
—Tranquila abuela, que ya nos iremos al pueblo.[2]

A un ser así, lo sacas de un ambiente natural y no consigue adaptarse, entre otras cosas porque son mayores y ya no tienen capacidad para aprender muchas cosas, excepto ese superar día a día y hora tras hora. Para ellos el pueblo se convierte en algo idílico, como un sueño.

También para Toni, que piensa que va a encontrar en la naturaleza una razón para vivir.

—Irás a la escuela en el pueblo.
—No, me buscaré un curro en el campo.[3]

Para Toni representa un poco salir del infierno del barrio. Hay personas para las que sí es posible vivir en un pueblo. Si quieres hacer cine no te puedes quedar, pero según qué cosas quieras hacer, todo depende de que seas capaz de imponer cierta autonomía. Yo odio el espionaje y por otro lado nunca he

2. De los diálogos de *¿Qué he hecho yo...*
3. De los diálogos de *¿Qué he hecho yo...*

111

sentido eso del idilio del campo y la naturaleza, soy una persona básicamente urbana y me relaciono mucho mejor con los edificios que con los árboles.

La vida en provincias sólo es interesante para aquellos artistas que, además de escribir, les gusta la caza y la pesca, o para aquellos que, asustados por la complejidad de la vida actual, se refugian en los problemas familiares para escribir después una novela «cruelmente realista», que probablemente alguien lleve al cine, subvencionado por el Ministerio. Para un chico que quiere triunfar en Los Ángeles y Tokio, la vida en un pueblo es sencillamente una pérdida de tiempo.[4]

Parece que hayas cerrado una etapa con esta película en lo que respecta a este tema. En Matador *y* La ley del deseo *las referencias rurales o provinciales ya no existen.*

Lo que sucede fuera de Madrid en estas dos películas es mero decorado de las historias de los chicos de Madrid. De todos modos, sigo pensando que la provincia como sujeto dramático puede ser interesante. Hay muchas películas rurales que no se hacen y un pequeño pueblo puede resumir todas las pasiones del ser humano, incluso más exacerbadas que en la ciudad. Hay un tipo de género provinciano, como las películas de Claude Chabrol o los *westerns*, que es el género rural por excelencia. En el *western* están resumidas todas las interrelaciones de la gente que vive en una comunidad rural. Está la naturaleza, el río, las montañas, la relación con la tierra, el bar, las chicas descarriadas. Todo el odio y el amor. A mí me gustaría hacer un *western* que transcurriera en un pueblo contemporáneo. Hacer una película con am-

4. Pedro Almodóvar. «La vocación.» *Diario 16*. Verano 1985.

película de madres

biente rural me sugiere muchas cosas, es un sujeto dramático al que me gustaría volver de una manera muy diferente a *¿Qué he hecho yo...*

...La memoria es algo que uno posee a su pesar. En el fondo de ti mismo sabes que si alguna vez vas a recordar todo aquello, será con la única intención de hacer una película antirrural, en la que hablarás pestes de la alimentación, de las varices, de la obesidad y de la alitosis, todas ellas, características rurales de las que nunca se habla en las películas rurales.[5]

En *¿Qué he hecho yo...* hay una clara demostración de cuáles son mis orígenes. Yo soy una persona muy urbana, pero mi familia tiene un origen como el de *¿Que he hecho yo...* Hacer esta película era un poco un testimonio emocionante y a la vez ético.

¿Quizá por eso sacas a tu madre haciendo un papel, o a lo mejor porque es una película de madres?

Más bien porque es una película de madres y la imagen que resumía a todas las madres era mi propia madre, así que la llamé y le ofrecí el papel de la señora Paquita, la amiga de Chus que se encuentran en el dentista y en el autobús. Chus tiene muchísimo de mi madre en casi todas las películas. El modo de andar y los diálogos de *Matador* y *¿Qué he hecho yo...* están sacados directamente de mi madre. En ella está el origen de cierto estilo verbal mío, de cómo dialogo determinados personajes.

Agustín Almodóvar, hermano de Pedro, confirma la influencia de su madre:

Cuando murió mi padre, Pedro asumió la jefatura de la familia. Recuerdo que me decía: «yo, que he decidi-

---

5. Pedro Almodóvar. «La vocación.» *Diario 16*. Verano 1985.

do no casarme, no tener hijos, vivir solo, ahora soy el cabeza de familia». La verdad es que lo ha hecho muy bien. A ello le ha ayudado mi madre, que es un ser bastante excepcional. Hay muchas cosas de Pedro que están en mi madre. Cuando la gente la conoce, de repente entiende un montón de cosas. En esta época, mi madre habría arrasado. Es listísima. Por desgracia, sólo pudo ir un año al colegio, lo justo para aprender a escribir, pero escribe unas poesías preciosas y tiene una letra perfecta. Además, siendo una persona de tan poca cultura, tiene un sentido muy liberal de las cosas y es muy abierta. Ha entendido muy bien la carrera de Pedro y está orgullosísima. Cada vez que Pedro va al pueblo se organiza una especie de fiesta. Ella hace mucha vida con las vecinas, tienen sus reuniones y hacen sus charlas en las puertas de las casas. Cada día se reúnen en la puerta de una distinta. Pues cuando llega Pedro, montan una especie de rueda de prensa con las vecinas que a Pedro le gusta, pero le cansa un poco. Yo mantengo más relación con el pueblo porque me puedo quedar en casa encerrado. Él no puede, no le dejan.

También Carmen Maura coincide en que la madre de Pedro es especial:

La madre de Pedro es superespecial. Es una madre graciosísima. Tiene esa cosa de la tierra, de lo auténtico, de lo real. No se calla nada de lo que se le ocurre. Siempre va por lo derecho y con el sentido común por delante. Por eso Pedro se entiende tan bien con Chus, con Julieta y conmigo, porque tenemos mucho sentido común.

¿Qué he hecho yo... me relaciona mucho con mis orígenes, sin caer en la glorificación melodramática de las raíces. Las raíces las tienes y las asumes. No importa que mi vida ahora transcurra de otro modo, están ahí y yo quería acercarme a esa realidad hablando de una familia que no es la mía, pero que podía haberlo sido. Ver qué les sucede ahora, especialmente a esa madre, a esa ama de casa.

En una entrevista de la época del estreno de ¿Qué he hecho yo... *dijiste:* «*Yo pretendía que fuera una película épica, todo sobre el ama de casa, que supusiera para el género de la comedia doméstica lo que* El Quijote *supuso para los libros de caballerías*». *Dejando de lado la referencia manchega al ingenioso hidalgo, el ama de casa era una verdadera obsesión para ti. Ya en 1982 habías dicho:*

...el mundo del ama de casa me divierte y me horroriza al mismo tiempo, porque es monstruoso en su alienación, sobre eso sí que me gustaría hacer una película en serio, se podría hacer un buen alegato en favor de las amas de casa.[7]

Es cierto que el mundo del ama de casa me apasionaba mucho en aquel momento. ¿Qué he hecho yo... se convirtió efectivamente en un alegato social, pero con mucho humor. El ama de casa es un personaje absolutamente vinculado a lo que es la cultura de nuestro tiempo. Todo el *pop* no tendría sentido sin ella. La auténtica protagonista de esta estética que ha girado y ha inspirado el *pop art* es la iconografía doméstica. Del ama de casa se pueden hacer cientos de películas distintas. Es un personaje que a lo largo del día tiene posibilidades de estar en contacto con universos completamente distintos, espe-

---

7. Pedro Almodóvar. «La vida es un bolero.» Entrevista de Maruja Torres. *Fotogramas*, número 1674, mayo 1982.

cialmente si es asistenta. Si hubiera hecho esta película hace cinco años, después de *Pepi...* y tomando a Luci como modelo, habría hecho algo más cercano a *Polyester* de John Waters, o a lo mejor una historia rosa tipo Doris Day/Rock Hudson. Pero me decidí por hablar en serio del tema, por mostrar el descenso a los infiernos y la parada de los monstruos de la vida cotidiana de esta mujer. Por eso me salió un ama de casa verdaderamente atribulada.

Tanto el tema como los personajes dieron pie a que se hablara de «neorrealismo» al criticar o comentar ¿Qué he hecho yo...

Creo que sí que hay una conexión con el neorrealismo, pero no en la planificación ni en la puesta en escena. Más bien en la intención de la película. A mí me gusta mucho el cine neorrealista italiano y el poco que se hizo aquí. *¿Qué he hecho yo...* guarda bastante parentesco con algunas películas neorrealistas españolas que a mí me apasionan. Entre los 50 y los 60 se dio en España un cierto neorrealismo que, a diferencia del italiano, era más feroz, más divertido y menos sentimental. Por ejemplo, las películas de Fernán Gómez: *El extraño viaje, La vida por delante,* o las de Ferreri, *El cochecito,* o *Plácido* de Berlanga. De los italianos, me interesa mucho más Rossellini que De Sica. Hay directores que son claves para mí. Rossellini es uno de ellos, a lo mejor no se nota en el tipo de cine, donde las referencias a Buñuel o Hitchcock son más evidentes, pero Rossellini y Renoir han sido importantísimos para mí.

Algunos textos de Rossellini pueden aclarar ciertas actitudes de Almodóvar:

Trato de vivir mi vida de la manera más divertida

posible. Siempre procuro hacer las cosas que pueden divertirme, que pueden interesarme. Eso es todo; hago honradamente lo que creo que es preciso hacer y asumo los riesgos.

Creo que es preciso ser consciente de las cosas y estar preparado para deshacerlas y reconstruirlas, para impulsarlas hacia delante y no para ser víctima de ellas. Esto es lo importante, y la única manera de no ser víctimas es ser consciente. Con toda la pobreza de mis medios, yo utilizo a fondo lo que constituye mi privilegio: el privilegio de ser ignorante... Mi trabajo consiste simplemente en transmitir mi entusiasmo a los otros que hay en el mundo, supongo, más ignorantes que yo. Desgraciadamente para mis detractores, yo, que soy un hombre libre y sin ideas preconcebidas, no tomo partido por el optimismo, sino por la conciencia de las cosas. Estoy contra las plañideras del progreso, estoy contra el llanto, las quejas, el arrancarse los cabellos de quienes lo hacen por costumbre.

En *¿Qué he hecho yo...* hay una intención en cuanto a contar la historia de una familia de un cierto estatus social con unas dificultades concretas para sobrevivir. Esto forma parte del neorrealismo, pero naturalmente es un neorrealismo de ahora mismo. Como en todo neorrealismo, hay también una postura política muy clara por mi parte, en la que no hay dudas de a quién se está defendiendo. Lo que ocurre es que, a diferencia del neorrealismo clásico, en esta película hay mucho más humor, un humor muy negro.

El nuevo filme de Almodóvar revela una particular atención a lo social. Ambientado en un barrio periférico y suburbano de Madrid, sus habitantes de los nuevos pisos, con televisión en color y estéreo último modelo, habrían encantado a Pier Paolo Pasolini, y los toques delicados y profundos, capaces de describir con pocos elementos una humanidad marginada, habría encantado inmensamente al De Sica de Umberto D.[8]

Hago una apología de esta ama de casa, pero la presento tal cual, con sus cualidades y sus defectos. Es una heroína cuyas propias deficiencias son producto del ambiente donde vive. Ella es víctima de sí misma. En ese sentido, hay una apariencia neorrealista engañosa, y en eso me gusta que la confundan con el neorrealismo, porque la intención sí es la misma, pero técnicamente no tiene nada que ver. Uno de los principios fundamentales del neorrealismo, además del interés de retratar la sociedad tal cual, especialmente la parte de la sociedad que vive peor y es más injustamente tratada, es que sale a la calle. Los neorrealistas pasaron del artificio del estudio y salieron a la calle para «naturalizar» y dar sensación de realidad, acercándose de ese modo a lo supuestamente auténtico. El neorrealismo sacó las cámaras a la calle porque quería fotografiar la vida de verdad. Y eso es mentira, porque el cine no es nunca la realidad. El cine es una historia que un señor se ha inventado. A diferencia del neorrealismo, ¿Qué he hecho yo... está rodada en un 80 % en estudio, en decorados. Todos los interiores son de estudio, los pasillos, los ascensores, la escalera. Todo es estudio, pero no se nota, únicamente los exteriores se rodaron en el barrio de la Concepción. Lo que pasa es que, aunque fueran decorados, eran minúsculos, y producían una impresión de claustrofobia total.

8. «Pedro, il nipotino di Buñuel», *Corriere della Sera* (s.f.).

¿Eso determinó el tipo de planificación?

Supongo que sí. Lo mismo que en *Entre tinieblas* descubría los *travellings* y las grúas suaves, aquí toda la película está dominada por el trípode. El trípode está en el origen de la planificación, entre otras cosas porque no nos podíamos mover en los decorados y no podíamos ni imaginar un *travelling*. No poder movernos daba a todo un ritmo muy especial y obligaba a un montaje muy determinado. La película es muy sobria, con la cámara colocada en plano medio casi siempre. Los personajes entran y salen continuamente del cuadro y eso le da una especie de aridez, sumada a que todo ocurre muy cerca del espectador, sin adornos. La cámara cambiaba de altura según los estados de ánimo y según los puntos de vista. Sube o baja para dar sensación de opresión o descubrir la presencia del suelo. No sé muy bien por qué lo hago, pero sé que hay momentos en que hace falta. Cuando bajo la cámara casi hasta el suelo me parece como si colocara a un personaje dentro de un paisaje, aunque ese paisaje sea un pasillo de un piso de 40 metros cuadrados. Hay un paisaje, un horizonte y un personaje deambulando. Casi toda esta película gira alrededor de ese edificio, rodeado de una autopista de circunvalación que lo llena todo de ruidos y afea por completo los exteriores. Pero el centro de ese edificio es el pasillo de la casa de Carmen, el eje de todo es ese horrendo pasillo por donde todo el mundo circula entrando y saliendo, incluso, por ese pasillo circula una intriga internacional, que era una idea que me divertía mucho.

Otra cosa que hacía con la cámara era meterme dentro de las cosas, dentro del frigorífico, de la lavadora, del horno. Me meto dentro de las cosas porque los electrodomésticos son los únicos testigos de la vida de esta mujer. Ella está fregando, limpiando todo el tiempo, y nadie la ve, excepto estas cosas. De esta forma le doy la vuelta a toda la propaganda sobre los objetos maravillosos del hogar, ya que éstos son terriblemente cutres. En cuanto a la iluminación se la inventó toda Ángel Luis. Tenía que ser una película muy dura, donde estuviera muy clara la fealdad del universo donde vive esta gente.

...la enumeración de objetos, caracteres y situaciones que surgen en *¿Qué he hecho yo para merecer esto!* nos llevan directamente al zoco humano más variopinto de cuantos puedan imaginarse, siempre dentro de una estética conscientemente horrible en la que los cuadros con ciervos abrevando pugnan por sobrevivir en una pared con vocación de bombonera desclasada.[9]

Ángel Luis Fernández consiguió una de las fotografías más originales. La luz es siempre dramática, hay un montón de escenas en la cocina y ninguna tiene la misma iluminación. Toda la imagen tiene una tensión cercana al miedo. La única referencia que le di fue a la contra: esta película tenía que tener la luz contraria de una película de Doris Day, todo lo que en aquellas era pastel, aquí tenía que ser oscuridad, todo lo que allí era amabilidad, aquí tenía que ser agresión. Hay un plano absolutamente magistral en este sentido, casi patético. En el único momento de tranquilidad, cuando todo está bajo control y todo el mundo está durmiendo, ella, para relajarse, coge una figurita que está rota, esnifa un poco de pegamento y medio y la arregla. En ese momento está completamente encajonada en aquel

9. Ángel S. Harguindey. «Toma la fama y corre», entrevista con Pedro Almodóvar, *El País Semanal*, 1984.

"... toda la teoría de la película es que las cosas miran a Gloria"

cuarto, es un plano agobiante y opresivo, visto desde arriba que la convierte en una especie de animal apresado en su madriguera. Y sin embargo, a continuación hace algo que la revela como una madre cariñosa y atenta. Porque una madre no sólo lleva el gobierno de la casa, debe llevar también el control, y esta mujer, a pesar de todo, antes de irse a dormir va pasando revista para que todo esté en orden. Va a ver a los niños que están durmiendo. Ve a uno desarropado y lo tapa, ve al otro que no duerme y le dice que se duerma. En el momento que ha pasado revista, ya se puede retirar a descansar.

Hay un plano muy difícil y muy importante en la película. El travelling *imposible de las tiendas.*

Era un plano dificilísimo. Éste está hecho de verdad, no en decorados. Creo que se puede considerar una innovación. Lo normal para hacer este tipo de planos es ponerse fuera, en la calle, y seguirlas con un *travelling*. Pero como toda la teoría de la película es que las cosas miran a Gloria, que Gloria está sola, no la mira nadie, pero sí la miran las cosas que son los únicos testigos de su vida, tenía que meterme dentro de la tienda. A Gloria le gustaría tener una buena lavadora, una buena cocina y un buen pollo para meter en el horno, le encantaría tener un moldeador y poderse comprar flores. Su carencia es una carencia afectiva total. Como ser humano está en el último rincón, nadie se preocupa de ella si no es para pedirle cosas: unos calzoncillos, una camisa, dinero. Gloria es víctima de todo eso, aunque los demás también lo son, incluido su marido, que es un desgraciado. Con este plano de las tiendas lo que quería era evidenciar aún más este aislamiento. Las dos van caminando por la calle, van andando y hablando de sus cosas de ama de casa, viendo los escaparates. Lo malo de la sociedad de consumo para una mujer como Gloria es que no puede consumir. Ella no está en contra del capitalismo, lo que pasa es que no tiene dinero para disfrutar de todo lo que la sociedad de consumo le ofrece.

El ama de casa española es una señora llena de vitalidad y de iniciativa, acostumbrada siempre a sacar leche de una alcuza. Tiene muy mal gusto. Su único objeto es sobrevivir, y en ese sentido son verdaderas virtuosas. El ama de casa acepta la sociedad de consumo, le encanta, adora el capitalismo, aunque su marido sea comunista, le gustaría comprarlo todo, los avances tecnológicos no tendrían sentido sin su afición casi fetichista. Lo malo es que sus deseos por consumir se vuelven contra ellas mismas, llega un momento en que son ellas las que se consumen.[10]

Lo normal habría sido poner un *travelling* fuera y seguirlas, pero ese *travelling* lo sustituyo por uno interior. Lo que me hubiera gustado es hacer el *travelling* por dentro de las tiendas, pero como no se podían tirar paredes y destrozar una manzana entera, sustituyo ese *travelling* por tres planos fijos yuxtapuestos. Yo quería que las cosas estuvieran antes que ellas, mirándolas, así que los tres son planos fijos en los que se las ve pasando. Son ellas las que incorporan el *travelling*, lo llevan puesto. Es un modo de hacer un plano subjetivo cambiando de sujeto. Ellas incorporan el movimiento mientras la cámara está quieta y las mira. Como si fueran las cosas las que las miraran. Esto responde a la misma idea de hacer que fuera el lagarto el único testigo del asesinato. El lagarto y los objetos, ésos son los testigos de su vida.

---

10. Pedro Almodóvar. *No se lo digas a nadie*, recopilado por Daniel Deubi.

—¿Por qué lo has matado?
—Los bichos me ponen nervioso.
—Era el único testigo que teníamos.
—¿El lagarto?
—Sí, el lagarto conoció al asesino.[11]

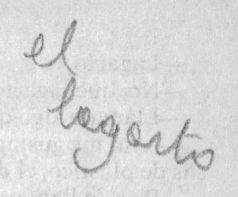

El lagarto estaba desde el principio del guión. Quería poner un animal porque me gustaba que la abuela se llevara un animal a casa y que el animal representara la nostalgia de la vida en el campo. Lo normal hubiera sido poner un gato, pero los gatos son difíciles de rodar, aunque también los lagartos lo son. Éste estaba invernando, el problema era despertarle para que se moviera. Lo poníamos en agua caliente y se espabilaba. Era muy bonito, tenía una piel rugosa muy agradable. El niño, Toni, y el lagarto, seguían a la abuela a todas partes. El dueño del lagarto estuvo permanentemente en el rodaje vigilando. Es el señor que hace efectos especiales en el bar. Tiene la casa llena de bichos y dice que los amaestra. Me gustaba más un lagarto que un gato, un gato es un animal más prototípico, representa más cosas.

—Mira. Hola, lagarto. Dile algo.
—Anda. Si el cabrón no se mueve. Seguro que está invernando, abuela.
—¡Uy! pobrecito, que frío estará pasando.
—Qué va, abuela, los lagartos están acostumbrados.
—No. En Madrid hace un frío que ni los lagartos. Venga, vamos a recoger. Me da una pena dejar aquí al lagarto.
—Ya, abuela, pero...
—Mira, mira, nos sigue. ¿Nos lo llevamos?
—Que no, abuela, la vieja no va a querer.
—¿Qué nombre le ponemos?

11. De los diálogos de ¿Qué he hecho yo...

—Lagarto.
—No, que lagartos hay muchos.
—Llámale algo que te guste.
—A mí me gustan las madalenas, el cementerio, las bolsas de plástico, el dinero.
—Pues le llamaremos Dinero.
—¿Por qué?
—Porque es verde como los talegos.[12]

El parque también estaba desde el principio. Tal como sale en la película es como es en realidad. En un plano te encuentras con aquel paisaje que parece postnuclear, con el árbol repelado recortándose contra el cielo gris. Si haces el contraplano te encuentras con aquel edificio monstruoso que no ves nunca dónde termina. Recuerdo que cada vez que pasaba por la M-30 y veía aquellos edificios pensaba que eran terribles.

El barrio de la Concepción es un personaje más. Supone la idea que el señor Banús y Franco tenían del confort, un confort sólo digno del proletariado. Es un símbolo muy elocuente de la engañosa comodidad a que había accedido el pueblo español en los sesenta. Una comodidad grotesca, infernal, invisible. Me impresionó mucho la estética del barrio. Resulta ideal para una película de terror, de terror gótico. Esos edificios interminables, verdaderas catedrales de un gusto monstruoso.[13]

¿Qué he hecho yo... *es una película relativamente cara, es la segunda producción de Tesauro.*

Sí, fue la segunda y la última que Tesauro me produjo. Costó unos setenta millones, la verdad es que

12. De los diálogos de *¿Qué he hecho yo...*
13. Pedro Almodóvar. *Una conversación con P.A.* Borja Casani.

la hice con bastante comodidad en lo que a dinero se refiere, pero tuve muchos problemas con ellos. Si en *Entre tinieblas* los problemas fueron con Cristina Sánchez Pascual, aquí fueron con Hervé Hachuel. Curiosamente, nunca he tenido enfrentamientos con Jacques Hachuel, que era en definitiva el productor. *¿Qué he hecho yo...* estaba pensada en principio para Cristina. Para ella estaba escrito el papel de Cristal, un papel secundario pero probablemente el más lucido de la película. En aquel momento, Cristina estaba empeñada en hacer teatro con Eusebio Poncela, fue cuando empezaron a preparar *La gata sobre el tejado de zinc*. Hubo un montón de problemas personales que interfirieron el desarrollo del guión y de la preparación de la película. En principio el policía lo iba a hacer Eusebio. Finalmente Cristina y Eusebio se embarcaron con lo del teatro y yo me puse a buscar mis protagonistas. El personaje de Gloria lo escribí pensando en Esperanza Roy, pero estaba haciendo revista y no pudo aceptarlo. Entonces pensé en Carmen. Es curioso imaginar que no estaba ideado para ella, cuando ahora parece imposible ver a Gloria con otra cara. Está claro que los personajes son de quien los hace. Carmen en ese momento estaba pasando un mal momento, después de la televisión. Yo la conocía bien y sabía que a Carmen no se le había pedido todo lo que podía dar. A mí no me interesaba la Carmen presentadora o chica progre tontorrona de ese subgénero que se ha llamado comedia madrileña. Yo sabía que podía dar mucho de sí. Cuando empezamos a rodar, todo el mundo me reconoció que estaba fantástica, pero antes nadie creía en ella. No acababan de verla en ese papel. Pero a los pocos días del rodaje, ella les demostró que se habían equivocado. Cuando vieron cómo cogía el monedero, cómo se ponía el abrigo, cómo iba peinada y cómo se movía por la casa, se dieron cuenta de lo que valía. Carmen es como un camaleón. Es una de las mujeres con mayor capacidad física de cambio. La transformación física fue obra suya. Le das dos o tres datos, una información que a lo mejor no es muy profunda ni muy esencial: cómo va a llevar el pelo, cómo debe andar, la ropa que va a usar. Cosas muy objetivas, que ella asimila y las hace suyas. Yo le dije que no se tiñera el pelo, que se lo dejara crecer desordenadamente y con las canas. Ella se va mirando al espejo y va viendo cómo se parece al personaje simplemente con eso. Esto significa un montón de cosas: que no tiene tiempo para ir a la peluquería, que está abrumada y harta, en fin un montón de cosas que están implícitas en el personaje que va haciendo suyo.

Carmen Maura se convirtió prácticamente en Gloria para el rodaje de ¿Qué he hecho yo para merecer esto!

La historia de ¿Qué he hecho yo... la conozco desde que empieza a pensar en ella y decide que va a tratar de una mujer que matará a su marido con una pata de jamón. Suele contarme siempre las historias y a mí me encanta escucharle. No le pregunto nada, ni le agobio. Durante casi un año me estuvo explicando la vida de Gloria. Yo sabía que él quería que la hiciera Esperanza Roy. Él quería una mujer dura y hasta entonces nosotros, aunque éramos muy amigos, no habíamos trabajado mucho juntos, y él no pensaba que yo pudiera ser tan antipática. Luego, cuando empezaron los follones de casting, *cuando Cristina no pudo hacer el papel de Cristal, hubo tal mogollón de lío de papeles que ahí sí que pensé que algo me caería. Yo, en mi subconsciente, lo que quería era hacer precisamente el papel de Cristal, porque era el papel más bonito de todos. En-*

tonces fue cuando me llamó un día y me dijo que quería que hiciera de Gloria. Cuando me lo dijo no me lo podía creer, pensé que era un papel que no me iba para nada, que no sabría cómo hacerlo. Acababa de terminar en la tele con el «nena tú vales mucho» y era muy fuerte pasar a hacer de ama de casa. Me acuerdo de que fuimos una tarde al cine a ver una comedia, pero teníamos muchas ganas de hablar, nos salimos del cine y empezamos a pasear. En un paseo de tres cuartos de hora me convenció de que era capaz de hacerlo. Empecé el rodaje muy preocupada, pero a los pocos días cogía la fregona como si no hubiese hecho otra cosa en toda mi vida. Siempre estaba de muy mal humor, porque no tenía ni un solo chiste, en aquel rodaje, abría cualquier puerta y aparecía alguien montando un número y yo no podía hacer ningún chiste. A veces lloraba de rabia. Pero cuando veía la cara de Pedro me compensaba, porque él me dio ese papel a pesar de que todo el mundo le decía que se equivocaba. Se lo dijo gente muy cercana a él y con la que yo he trabajado después mucho. Por ejemplo, Ángel Luis, su ayudante de toda la vida, los decoradores. Cuando llevábamos unos días de rodaje todos me vinieron a ver uno a uno para decírmelo, que ellos creían que era un error, pero que yo les había demostrado lo equivocados que estaban. Yo noté un cambio en ellos la primera semana, pero cuando de verdad me aceptaron, y eso lo sé porque tengo una intuición enorme, fue cuando hice la escena de la ducha.

En manos de otro director o con una actriz menos dotada que la excelente Miss Maura, la escena de la ducha podría haber sido simplemente estúpida. De hecho es divertida, triste, realista y sentimental, todo a la vez, como toda la película, por otro lado.[14]

14. Crítica del *New York Times*, 30 marzo 1985.

Todos cambiaron conmigo, me miraban como si fuera una auténtica mujer. Pedro me mandó un ramo de flores con un papelito que guardo donde ponía: «gracias por tu abnegación». Fue muy duro porque estuve muy de verdad, como si de verdad me estuviera pasando, por eso salió tan auténtica. Cada vez que me acuerdo se me pone un nudo en la garganta al recordar las caras que tenían todos cuando vimos esa escena en proyección. A mí me preocupaba esa escena y, aunque no hablo mucho con Pedro, ese día le pregunté ¿cómo lo hago? y él me contestó: «pues nada, como lo pone aquí. Ella llega, él la llama, intentan follar, no se le levanta, ella intenta que se le levante, como no puede, se retira y se va. Igual que se haría en una situación normal». ¡Como si eso pasara todos los días en todas partes! Lo que pasa es que cuando ruedo con Pedro ya me he acostumbrado a que todo parezca normal. Así que pensé, «bueno, te motivas y lo haces sin pensar en la cámara, ni en la gente, ni si se te ve el coño o no». Todo corresponde a esa sensación de vergüenza e impotencia. Lo hicimos a la primera. Gloria era un personaje muy antipático, muy duro, tenía que ser una persona que hablara muy por dentro, muy dolida. Sólo de pensar en la vida que llevaba esa mujer ya se me ponía la cara de ajo.

Durante el rodaje, a pesar de que disfruté mucho, me sentí terriblemente deprimida, como imagino que se deben sentir todas las mujeres que llevan una vida como ésa ¿no? Con el pelo así, hecho polvo, con esas batas, y que al salir el sábado del rodaje no me daba tiempo a recuperarme, quieras que no, me fui hundiendo un poco en la miseria y luego además estaba muy llorona. Menos mal que esa película la hice con Pedro, menos mal... porque si ese personaje lo llego a hacer con un chico amuermante, hubiera sido horroroso. Sin embargo allí, bueno, alguna vez tuve que pegarles un grito al rodaje entero, porque se tronchaban de la risa... había un plano que abría una puerta y allí estaban todos: Chus, Verónica, los niños, el operador, el foquista, Pedro, el ayudante, y al abrir la puerta me los encontraba a todos detrás de la cámara riéndose, y yo tenía que decir algo así como «pase usted» y, claro, verlos a todos allí tronchándose de risa no era plan. Lo que me sorprende de esa película es la capacidad que tiene de conmover, con la cantidad de elementos cómicos y fuera de contexto que hay, que por encima del lagarto, la niña telekinésica, esté la terrible soledad de tantas mujeres como ésa.[15]

El rodaje fue muy divertido. A Verónica la conocía desde hacía mucho tiempo. Yo le hablé a Pedro de Verónica para el papel de Cristal. Pero con quien estaba más unida era con Chus, como las dos íbamos de feas y nos movíamos por el mundo de lo cutre y lo triste nos sentíamos muy unidas. Chus es una mujer fantástica, es una persona absolutamente surrealista, no se extraña por nada.

Después de solucionar el asunto Carmen/Gloria, empezaron los problemas de *casting*. Ésta ha sido una de las películas más duras de hacer, de las que más trabajo me han costado en esta etapa previa al rodaje. El *casting* fue complicadísimo. No acababa de encontrar la chica para el papel de Cristal. Cuando al final decidí que sería Verónica Forqué también me encontré con que todos me decían que no podía ser, que me equivocaba. Me decían ¿Verónica? y al acabar la película me decían ¡Verónica!, pero hasta llegar a ella fue todo muy largo y muy pesado. Había visto muy pocas cosas de ella, pero en ese momento lo único que quería era una chica. Rafa Mo-

---

15. Carmen Maura. «Quiero ser guapísima», *Fotogramas* n.º 1707, abril 1985.

león y Carmen me la recomendaron, me dijeron que era muy buena actriz de comedia. Entonces Verónica no estaba en Madrid, estaba de vacaciones en la India. La localizamos mandando télex a todos los hoteles posibles y en uno de ellos la encontramos. Ya estábamos rodando. Ella se pensó que era una broma, porque cuando se fue de Madrid el rodaje ya estaba muy preparado. Pero de todos modos nos llamó, y vino inmediatamente. Antes de Verónica se lo ofrecí a Victoria Abril. La llamamos a París a través de su representante y le enviamos el guión. Pero Victoria, que es una excelente actriz con la que tengo muchas ganas de trabajar, es una chica que todo lo ha aprendido por sí misma y eso le da a veces derecho a pensar que sabe más que el director. Yo la adoro, pero no hizo Cristal porque leyó el guión y pensó que el personaje no tenía ningún interés. Después, cuando vio la película, como es una chica muy decente, muy honesta y sobre todo una actriz que cuando huele un buen papel se lanza de cabeza a por él, me llamó por teléfono y me dijo que había cometido un enorme error, que se estaba dando golpes contra una pared por lo estúpida que había sido al no darse cuenta del personaje y que estaba arrepentidísima e irritada consigo misma. Con Victoria está pendiente hacer algo. De momento tiene una aparición en *La ley del deseo*, en la fiesta, con Miguel Molina.

Al no funcionar Victoria Abril, intenté una operación que me hacía mucha gracia. Se lo ofrecí a Ángela Molina. Todos los papeles están muy definidos en el guión, pero se pueden cambiar según quien acabe haciéndolos. La operación Ángela me atraía mucho. Primero, porque me gusta mucho Ángela como actriz, y segundo porque creo que debería hacer comedia y comedia andaluza. Ella es muy graciosa y pensaba montarle el personaje de Cristal a su medida. Yo lo tenía muy claro: si era rubia iba a ser modelo Barbie Superestar, flipada con América y con Las Vegas.

—Hay que aprender inglés. A ver cómo quieres que me apañe yo en Las Vegas.
—¿Qué vas a hacer tú en Las Vegas?
—Pues triunfar, ¿qué quieres que haga un físico como el mío en Las Vegas?[16]

Pero si era morena, como Ángela, iba a ser una especie de prolongación del personaje de Kiti en *Pepi, Luci, Bom y otras chicas del montón*.

—Yo también soy artista. Yo canto. No como tú, claro, mi estilo es otro. Flamenco, flamenco-*rock*. Es como la tonadilla, pero con una pizquita de internacional.
—¿Trabajas en algún sitio ahora?
—Bueno, ahora para comer estoy en una barra americana, pero sirviendo copas nada más. Pero mi representante me ha prometido una gira por el Norte.[17]

O como el personaje de Sara Lezana en *El extraño viaje* de Fernán Gómez, una chica agitanada, de falda corta y pantalón muy ceñido, con blusas muy pegadas y con gran escotazo. Presentándose a hacer pruebas de Carmen por todos lados, o de bailadora y cantante, pero de momento prostituyéndose un poco en aquella casa hasta que llegue el momento de triunfar en el celuloide o la canción. Era como el personaje de Kiti, visto en su casa. Pensaba montarle una relación con Kiti como vecina, Kiti siempre estuvo de vecina. Lo que me gustaba era ponerlas a las dos como primas del pueblo que se llevan fatal,

---

16. De los diálogos de *¿Qué he hecho yo...*
17. De los diálogos de *Pepi, Luci, Bom y otras chicas del montón*.

como Verónica, muy andaluzas, muy competitivas. Lo de Ángela no salió por problemas con el representante. Ella quería pero no llegamos a un acuerdo. Así que Verónica Forqué hizo Cristal porque realmente estaba predestinada a hacerlo y la verdad es que está fantástica en el papel.

Cuando hablo de mis actrices me convierto como Lola Flores hablando de sus hijas. En realidad no debería decir mis actrices porque yo soy más de ellas que ellas de mí.

Pedro Almodóvar escribió de sus chicas:

«CARMEN MAURA es la protagonista. Gloria, el ama de casa. De ella puede decirse que no ha tenido las mismas oportunidades que Carolina de Mónaco. Le gustaría integrarse en la sociedad de consumo, pero sólo consigue consumirse a sí misma, día a día. Vestida siempre de retales, sólo las anfetaminas le dan suficiente energía para servir en varias casas, además de la suya. Es todo lo sumisa que su histeria le permite, la educaron para eso, aunque esta educación no le impide matar al marido en un momento de nerviosismo. Éste es el típico papel con el que cualquier actriz intentaría demostrar que ella es la auténtica sucesora de Anna Magnani, y no Lola Flores. Carmen Maura se ha decidido por todo lo contrario, una actuación llena de sutil economía, exenta de desgarros y grandes gestos. Ni siquiera se ha preocupado de resultar graciosa. CHUS LAMPREAVE es la abuela. Su personaje está inspirado en los de Warren Beatty de *Esplendor en la yerba* y el de Sterling Hayden de *La jungla del asfalto*. Seres sencillos a los que la ciudad no les prueba y sueñan todo el tiempo con grandes espacios rodeados de gallinas, vacas y caballos. Como casi todos los personajes de la película, es un poquito mezquina. Adicta a todo lo efervescente, está verdaderamente enganchada con el Agua de Vichy. Chus, como siempre, ha compuesto uno de esos personajes que una vez incorporados por ella no concibes otro modo de hacerlos ni decirlos. Lampreave es el equivalente en mujer a Pepe Isbert.

»VERÓNICA FORQUÉ hace de Cristal, una puta con bastante corazón y el encanto ingenuo de una retrasada mental. Yo hubiera querido a Morgan Fairchild, pero no pudo ser, así que llamé a Verónica, que en ese momento estaba en la India. Nunca le oculté la idea original de emplear a Morgan, así que decidimos que para seguir con la misma idea su imagen debía ser la de una Barbie Superestar. Cristal también es mezquina, quiero decir, le encanta el dinero. En el presupuesto no hemos escatimado pelucas y modelazos para que Verónica se sintiera segura.

»KITI MANVER interpreta a Juani. Desde *Pepi...* siempre quise volver a trabajar con ella. Y, como entonces, no he podido renunciar a su acento de Jaén. Juani es la vecina de Gloria. Una mujer seca, resentida, tipo Tota Alba. Su marido la abandonó y a partir de ese momento ella se dedicó a odiar a su hija Vanessa, porque la niña le recuerda al padre. Por si fuera poco, la niña además le ha salido telekinésica y le rompe todo. Es una madre muy ordinaria y muy injusta, pero Kiti lo hace con tanta gracia que ningún espectador se lo tendrá en cuenta.»

Otro de los papeles para el que nunca encontré el actor ideal fue para el escritor, que acabó haciendo Gonzalo Suárez. Gonzalo entró directamente la tercera semana del rodaje, cuando ya no podíamos esperar más. Siempre pensé que daba el tipo físicamente, pero no es un actor para un papel tan largo. A mí me gusta utilizar a mis amigos y, de hecho, durante el rodaje solía decir que me había convertido en un director de directores, porque además de Gonzalo estaba Luciano Berriatúa, que hace uno de los policías, y Jaime Chávarri. Jaime me llama cada vez que preparo una película, le encanta actuar. Cuando le propuse el papel de exhibicionista dudó un poco, pero luego le gustó mucho hacerlo.

Uno de los descubrimientos de *¿Qué he hecho yo...* es Juan Martínez, el chico que hace de hijo mayor de Carmen. Hice pruebas a un montón de chicos hasta dar con él. Me lo envió Kiti, que lo conocía del barrio, era un chico de la calle. Desde la primera prueba me di cuenta que era un superdotado. Teníamos un poco de miedo con él, porque no tenía casa ni manera de localizarlo, así que le propusimos que viniera al rodaje todos los días, aunque no interviniera, para que estuviera allí. Él estaba feliz, el rodaje se convirtió en su auténtica familia y su auténtica casa. Con Chus y con Carmen se relacionaba como si fueran su madre y su abuela de verdad. Sobre todo con Chus, que es con la que más escenas tenía en la película. Él la llamaba abuela en lugar de Chus. La niña telekinésica tampoco está mal.

Sonia Annabella es Vanessa, la hija de Kiti. Se llama así por la hija de Manolo Escobar, del cual la madre es fan. Hay parejas que han nacido para pelearse sin parar. Ésta es la relación de Vanessa con su madre. Una batalla llena de crueldad que traumatiza tanto a la madre como a la hija. Como todas las niñas que tienen poderes telekinésicos, parece mayor de lo que es, y está acostumbrada a la soledad. Se lleva muy bien con Gloria, por aquello de que las dos son muy desgraciadas.[18]

18. «Pedro Almodóvar y sus actrices.» *Fotogramas*, n.º 1699, julio 1984.

De este personaje me interesaba el lado de ciencia ficción cotidiano y verosímil. La niña de *¿Qué he hecho yo...* representa un poco a todos los niños que viven aislados, solitarios, indefensos frente a esas madres terribles.

—Pero, Vanessa, ¿qué pasa, por qué lloras?
—Nada, que la he tenido que cascar. No quería ir al colegio.
—Qué tonta eres, ¿dónde vas a estar mejor que en el colegio?
—Quinqui, que eres una quinqui.
[...]
—A su edad yo ya planchaba, fregaba y ayudaba a mi madre y ella lo único que sabe hacer es rompérmelo todo y mearse todas las noches, todas, en la cama. Todas las noches. ¡Qué mala condición tienes!

—Ahora hay muchos niños así.
—¿Sabes qué me dicen en el colegio? Que la lleve al psiquiatra. Ni que fuera millonaria.
—En el colegio todo lo arreglan con psiquiatras. Ni que esto fuera América.
—¿Sabes lo que han llegado a decir? Que la niña lo hace todo por llamarme la atención, porque yo me dé cuenta de que existe. Pero ¿quién se creerán que la ha parío?[19]

Esta niña desarrolla estos poderes como defensa y para fastidiar a su madre exclusivamente. Con ella hago también un pequeño homenaje a *Carrie* y todas las películas de posesiones y niñas con poderes, que me divierten mucho.

El primer plano de la película, el de los títulos de crédito es muy espectacular y sitúa enseguida en lo que será la historia de Gloria.

19. De los diálogos de *¿Qué he hecho yo...*

Ese plano me gusta mucho. Ésa es la plaza donde están los Estudios de Cinearte, que es donde rodábamos. Resulta que allí había una academia de *kendo* y de artes marciales. No era la que usábamos para rodar, pero era igual. Como era un plano para los títulos de crédito me parecía muy godardiano que saliera todo el equipo, toda la gente que estaba detrás de aquellos nombres. No tuvimos que hacer nada, rodamos exactamente todo el rodaje en un momento en que cada uno hacía lo que le tocaba hacer y ella va pasando entre todos. Yo mismo estoy allí y le decimos cosas. Era un buen arranque como cabecera, la cámara va siguiéndola y en el momento en el que entra en la academia ya está sola, ya ha empezado la película. Este plano es un buen ejemplo de mi modo de trabajar, que consiste en aprovechar todo lo que me rodea en función de lo que estoy haciendo. Mi método de trabajo está muy relacionado con el tiempo, mejor dicho con la falta de tiempo para hacer y conocer todo lo que quisieras. Así que, como mi trabajo es hacer películas y escribir guiones, todo lo que hago lo hago en función de eso. Me voy acercando e interesando por los temas en función de que aparecen en mis historias. Yo no sé si es un buen método o es un poco superficial, en todo caso es eficaz, funcional, enriquecedor y auténtico. Esto no quiere decir que acabes sabiendo mucho de todo lo que tocas. Se trata de sacarle el mayor partido al material con que trabajas y con que cuentas, utilizando mucho ingenio y mucha imaginación. Ya que estás trabajando con unos materiales, conseguir que no haya limitaciones de ningún tipo. Eso lo aplico a todo: a la música, a mis apariciones, a resolver algunos planos como este del principio de *¿Qué he hecho yo...* En esta película en concreto, yo quería retratar al personaje con una enorme carga de agresividad, rodeada de hombres y con una enorme frustración dentro. Tenía que fregar. Mientras escribía el guión me cayó en las manos un dominical de *El País* donde había un reportaje sobre el *kendo*. Las máscaras me gustaron enseguida, y el traje, y todas las posiciones de este deporte, que es uno de los mejores para descargar agresividad. Inmediatamente se me ocurrió que ella iba a estar limpiando en una academia de *kendo*. En el momento en que decidí esto, empecé a interesarme. Fui a un gimnasio, me enseñaron los movimientos y los palos, me informé de los distintos golpes que se podían hacer. Todavía no había acabado el guión. Sabía que ella iba a matar al marido, pero aún no sabía cómo. Entonces descubrí que había un golpe de *kendo* que se llama *men* y se da con un grito determinado. Eso fue lo que me provocó que lo matara de un golpe. Todo es casual. Tengo una idea muy clara de lo que quiero, pero cuando escribo tengo toda mi sensibilidad encauzada hacia esa cosa única que es la historia. Todo lo veo bajo ese punto de vista y se producen cosas casi mágicas. Por ejemplo, cuando escribía el guión de *Matador* compré un disco de Mina con canciones que conocía hacía muchísimos años. Lo pongo y me sale *Espérame en el cielo corazón* que parece escrita especialmente para la película. Quizá sea una cuestión de suerte. Por eso no me puedo ir a un pueblo a escribir un guión, tengo que seguir mi vida cotidiana porque todo lo que voy encontrando puede convertirse en material para mi trabajo. Entonces se producen esas asimilaciones: el periódico me descubre el *kendo*, el *kendo* me enseña que hay un golpe especial, el golpe me lleva a pensar con qué lo puede dar en una cocina y desemboco en la pata de jamón y la veo descargando un perfecto golpe de *kendo* con ella y matando al marido. Las génesis de

el padre

las historias son así. Otra cosa es lo que quieres contar, eso está dentro de ti, pero los cómos se producen de la forma más extraña. Mucho después me contaron que había una película de la televisión, de las que dirigía Hitchcock, en la que una mujer mata a su marido con una pata de cordero. Es una coincidencia, porque yo llegué a la pata de jamón por el *kendo*.

Hablemos un poco del padre, hasta ahora el único padre con un verdadero papel protagónico, aunque sea en una película de madres. ¿Por qué haces que sea un taxista?

Podría haber sido cualquier otra cosa, pero es que yo me paso la vida en los taxis. Yo no sé conducir, así que voy siempre en taxi a todas partes, forman parte de mi cotidianidad.

¿Mis cosas favoritas? La moda, los taxis, los grandes almacenes de barrio, Madrid, la radio, la televisión, y todas las revistas y periódicos. Y las cafeterías.[20]

Nunca hablo con ellos, pero me salen muchos taxistas siempre. En cambio me resulta raro poner un personaje que tenga su propio coche, porque no es algo que tenga presente. Conozco la vida de los taxistas y sé que suele ser terrible. Yo creo que hay dos tipos de trabajo, los taxistas y los camareros, que me parecen enormemente injustos. Habría que pagarles muy bien. Los peores trabajos tendrían que ser los mejor pagados, como los barrenderos. Cuando pensaba en las profesiones de los personajes de la película, lo único que tenía claro es que tanto él como ella tenían que tener un trabajo que los mantuviera muchas horas fuera de casa y les obligara a

20. «Pedro Almodóvar», *El País Semanal*, 17 de enero de 1982.

estar en contacto con mucha gente. En contacto con más gente, uno se siente aún más solo, se entera de más cosas, y se pueden tener muchos más secretos con respecto al otro, se puede tener casi otra vida. Además tanto la asistenta como el taxista son dos trabajos muy esclavos.

¿Por qué en este contexto tan cotidiano metes la historia de Berlín y la canción de Zarah Leander?

Todo está en función de la historia principal que se está contando. A este tipo de personas lo que les va es escuchar a Marifé de Triana y las folklóricas, pero como me gusta establecer contrapuntos, en lugar de ponerle una tonadillera, pongo una canción alemana de los años treinta de Zarah Leander, que es una mujer que a mí me gusta muchísimo. Una manera de justificarla puede ser el que el marido haya estado trabajando en Alemania. Conozco muchas personas de este tipo, gentes que han vuelto completamente hundidos, pero que hablan de aquella época dorada en Alemania como si hubiera sido el paraíso, no es otra cosa que mirar al pasado con nostalgia.

—Esta canción me trae tantos recuerdos. Mire, con la autora es con la que yo trabajé. Es una biografía de Lotte Von Moser.
—Hombre, cartas de Hitler.
—Creo que era un poquito nazi. Voy a decirle una cosa que no le he dicho a nadie. Yo escribí esas cartas. Sé imitar cualquier letra. No es que sea un falsificador, cuidado. Lo hice por ella, por Ingrid Muller.
—La que estaba loca por usted.
—No es que me guste falsificar, pero ella me lo pidió y ya sabe cómo son las mujeres cuando se empeñan en algo.
—¿Y no lo ha descubierto nadie?

—Por supuesto que no. Ni el propio Hitler que en paz descanse se hubiera dado cuenta.[21]

A mí me gustaba que este hombre, que lleva esa vida tan perra, hubiera tenido una gran historia de amor. Aunque fuera una historia de amor en la cual le habían utilizado, él la recuerda como la gran historia de amor de su vida. Es perfectamente verosímil que este personaje hubiera vivido en Alemania en los años sesenta, es perfectamente verosímil que hubiera oído esa canción de Zarah Leander, sobre todo si era chófer de una amiga o discípula de la cantante. Todo eso encaja y hace que la canción, que tiene una letra de amor muy libre en la que se dice algo así como: «enamórate de nuevo», se convierta en un símbolo. Lo que más me atraía es que es una canción de amor que parece cantada por un soldado. No hay el menor síntoma de debilidad en esa canción, es casi un himno. Es la prepotencia militar con voz de mujer cantando al amor. Para esa pareja de desgraciados, la canción es el único elemento que simboliza la aventura alemana. Esta canción es el fantasma que hay entre los dos. Ellos no hablan nunca de ese asunto, ella lo sabe pero le da igual, bastantes problemas tiene para sobrevivir. Pero, sin embargo, no puede evitar que esa canción la ponga negra cada vez que la oye, para ella representa un abismo que los separa mientras que por otra parte redime un poco al personaje del taxista. Para él significa que en algún momento ha sido algo y por ese algo está dispuesto a volver a falsificar.

—¿Qué te ha hecho cambiar de humor? ¿La llamada de esa guarra?

21. De los diálogos de *¿Qué he hecho yo...*

—No hables así de Ingrid Muller.
—A ver cuándo nos deja en paz de una vez.
—¿Pero qué te ha hecho a ti Frau Muller?
—A mí nada ¿y a ti?
—Estás celosa.
—¡Yo! Se te caía la baba cuando hablabas con ella por teléfono. Pero me es igual. Por mí te puedes volver a Alemania cuando te dé la gana. Vete.
—Gloria. Te estás pasando.[22]

Lo de Berlín salió casi solo a partir de esta idea. Mucha gente opina que la historia de Berlín sobra, que no funciona y no hace falta. Yo creo que no, el problema para mí son los actores, no la historia. Y si no funcionan es por culpa mía.

Amparo Soler Leal hace de Patricia, una escritora sin ningún talento, bebedora y cleptómana, que comparte su vida con otro escritor que tiene menos talento que ella pero que en compensación bebe más y es más canalla. Su marido lo hace Gonzalo Suárez. Ambos sobreviven a base de imaginación y falta de escrúpulos. Todo el ingenio que derrochan en sobrevivir les falta para escribir. [...]

Katia Loritz vuelve de su retiro para interpretar a Ingrid Muller, una cantante alemana fracasada y un poco desesperada.[23]

Yo lo que buscaba es que a la vez que *¿Qué he hecho yo...* fuera una película entre costumbrista y neorrealista, por ese salón, por ese pasillo pasará también una intriga internacional, pero como un elemento surrealista, como cruza el lagarto, como hay un asesinato del que nunca se sabe nada, como hay una adicta al agua de Vichy:

22. De los diálogos de *¿Qué he hecho yo...*
23. «Pedro Almodóvar y sus actrices», *Fotogramas*, n.º 1699, julio 1984.

—¡Ay! como flipo con las burbujas. ¿A ti no te enrollan?

Hay un montón de elementos extraordinarios en ese salón y uno más es la intriga internacional, que es igual de raro que los otros, sólo que justifica un poco el personaje del padre. Ese hombre es un zoquete que sólo tiene una habilidad: imitar letras. Tener buena letra es una obsesión muy rural. Yo recuerdo haber oído a mi padre hablar de la buena letra como patrimonio. En la película hay una secuencia completamente autobiográfica, que recuerda a mi padre enseñándonos a escribir a mi hermano y a mí, enseñándonos a tener buena letra y el valor de la buena letra. En el mundo rural esto era un patrimonio. Incluso había una profesión, la de escribiente. La buena letra significaba educación. Lo único que distingue a este hombre del resto de la humanidad es que no sólo tiene buena letra, sino que sabe imitar las letras de los demás, y como ése es su único bagaje, ese patrimonio es el que le deja a su hijo en herencia.

—¿Qué tal el colegio, Toni?
—Chungo, como siempre.
—Lo importante es que tengas buena letra, ¿qué tal vas con la escritura?
—En eso ha salido a ti. Tiene una letra preciosa.
—A ver qué tal copias mi firma. Yo le copié la firma a mi padre y tú tienes que copiármela a mí. Es tan importante como el apellido.[24]

La escena en que Ángel de Andrés enseña a su hijo a imitar las letras es la más hogareña de todas las de mi cine y es una presencia paterna de pies a cabeza.

24. De los diálogos de *¿Qué he hecho yo...*

Y todo eso tiene que ver con la historia alemana. Lo que sí es cierto es que en conjunto funciona más todo lo que sucede en el edificio que lo que ocurre fuera. Aunque en el guión encajaba perfectamente, como en una comedia clásica, en la realidad es cierto que las secuencias de Emilio Gutiérrez-Caba, Gonzalo Suárez y Amparo Soler-Leal no tienen la misma intensidad que las de Carmen con las vecinas, con sus hijos o con su marido.

Gloria, la protagonista, vive rodeada de almodovarianos personajes, entre ellos sus hijos, uno de 14 años, que trafica con heroína, y el otro, de 12 años, que se acuesta con los padres de sus amigos. Todos ellos irán abandonándola, hasta que un día se queda sola y está a punto de tirarse por la ventana puesto que sigue sin sentirse satisfecha.[25]

Como en casi todas tus películas la publicidad y la televisión están muy presentes.

La publicidad me interesa como lenguaje cinematográfico. De hecho creo que el mejor cine que se hace en España es el publicitario. Es un género, independientemente de las intenciones que encierra y lo que representa en la sociedad. Es fundamentalmente un género surrealista. Me interesa su narrativa y por eso pongo muchos anuncios, además la publicidad forma parte de nuestras vidas y no podemos olvidar que su iconografía es la más representativa de nuestra época.

Cecilia Roth, de nuevo como en *Pepi...*, es la chica de los anuncios. En *¿Qué he hecho yo...* hay mucha vida doméstica, mucha televisión, y Cecilia interpreta uno de los anuncios que aparecen en el aparato. Le bastan 30 segundos para de-

---

25. Bru Rovira, *La Vanguardia*, 27 de octubre de 1984.

La bien pagá

mostrar que es una maravillosa actriz de comedia.[26]

La televisión es un mueble indispensable en cualquier casa de esas características. Forma parte del decorado y es en sí misma un decorado cambiante y omnipresente.

Es precisamente la televisión el vehículo que utilizas para hacer tu reglamentaria aparición.

Sí. La canción que se canta es muy importante y tiene muchos significados. La primera razón de poner *La bien pagá* es que es una canción que me gusta mucho. Aparte de que la película podría llamarse irónicamente así, porque Gloria es la mujer peor pagada del mundo. Si hay alguien que no reciba nada a cambio de todo lo que hace es ella. La canción está puesta en paralelo a una secuencia muy importante. Cuando ella está en la habitación, se supone que haciendo el amor con su marido. Él tiene un orgasmo y ella nada. A él le importa un comino y la deja. En ese momento se oye *La bien pagá*.

> Ná te debo, ná te pido,
> me voy de tu vera, olvídame ya.
> He pagao con oro tus carnes morenas,
> no maldigas, payo, que estamos en paz.
> No te quiero,
> no me quieras,
> si tú me lo diste, yo ná te pedí,
> no me eches en cara que tó lo perdiste
> también a tu vera yo tó lo perdí.
> Bien pagá,
> sí, tú eres la bien pagá,

26. «Pedro Almodóvar y sus actrices.» *Fotogramas*, n.º 1699, julio 1984.

> porque tus besos compré,
> y a mí te supiste dar
> por un puñao de parné.
> Bien pagá, bien pagá, bien pagá
> fuiste mujer.

Además de que coincide con un momento en que a ella la están pagando muy mal, entre otras cosas se está clavando la dormilona, es una canción de la época de Chus, y está bien poner una canción para ella. Hay una tercera razón más oculta. Esta canción la canta Miguel de Molina, un tipo que a mí me interesa mucho. Ponerla era hacer una alusión directa a Miguel de Molina y su trayectoria, que fue muy peculiar. Era un cantante republicano con muchos problemas, que se tuvo que ir. Miguel de Molina cantaba básicamente canciones femeninas, tonadillas, que era un género femenino que admite muy mal la voz de un hombre. En cambio en la voz de este hombre las canciones adquieren un tono dramático y una fuerza que le dan una especie de autenticidad mayor que la de Concha Piquer, por ejemplo. Lo cual es muy raro. El que la interpretara yo era, como siempre, un poco por necesidad, aunque probablemente hay algo de ilusión respecto a Miguel de Molina. Lo que se ve en el plató de televisión son los carteles y los cuadros que hay en mi casa. Todos bocetos de mis películas.

El director, acompañado siempre por Fabio de Miguel, interpreta *La bien pagá*, vestidos respectivamente, de húsar y una mezcla de Eugenia de Montijo y Escarlata O'Hara, con lo que la imagen de ama de casa con zapatillas de borla se borra definitivamente.[27]

---

27. A. S. Harguinley (e.c.).

Las relaciones sexuales de Carmen en la película son terriblemente frustrantes. Nunca llega a conseguir placer. A veces las gentes de su condición consiguen el placer sexual, pero ella no. Eso la hace muy desgraciada. Cuando en una familia de este tipo el matrimonio folla bien, todo se soporta mejor. Y eso no depende de la sociedad, sino de lo que exista entre ellos dos. Lo más patético de Gloria es que es tan desgraciada que ni siquiera está capacitada para tener un orgasmo. Va tan rápida, tan frenética, que no se entera de nada de lo que la rodea. Hace todo lo que tiene que hacer, pero no registra nada y está incapacitada para pensar en ella misma o en los demás. Se ha convertido en una máquina. Por eso el momento más patético es cuando se despide de su hijo y la abuela. Si se supone que esta película cuenta la liberación de esta mujer, es en este momento cuando está plenamente liberada. Ya no tiene la carga de los hijos; uno está con el dentista y el otro se ha ido al pueblo. Ha matado a su marido y no ha pasado nada, está sola y tranquila en su casa, sin nada que hacer porque todo está limpio. Ése es su momento de mayor soledad. Lo peor de la vida que ha llevado no es la vida en sí, sino que no ha tenido tiempo de darse cuenta de que no tenía vida propia. En ese momento es una mujer libre, pero no tiene deseos en su interior. Su vida se le presenta sin ningún sentido, sale al balcón y la tentación del vacío es grande, está a punto de tirarse. Pero habría sido demasiado horroroso. No podía acabar así, no la podía dejar allí tirada y sola, y por eso llega el hijo pequeño. La vida vuelve a tener sentido para ella.

—Mamá, vengo a quedarme. Esta casa necesita un hombre.
—¿Y el doctor?

—Bueno al principio era divertido, pero yo soy demasiado joven para atarme a nadie. Vino Toni a verme y me dijo que se iban al campo.
—Ya se fueron.
—¿Papá me echó de menos?
—Tenía tanto trabajo que ni siquiera se dio cuenta de que no estabas. Pero yo sí que te eché mucho de menos. Me alegro mucho de que hayas vuelto.[28]

No quería ser falso al final y dejarla así. Me gustaba mucho el plano de ella entrando en la casa, mirándolo todo y comprobando que todo está ordenado y limpio. Con la vuelta del hijo se da un poco el tono del melodrama. Las cosas siguen siendo igual de horribles, pero hay un punto de partida nuevo. Es una salida, pero no hay que perder de vista que se quedan allí en aquel terrible bloque de casas. Es el único momento de melodrama que hay en la película y no dudo en utilizarlo porque es muy eficaz. Mis films son amables. Se tienen que entender como una broma, porque a veces es más sencillo decir las cosas así, por lo menos para mí.

Un buen epílogo para acabar con ¿Qué he hecho yo para merecer esto! podría ser una muestra de frases que se han utilizado en las críticas internacionales de la película:

Una comedia negra absolutamente maravillosa. Simplemente una pequeña obra maestra. (New York Times)
Es como Buñuel adaptado a John Waters pero con un toque de Woody Allen. (L.A. Weekly)
Almodóvar es tan hiriente como Billy Wilder (L.A. Reader)

28. De los diálogos de *¿Qué he hecho yo...*

Cada fotograma respira libertad y el placer de la libertad. Viéndolo uno se da cuenta de que Franco está muerto, realmente muerto por fin. (New Yorker, abril 1985)

Capítulo quinto
Trailer para amantes de lo prohibido

Después de ¿Qué he hecho yo para merecer esto! *y antes de* Matador, *tienes tus primeros contactos con televisión, no como objeto de entrevista o crítica sino como sujeto productor de un gran programa televisivo. Te llaman de TV3 para que colabores en un* sketch *del programa* Estoc de pop, *del cual no te sientes responsable y que además no llegó a emitirse.*

Aquello estuvo muy mal planteado. Querían rodarlo todo en un día, en el Matadero Municipal, en unas condiciones terribles. De todos modos, en aquella historia yo acabé siendo sólo un actor. La idea original era mía, pero se transformó mucho. Es un caso parecido al de *Tatuaje,* donde Chávarri me utilizaba como actor en un *playback* de la canción de Concha Piquer interpretada o, mejor dicho, visualizada por Marisa Paredes.

Pero lo que hiciste para Paloma Chamorro en La Edad de Oro *sí es algo de lo que te sientes plenamente responsable.*

Sí, sin duda. El *Trailer* es mi primero, y de momento único, experimento televisivo. El origen fue un anuncio, un *trailer* de ¿*Qué he hecho yo para merecer esto!*

Así se presentaba el corto, el trailer *o lo que fuera, en la televisión, en un diálogo/entrevista entre Paloma Chamorro y Pedro Almodóvar.*

—*Hablemos de lo que vamos a ver. ¿Cómo nació este* trailer?

—Pues, desde que empezó este programa, tú me proponías continuamente que hiciera algo.

—*Y tú me dabas largas un mes y otro.*

—Sí, porque estaba ocupado en demostrar al mundo que era un director de cine aceptable, porque había muchos sitios que me tenía que ganar. Todo ese tiempo he estado ocupado en conquistar esas ciudades.

—*Muy bien, pero ¿por qué un* trailer?

—Un *trailer* porque tú, como eres muy astuta, me propusiste un *trailer* para engancharme. Me propusiste que hiciera un *trailer* de *¿Qué he hecho yo...* Acepté y me presenté con un guión.

—*Bueno, yo supuse que te divertiría, porque me consta que te encantan los* trailers.

—Sí, me gustan mucho. De hecho, me gustaría que hubiera cines, y creo que en alguna parte del mundo los hay, donde sólo se proyectaran *trailers*. Sobre todo *trailers* de malas películas.

—*El* trailer, *de alguna manera, pertenece al mundo de la publicidad, que a ti te interesa mucho. Por lo menos, en todas tus películas introduces anuncios muy graciosos.*

—Me gustaría que fuera una constante en mi cine eso de poner anuncios. Por ejemplo, aún no tengo título para mi próxima película, pero sí tengo dos anuncios preparados para que salgan.

—*Volviendo al* trailer. *Te encargo un* trailer *y tú te presentas unos días después con un guión de un montón de folios y una historia medio musical, medio cómic, con un montón de personajes, que desde luego dura mucho más que los tres minutos reglamentarios de un* trailer.

—Sí, pero es que yo soy así. Al empezar a escribir el guión partía de la idea del *trailer*. En esta película está incluida la idea de promocionar *¿Qué he hecho yo para merecer esto!*, lo único que en lugar de salir fragmentos de la película o los personajes, sólo salen carteles, pero sigue siendo un *trailer*.

Conseguir hacer aquello fue una lucha terrible, fue un ejercicio casi espartano. Se trataba de demostrarle al peor personal de Televisión Española que era posible, a su pesar, hacer algo que tuviera interés y que fuera distinto. Era una lucha enorme, que en algún momento pensé que no valía la pena. Pero sí valía la pena, porque detrás de eso había un interés personal mío. Conseguía hacer publicidad de mi película haciendo otra diferente y, de una manera muy elegante, me promocionaba a mí mismo. Conseguí que Televisión me pagara la publicidad de *¿Qué he hecho yo...* Si Tesauro hubiera tenido que pagar la publicidad que eso significaba, habrían sido millones. Eso fue uno de los momentos más inteligentes de mi carrera y además me divertía mucho. Ese corto de veinte minutos me sirvió para hacer un experimento, un ensayo de algo que me gustaría hacer algún día, una comedia musical.

La conversación Chamorro-Almodóvar continuaba así:

—*Dinos algo sobre el reparto.*
—El reparto es lo que en los antiguos *trailers* se decía y a nosotros nos encantaba, un verdadero cóctel de estrellas o un sueño hecho realidad. En la película han intervenido: por una parte, Josele Román, que con esto ha decidido volver a las tablas, y yo estoy encantado.
—*Menuda recuperación.*
—Sí, estoy muy orgulloso. Josele hace el papel de una abnegada madre con dos niños de ocho y diez años respectivamente que, por circunstancias de la vida, simplemente porque tiene que darles de comer, se ve obligada un día a salir a la calle a ejercer el oficio más viejo del mundo: la prostitución. Además de Josele, interviene Bibi Andersen, que, como se decía también en los *trailers* de la época, está en el esplendor de su juventud y su belleza. Bibi es una chica guapa que no se preocupa por sentirse mal por ser guapa y demostrar que es una gran actriz. Ella es guapa y yo me encargo de demostrar que es actriz. Al lado de ellas

está Poch, el líder de «Derribos Arias», que hace de rumbero marido de Josele y Ángel Alcázar que, simplemente, es un chico dotado de mucho encanto y es el premio que le tengo reservado a Josele. Estas cuatro fieras son las que intervienen en la película.

Dejando de lado los problemas con el equipo de Televisión, que se declararon en huelga porque les hacía trabajar más de lo que estaban acostumbrados, y tuvo que venir Paloma Chamorro a poner orden, rodar este corto fue muy fatigoso. Me costó casi como rodar un largo, porque todos los actores eran auténticos *freaks*. Eran encantadores, pero estaban todos locos, eran cuatro *freaks* que además vienen de sitios muy distintos: Poch de la música, Josele de las películas de Ozores, Ángel directamente del barrio, de la calle, y Bibi, recién llegada de París donde la habían operado, de la revista. Era un disparate rodar con ellos. Con Josele teníamos que hacer un montón de tomas y a Bibi le costaba mucho este tipo de naturalidad. Me costó mucho conseguir que estuviera relajada. Ella confió en mí nada más verme, porque comprendió que iba con la mejor intención y que todo era muy claro. El problema con el cine es que tiene poca experiencia y se tensa enseguida, se asusta. En un rodaje, sin embargo, es la más disciplinada del mundo, la más amable, la adoras. A Bibi hay que marcarla continuamente, y como tiene esa arquitectura portentosa y de trato es adorable, acabas encantado con ella. Me gustaría trabajar con ella más a fondo y sacar a la luz una Bibi que no se conoce. Ella es mucho más interesante como persona de lo que parece si no la conoces. Tiene mucho sentido común y sabe aprovechar toda su situación.

Pedro Almodóvar escribió de Bibi:

«Hay seres que han nacido para ser mirados y cuyo único compromiso consiste en existir. Hasta ahora, lo mejor de Bibi es su existencia. Hacen falta grandes dosis de simpatía y un corazón de calidad para que el mundo te mire con buenos ojos, especialmente cuando eres 15 cms. más alta que casi todo ese mundo.

»Arquitecta de sí misma, desde su más tierna infancia Bibi estuvo muy bien hecha, pero ella quiso y supo mejorar su origen a base de jamón de Jabugo, queso y pereza; y lo consiguió. Pero el día tiene muchas horas y las esfinges tipo Bibi no pueden permanecer pasivas, y alimentar su misterio cuesta pasta. Bibi se ha visto obligada a demostrar que, además de estar en posesión de un cuerpo, sabe moverlo, y que su boca perfecta es capaz de entonar el doremifasol sin que llueva. Bibi es bella, pero además canta y baila, como una niña, porque su belleza es tan absorbente que todo lo demás parece carecer de sentido, y ella lo hace con humildad, desconcierto y pureza, sin implicaciones, porque ella en sí misma es una obra que no necesita de movimientos ni partituras.

»La belleza de Bibi es espectacular porque se sienta en sí misma. Da gusto verla, pero además ella mira muy bien, por eso su capacidad de sugerencia. Ha trabajado en cine, conmigo y con otros, y siempre ha estado donde estaba, quiero decir que más allá del talento del director ella ocupaba un lugar en el drama, y el espectador no podía negarse a mirarla. Conmigo ha demostrado que, además, es actriz, que pone intención en lo que dice y que sabe regalar a sus personajes características que no forman parte de su cotidianidad, cosas que acaba de inventar.

»Pero Bibi es un reto, y ésa es su gran cruz.

»Es un símbolo demasiado contemporáneo para un país cuya única preocupación es ser moderno. No estamos hechos a su medida y Bibi todavía está por encontrar la horma de su desmesurado zapato. Bibi es un exceso que sólo puede verse compensado con otro exceso. Habría que inventar un espectáculo de revista distinto para que ella sea la misma que cuando te recibe en el comedor de su casa. Le deseo que de una puta vez pueda renunciar a su envidiable sentido común y no tenga que hacer más concesiones. Habría que revolucionar el género y ojalá que sepamos hacerlo. Ella, sin ir más lejos, ya lo ha hecho.
»Te quiero, Bibiana.»

El *Trailer para amantes de lo prohibido* fue un auténtico ejercicio, casi una película experimental, que me sirvió para explorar las posibilidades del musical. Ahora, a finales de los ochenta, no puedes hacer una película musical como si fuera de los años veinte. No puedes hacer *The Boy Friend* como hizo Ken Russell. Hay una cultura aprendida que cualquiera que vive en los años ochenta conoce respecto a los musicales, que hace que no te puedas creer una película así. En cambio, ves un Minnelli o un Busby Berkeley y comprendes el tipo de inocencia que respiran la trama, los personajes y toda la acción. Ellos lo hacían de verdad.

¿Qué piensas de un musical como Pennies from Heaven*?*

Pennies from Heaven utiliza el artificio como un elemento estético pero también narrativo. Te hace cómplice de ese artificio, está guiñándote el ojo continuamente. Si te haces cómplice, entras, si no, no. Es un experimento curioso, pero no ha funcionado en ningún sitio, porque es un ejercicio más teórico que visceral, más de estilo que de fondo. Conectas pero no te apasionas. Cuando ves *El Pirata* te apasionas, es artificio puro, pero te apasionas, en *Pennies from Heaven* hay como una conciencia de ese artificio que hace que la narración sea distanciada. A mí me parece una película arriesgada y curiosa, pero no acaba de entusiasmarme. Hay otro musical, tan desnaturalizado como *Pennies from Heaven*, pero que a mí me entusiasma: *Corazonada* de Coppola. *Corazonada* no funciona en parte por lo mismo. Es una trama banal, fácil de entender, pero con tal cantidad de ideas formales que te distancian y hacen que no conectes con la inocencia de la historia. En este caso, la forma es lo esencial, es fascinante, pero tiene poco que ver con el musical. La emoción que me proporciona *Corazonada* no tiene nada que ver con la emoción del musical de Minnelli, por ejemplo. Pero ambas son fuertes: una está basada en el cómo y la otra está basada en todo lo demás, son los que inventaron el género en definitiva...

¿La televisión sigue siendo para ti una cuestión pendiente?

La televisión es un medio que aborrezco, pero está ahí esperándome. En algún momento le voy a hincar el diente. Es como la ópera. Hay cosas que sé que acabarán teniendo que ver conmigo y campos en los que sé que voy a trabajar, pero todo a su tiempo.

Como espectador, nunca he conseguido engancharme en la televisión. Nunca acabo de prestarle atención, no me absorbe. Lo mismo que creo que el cine es hipnótico, creo que la televisión no lo es. Sin embargo, sí que hay una cosa en la que la televisión no tiene competencia: en la información directa no tiene comparación. Tú puedes ver cómo se suicida un hombre en el momento... eso el cine no lo ha tenido ni lo tendrá nunca. Una cosa que me encantaría sería dirigir telediarios, primero como ejercicio de estilo, y luego porque es una posibilidad enorme de dirigir a la gente, marcar las intenciones con todo, con la luz, el sonido, el cuadro, la planificación y la intención en los actores. Dirigir actores y marcar la intención a base de cómo dicen las cosas es un juego muy divertido que tiene una influencia determinante. Y un telediario se puede decir de muchísimas maneras. Según el tono de los locutores, además de dar la noticia, te pueden estar hablando de ellos mismos. A mí me gustaría que los locutores no fueran máquinas parlantes, sino personajes: si le gusta lo que está diciendo, si sabe dónde está el Líbano, si le interesa lo que dice, si la persona de la que habla le cae bien o mal, si está celoso de ella o no, si está contento con la vida o no, si está segura, etc. Todo eso se puede decir dando noticias. En una cosa tan neutra como son las noticias puedes cargar todas las intenciones que quieras.

Como es natural, destacadas feministas han manifestado su malestar de que sea precisamente una mujer la defensora de semejante monstruo. «Según la Constitución Española, todo ciudadano tiene derecho a ser defendido», se ha atrevido a manifestar a su vez la señorita Cardenal haciendo gala de un cinismo verdaderamente espantoso.[1]

1. Una locutora de televisión durante un telediario. De los diálogos de *Matador*.

Esto viene a cuento también de la subjetividad del periodista. Un periodista debe escribir o decir lo que siente y tú debes conocer las cosas a través de su mirada. Entonces el lector o el espectador elige los que le interesan y los que no, con los que se identifica y los que no le gustan. A mí me gusta saber dónde está cada uno. Con este criterio, te puedes convertir en un gran manipulador de la palabra y de la imagen.

Hasta ahora sólo he tenido una experiencia con la publicidad. Me encargaron un anuncio de publicidad de la Volkswagen y lo prohibieron. Yo asumí un *storyboard* sin demasiado interés y un guión que no había escrito yo. Pero entonces me dediqué, a base de dirección de actores, a cambiar todo el sentido del anuncio, darle la vuelta. Y lo cambié tanto, sin alterar una frase, que no lo admitieron. Se decía exactamente lo que estaba escrito en el guión, pero se decía de una manera muy intencionada. Era un ejercicio abstracto de lenguaje. Por eso tengo el capricho del telediario y algún día lo haré.

De hecho, la televisión casi nunca la veo, y creo que es una pena, porque es una fuente de información sobre la vida cotidiana que te aclara muchas cosas, te da muchísima información acerca de la sociedad en que vivimos, sobre todo del mal gusto de esa sociedad. La televisión representa lo peor de la cultura de nuestro momento, pero es importantísima. Además, es un mueble muy *kitsch* y muy decorativo.

Capítulo sexto
Matador

Tanto si se trata de erotismo puro (amor-pasión) como de sensualidad de los cuerpos, la intensidad es mayor en la medida en que se vislumbra la destrucción, la muerte del ser.[1]

Matador *significa un salto en tu filmografía. Es una película muy diferente.*

Yo sabía que tenía que hacer esa película y ése era el momento oportuno. Era arriesgado porque, aunque mis películas cambian y son diferentes una de otra, *Matador* era demasiado diferente y podía desconcertar a lo que se supone era mi público. Tenía necesidad de hacer una película de estas características para después dedicarme a otras cuestiones. Ésta fue la primera vez que trabajé con alguien en el momento de escribir el guión. Se puede decir que utilicé a Jesús Ferrero de interlocutor. Tenía escrita la historia, el argumento y el tratamiento, pero, debido al éxito internacional de *¿Qué he hecho yo para merecer esto!*, no encontraba el momento de centrarme. Tenía que viajar constantemente y no encontraba el momento de sentarme a escribir. Cuando al final pude quedarme en casa y escribir, sentí la necesidad de contar esta historia a otra persona, alguien ajeno que te aclare cosas y te dé puntos de vista distintos. Un interlocutor, sobre todo si va a favor tuyo, es muy útil, y ésa fue fundamentalmente la ayuda de Jesús Ferrero.

---

1. Georges Bataille. *La literatura y el mal*. Ed. Taurus, Madrid 1977.

Jesús Ferrero me ha ayudado a encontrar las palabras que convirtieran este drama latino en algo más japonés o más universal. Porque aunque la muerte, la sangre, los toros y el complejo de culpa sean elementos básicos de nuestra cultura, el idioma del corazón y de las emociones es siempre universal y atemporal.[2]

Me entendía muy bien con él. En realidad, no sé hasta qué punto a él le compensaba estar de mero interlocutor, siendo como es un escritor y un creador. Parece que reniega un poco de esta experiencia, pero en el momento de escribir nuestras relaciones eran excelentes y a mí me sirvió de mucho.

La génesis de mis películas a veces es muy extraña. Tengo una idea y esa idea, al irse desarrollando, puede convertirse en algo completamente distinto.

Pedro Almodóvar escribía así cómo llegó a Matador:

«En principio, yo quería contar la historia de un director un poco cutrón que pone un anuncio en el periódico ofreciéndose como guionista y director a medida, porque ningún productor le dice por ahí te pudras. Lee el anuncio una actriz enana, especializada en papeles infantiles y que a los treinta y ocho años nadie le ofrece interpretar a ninguna niña, lo cual la hace enloquecer de frustración. Una especie de *Sunset Boulevard,* el deterioro físico y mental de una actriz que no admite su ocaso, con la diferencia patética de que el ocaso a la enana le llega a los treinta y ocho, momento en que ni a la Niña de la Puebla se la creería de niña en un primer plano.

»La enana se entrevista con el director y quedan en que le producirá una película con ella de superpro-

---

2. Pedro Almodóvar, *pressbook* de *Matador*.

ta. El director tiene ya un guión escrito, pensado en una vecinita de once años a la que le apetece tirarse, porque le molan las niñas. Se lo cuenta, es un musical infantil (niña y madre con problemas legales y con los hombres) bastante hardcore. A la enana le encanta, encuentra aquella historia, nunca mejor dicho, escrita a su medida. Ella será la niña, tiene más experiencia que ninguna actriz en papeles infantiles. El único pequeño problema es que para producir una película como ésa hace falta dinero, y ella no tiene casi, aunque lo que sí tiene es un padre forrado y que agoniza conectado a un gotero. No duda en desenchufarle y convertirse en una rica heredera y futura candidata al premio de interpretación del Festival de Gijón.

»La enana tiene un íntimo amigo de la infancia, al cual sigue muy vinculada. Su amigo es un poco anormal, quiero decir, que le gusta matar a chicos de su mismo sexo, pero él no lo sabe porque tiene dos o tres personalidades. Un día se despierta abrazado a un cadáver y se mosquea consigo mismo. Se lo dice a la enana y ésta le ayuda a desembarazarse del fiambre. La situación vuelve a repetirse, y siempre es la amiga la que le ayuda. Este personaje me lo inspiró un asesino inglés, que fue juzgado con gran escandalazo hace dos años. Y así con las génesis de mis guiones, me empecé a interesar más por el personaje del asesino que por el director y la enana y decidí que la historia debía girar en torno a él. Pero no quería que matara chicos, lo encontraba demasiado sensacionalista y facilón. Tampoco me gustaba que se le juzgara y le declararan culpable.

»Todo esto me llevó a la creación de un personaje que asume su tendencia asesina, y al que nadie le echa el guante. Necesitaba un personaje relacionado directamente con la muerte, para que esta aceptación fuera natural y profunda. Entre las diferentes profesiones vinculadas físicamente con el hecho de matar decidí que la más atractiva era la del torero.»

Lo que estaba claro es que se trataba de una historia en la que la muerte iba a estar presente y se iba a gozar matando. Podía haber hecho una película de necrófilos simplemente, pero lo del torero me gustaba mucho. Cuando empecé a trabajar con Jesús ya tenía al torero y a la abogada y estaba construida toda la historia. Trabajamos juntos tres semanas desarrollando secuencias y sobre todo me ayudó mucho a no distraerme de la historia central. Después de esas tres semanas me quedé el guión, lo repasé, lo corregí y en definitiva lo acabé de escribir. La experiencia con otro escritor fue muy positiva para mí. Hay algunos diálogos que son suyos, probablemente los mejor escritos de la película, aunque *Matador* tiene los diálogos cuidadísimos; de eso me encargué yo durante el rodaje, que estuve con un látigo todo el tiempo obligándoles a decir exactamente lo que estaba escrito, cosa bastante difícil con Nacho y Assumpta. Hay una escena que pertenece completamente a Jesús, cuando ella le lleva a aquella especie de refugio-museo en el campo donde tiene todos los tesoros. Hay ahí un diálogo bellísimo:

—He debido estar loco para no haberte visto antes. ¿Desde cuándo coleccionas cosas mías?
—Desde la primera vez que te vi matar, te he buscado en todos los hombres que he amado. He tratado de imitarte cuando los mataba.
—¿Y por qué no me has buscado antes?
—Porque hasta hoy no he sabido que seguías siendo un matador.

—Al principio traté de evitarlo, pero no lo conseguí. Porque dejar de matar era como dejar de vivir.

—Es que los hombres pensáis que matar es un delito. Las mujeres, sin embargo, no lo consideramos así. Por eso en todo criminal hay algo de femenino.

—Y en toda asesina algo de masculino.[3]

El final de este diálogo es bellísimo, aunque sólo fuera por eso ya estoy contento de que haya participado Jesús en el guión. De su huella propia queda esta escena y la definición del eclipse:

Cuando dos astros se interponen su luz se extingue aparentemente. Pero en su breve convergencia adquieren una nueva luminosidad, negra y ardiente.

Sin embargo, la idea del eclipse concuerda con una constante en tu cine, una presencia continua de los astros y los fenómenos atmosféricos.

Sí, en mis películas hay astros, fenómenos atmosféricos y animales raros: un lagarto, un tigre, pajaritos que no cantan. Es curioso, porque yo no soy aficionado ni a los animales ni a los astros y, sin embargo, me salen continuamente. Yo creo, como decía Borges al hablar de los tigres, que son presencias que pertenecen más al mundo de las pesadillas y de los sueños y que aparecen de forma inconsciente. Cuando escribo un guión, trato de ser lo más puro e irracional posible, y me van saliendo esas cosas que nada tienen que ver con mi vida cotidiana. Los fenómenos atmosféricos aparecen en mis películas de forma muy determinante y a veces como metáforas muy concretas de mis personajes. En *Matador* la metáfora de la película es el eclipse, la idea de dos as-

---

3. De los diálogos de *Matador*.

tros que se interponen y su luz aparentemente se extingue, pero en esa nueva convergencia adquieren una luminosidad nueva mucho más ardiente e intensa.

Se nombraban desde el origen y en ese instante carnal se fundían para siempre sus vidas y sus muertes, su luz y su oscuridad, su eterno retornar al corazón de lo idéntico y al primer alborear de sus puras diferencias.[4]

El encuentro de ellos es eso, y ése es precisamente el mensaje de la película. Cuando dos seres de idéntica especie se encuentran, ocurre ese tipo de eclipse, se anulan para crear algo nuevo, es como si se atomizaran. El eclipse para mí representa un poco la atmósfera en la que se desenvuelven todos los personajes, ese estar todos medio hipnotizados por lo que está ocurriendo, dando vueltas alrededor de esa pareja que los atrae.

La Luna ocultará el disco solar, el cielo se oscurecerá, aparecerán las estrellas haciéndose visible la corona solar. Las aves volarán a sus nidos y las alimañas se precipitarán a sus madrigueras creyendo que llegó súbitamente la noche, sin sospechar que a los pocos minutos el sol volverá a brillar, con el consiguiente trastorno para esos pobres seres carentes de raciocinio y esclavos de sus instintos.[5]

Almodóvar había dicho meses antes de empezar a rodar:

«...El *leitmotiv* de la película: dos seres que matan, y que lo hacen por excitación. La muerte forma

4. Jesús Ferrero. *Belver Yin.* Ed. Plaza y Janés, Barcelona 1986.
5. De los diálogos de *Matador.*

parte de su placer y sólo la pueden llevar a cabo cuando aman. Si dos seres de estas características se encuentran es como un eclipse total, porque son seres que pertenecen a otra especie. Montaigne decía que "existe más diferencia entre un hombre y otro hombre que entre dos animales de diferente especie". Y creo que tiene razón, no hay dos personas idénticas, pero si las hubiera estarían condenadas la una a la otra. Hay un film, *Cat People,* en la versión de Schrader, donde lo que más me interesaba era el personaje del hermano que hacía Malcolm McDowell. En algún momento le dice a la Kinski que es inútil que intente enamorarse de los hombres, porque no son igual que ella ni que él. Pretende convencerla de que ambos están condenados el uno al otro porque pertenecen a la misma especie. Esta suerte de fatalismo que resulta de la complicidad y del entendimiento con otro ser idéntico es lo que más me interesó de la película.»

Son ese tipo de cosas que uno debe de tener dentro sin saberlo y que salen en el momento de escribir. Hay otro tipo de fenómenos que tienen interpretaciones mucho más claras y físicas. Por ejemplo, cuando Antonio Banderas está intentando violar a Eva en el callejón hay una tormenta. Como Antonio tiene problemas de oído, y eso sí que es algo que yo conozco bien, porque soy sordo de un oído desde pequeño a causa de una cura mal hecha, sé que la atmósfera cargada, los días nublados te afectan más. El personaje de Antonio, Ángel, lo dice en un momento:

«Las nubes me dan vértigo.»

Cuando llueve te pone en un estado muy raro y

por eso he puesto una tormenta en el intento de violación. Mientras la intenta violar el trueno se utiliza como metáfora de lo que sucede. Se oye el trueno en el momento que él tiene el orgasmo y empieza a llover en el momento que él eyacula. La naturaleza del orgasmo es líquida y el agua cae del cielo. Es muy simple, aparte que me gustaba la idea de que el cielo bendiga y proteste a la vez por esa unión fortuita y violenta.

Ya tienes el torero, pero ¿te interesan los toros?

Los toros son una realidad que está ahí, que yo sé que está, como la ópera. Son dos cosas que sé que acabarán enganchándome, pero todavía no ha sucedido. En principio, los toros y la ópera tienen todo aquello que a mí me puede fascinar, sin embargo todavía no me han atrapado, es cuestión de tiempo y de aprendizaje, al menos en el caso de la ópera, porque no es un espectáculo que simplemente puedas sentir y disfrutar, necesitas información previa para comprenderla. Los toros son un asunto de más sensibilidad en estado puro. Siempre me han atraído y me han impresionado mucho las corridas de toros, no puedo sentirme impasible ante la función del torero. En Nueva York me dijo un periodista que tenía una fuerte conexión con el inconsciente colectivo y puede ser que algo de eso suceda. Es como si detectara cosas. Cuando empecé a escribir *Matador*, nadie hablaba de los toros, en cambio ahora, probablemente por la cuestión espectacular de la muerte de Paquirri, del Yiyo, etc., los toros están en primera línea de interés. Al decidir que el protagonista sería torero me acerqué de otro modo al mundo de los toros, pero no me he convertido en un fanático. Sin embargo, creo que he entendido lo principal de la fiesta. En la película se habla sobre el placer, el placer físico y su relación con la muerte.

...hay quien sostenía que la profesión taurina degradaba hasta tal punto que los que se dedicaban a ella acababan en asesinos y hombres sin ninguna moralidad.[6]

Los toros tienen esta relación. Hay muchos taurinos que me han dicho que se refleja muy bien la esencia del toreo en la película. El momento de matar y los preámbulos, los juegos, los envites expresados en la relación de ellos dos. María Cardenal y Diego Montes componen una gran corrida en la que los roles son intercambiables según el momento. Hay momentos en que ella es el torero y viceversa, como en la vida, hay veces que se tienen comportamientos masculinos y femeninos, depende de las situaciones, aunque la esencia de cada uno sea clara. Assumpta es casi siempre la que tiene la iniciativa, en los crímenes lleva las riendas, por eso cuando descubre al otro empieza a tener miedo, se comporta como una mujer enamorada que no acaba de creerse que haya llegado el momento sublime de la felicidad. Duda por exceso de felicidad y quiere retardar el momento del placer, prolongarlo.

—Desde que te conozco estoy viviendo los preámbulos de un gran orgasmo y me gusta prolongarlo.[7]

El personaje del torero está claro desde el principio, igual que el de ella, en ese sentido no hay misterio.

Con el primer plano de una película, además de

6. José María de Cossío. *Los Toros*, Ed. Espasa Calpe, Madrid 1974.
7. De los diálogos de *Matador*.

inquietar al espectador, puedes darle muchísima información. En *Matador*, en el primer plano vemos a Nacho masturbándose ante una televisión donde se ven imágenes atroces de asesinatos de mujeres. Con esta imagen ya explico que este hombre se excita con la imagen de una mujer agonizando violentamente y también explico que está solo, completamente solo. Su placer no se comparte con nadie. Cuando termina de ver aquello se encadena sonoramente con la imagen de él explicando el arte de matar. Ahí está resumida toda la película.

—Y esta tarde vamos a hablar del arte de matar. Si toreas a un toro bravo bien, lo tienes que matar bien. Porque matarlo mal es una desgracia para el torero y para el toro. Para el torero, porque no hace honor a su nombre, «Matador», y para el toro porque entonces se traiciona su entrega y su bravura. Para entrar a matar hay que poner el brazo en ángulo recto, y que el estoque sea una prolongación del brazo. La mano a la altura del corazón. Al clavar el estoque hay que hacer la cruz, porque al torero que no hace la cruz se lo lleva el diablo... Para matar un toro bravo como él se merece, además de con la espada, hay que matarlo con el corazón.[8]

El placer físico y el arte de conseguirlo. Mientras él explica todo esto, vemos cómo ella lo está llevando a cabo de verdad. Assumpta es su gran alumna y todo eso lo está viendo con la mente su otro gran alumno, Ángel, y ya están los tres relacionados. Ángel la ve, por eso cuando aparece en la prisión como su abogada, sólo ver sus labios Ángel la reconoce y le dice: «¿Usted?». Las cosas que ve Ángel las ve tal cual, no hay ningún tipo de engaño. En eso sí que me reconozco discípulo de Buñuel. Cuando Buñuel fil-

---

8. De los diálogos de *Matador*.

ma un sueño o una ensoñación lo hace utilizando exactamente el mismo tipo de luz, de decorado, la misma impresión de realidad que en el resto de la película. Yo lo hago igual, no distingo entre lo real y lo imaginado.

Otra de las cosas que hace de Matador *una película distinta es su factura,* Matador *es una película bella y elegante.*

Después de hacer *¿Qué he hecho yo para merecer esto!*, que no era una película fea, pero que sí retrataba un universo feo y claustrofóbico, tenía ganas y necesidad de hacer un film de grandes espacios abiertos, muy bello y muy sofisticado.

Estoy harto de que me vinculen al cutrerío. La belleza en todas sus manifestaciones va a ser un elemento clave en *Matador*. La de la luz, la de la música, la de los decorados, la de las palabras, la de sus intérpretes.[9]

La opción en *Matador* era fácil, se podía hacer una película de serie Z con mucha sangre que salpicara al espectador, o bien un ejercicio más sutil donde la violencia estuviera presente, pero bajo una capa de belleza. Es una historia de muertes, donde todo el mundo mata pero con deseo. Al final a la gente le tiene que apetecer llorar con lágrimas amargas, de esas que tienen un poso inquietante. Es una historia de gentes en su esplendor, alimentados de una pasión casi abstracta. Tenía que tener un aire como de leyenda, un poco como *Pandora y el holandés errante*. Tenía que tener una atmósfera y una luz de sueño hecho realidad.

9. Pedro Almodóvar. *Fotogramas*, n.º 1717, marzo 1986.

En el pressbook *de presentación de* Matador, *Almodóvar decía:*

«Con *Matador* quiero demostrar que en este país es posible vestirse tan bien como uno quiera. Después de la glorificación de la bata de guata a la que me reconozco adicto, he sucumbido a la tentación en la que incluso Cultura e Industria han caído últimamente, y no siempre con buen criterio. Algunos de nuestros mejores nuevos diseñadores ya están inmortalizados en la película.

»Con el mismo sentido de la abstracción que respira todo el film con relación a nuestros símbolos culturales, Francis Montesinos ha diseñado capas y modelazos para Assumpta Serna. El contacto con una capa de raso de grana, oro y negra, de Montesinos, es la última caricia que reciben los protagonistas en la gran ceremonia final.

»También Ángeles Boada ha colaborado a que Assumpta luzca como una diosa de hoy. De Eusebio Poncela se ha encargado Antonio Alvarado, demostrando que, más allá de todo gualtraperío creador, conoce muy bien qué líneas y qué tejidos le van bien al cuerpo de un tío.

»Las joyas mortales de la protagonista las ha creado un pequeño genio catalán llamado Chus Burés.

»Bernardo Bonezzi ha compuesto una banda sonora de la cual estarían satisfechos Bernard Herrmann y Eric Satie, maestros y modelos de nuestro ex líder *pop*.

»Carlos Berlanga ha diseñado el cartel, apoyado por el ojo práctico de Juan Gatti. Ángel Luis Fernández ha puesto luz a mis sueños y oscuridad a mis terrores. Cossío ha decidido certeramente cuál era el *look* adecuado para cada personaje, Rafa Moleón y mi hermano Tinín me han apoyado con su ayuda y sus ideas para que *Matador* fuera la película que yo quería que fuera.»

Una película bonita. Esto me lo exigían el guión y la planificación. En *Matador* es quizá donde hay más reflexión respecto adónde poner la cámara. Las intenciones tenían que ser muy transparentes, muy claras, y esa transparencia es muy difícil de conseguir en un trabajo como éste, que no es nada realista, que es una abstracción.

En *Matador* lo que más me representa es la misma idea, la idea del placer y de la muerte. Yo quería hacer una película sobre la muerte. La muerte es una realidad tan inevitable como insondable, cotidiana y eterna y que, como otras muchas cosas de nuestra naturaleza, nunca he llegado a aceptar. Uno se descubre mucho a sí mismo escribiendo, sobre todo si lo haces con sentimiento, y yo lo hago, por eso quería ver hasta dónde llegaba.

En principio yo quería escribir una historia donde la muerte estuviera muy presente. Por carácter y por cultura me siento más próximo a *Archibaldo de la Cruz* de Buñuel que al *Séptimo sello* de Bergman y, sobre todo, me siento mucho más próximo a mí mismo y yo nunca he tenido un criterio claro sobre el tema. Ésta es una de las razones por las que me atraía el asunto: descubrir cuál es mi postura frente a una realidad tan inevitable como insondable. Si me atengo al resultado del guión, la muerte para mí es un elemento de excitación sexual, con todo lo que eso arrastra. Los protagonistas son asesinos puros. Es decir, no están movidos por la locura, el dinero, el odio, una ideología o un conflicto bélico, sino que lo hacen por amor y por placer. Para ellos es un acto supremo de vitalidad, limpio, doloroso, amoral y estrechamente vinculado a la belleza y al amor.[10]

10. Pedro Almodóvar, *pressbook* de *Matador*.

Es una idea cercana a Bataille, cuando dice: «El erotismo es, creo yo, la ratificación de la vida hasta en la muerte».

Desde luego Bataille estaba presente. Cuando terminé el guión me di cuenta de que el único modo de que pudiera aceptar la muerte sería haciéndola partícipe del placer. Dominarla, decidir yo sobre ella, restándole iniciativa a la fatalidad.

La frase de Mishima: «La muerte violenta es la belleza última, siempre y cuando se muera joven», que citas al hablar de Matador, *da el tono de la película. Todos los personajes, pero sobre todo Antonio, están imbuidos de una idea de la muerte muy cercana a Mishima, la muerte como gran espectáculo, como autosacrificio y como lugar de placer último.*

Matador es una película en la que todo lo que ocurre lo ves, pero es mucho más importante lo que no ves, lo que sucede en tercer o cuarto plano. Tanto las palabras, como los gestos, como los decorados y la luz son lugares metafóricos que cumplen de un modo naturalista en una historia en la que siempre se están simbolizando cosas. Un ejemplo muy evidente: el Viaducto. Quizá fuera de Madrid no se sepa, pero es un lugar clásico, una imagen prototípica del suicidio. Por eso lo escojo, y ella lo explica, explica que vio un suicidio y se sintió fuera de su cuerpo.

—Recién llegada a Madrid vi un suicidio en este puente. Noté algo muy extraño. Me sentí vacía y fuera de mi cuerpo. Después he vuelto más veces.[11]

11. De los diálogos de *Matador*.

Ha vuelto otras veces buscando la misma sensación, pero no ha visto más suicidios. Ese lugar es casi una catedral al aire libre para los misterios que hay en esa pareja, es un espacio de religión para ellos dos:

María, estamos condenados el uno al otro. Nadie, ni siquiera nosotros podemos evitarlo.

Ella está esperándole, sólo él puede llegar. En ese momento vuelve a darse algo muy taurino. Ella le invita, le da unos pases y le deja solo. Esto es después de la escena en su casa donde ella ha tenido miedo, la gran alumna ha fallado en la imitación porque ha intentado la imitación en el propio maestro, que sigue dominando.

—Querías matarme.
—Tengo derecho a defenderme. Devuélveme el alfiler, por favor.
—Creo que me lo merezco. Recuerda: a la hora de matar no podemos dudar. Es una de las reglas de oro de la tauromaquia.[12]

La canción de Mina parece escrita a propósito.

Es una canción preciosa. Tiene una letra que se relaciona directísimamente con el orgasmo. En esta canción se explica la dificultad de tener un orgasmo al mismo tiempo, sobre todo si se están matando mutuamente. Es una canción que parece escrita especialmente para esta película.

>Espérame en el cielo corazón,
>si es que te vas primero.

12. De los diálogos de *Matador*.

> Espérame, que pronto yo me iré
> allí donde tú estés.
> Espérame en el cielo corazón,
> si es que te vas primero.
> Espérame, que pronto yo me iré
> para empezar de nuevo.
> Nuestro amor es tan grande y tan grande
> que nunca termina,
> y la vida es tan poca que no basta
> para nuestro idilio.
> Por eso yo te pido por favor
> me esperes en el cielo,
> que allí, entre nubes de algodón,
> haremos nuestro nido.

La última secuencia es muy japonesa. Compran flores, rosas rojas que les vende Bibi y ya nos da una pista de su destino al leerle la mano; lo preparan todo, se duchan para estar limpios, ella se pone su capa de oficiante y él por primera vez se pone el traje de torero con el que sufrió la cogida.

Ahora me encontraba en el umbral mismo de mi acto. Los interminables preparativos destinados a conducirme hasta él habían terminado. Todos. Yo estaba de pie en el borde más extremo. No tenía más que precipitarme. Un gesto de nada y listo.[13]

La relación con Oshima y *El imperio de los sentidos* es un poco inevitable, pero creo que son dos productos completamente independientes. En Oshima hay una idea parecida, pero lo interesante en Oshima es que parte de una única situación y la lleva hasta el final. *Matador* es más compleja. Hay dos personajes imbuidos por una misma idea que se van acercando uno a otro.

13. Yukio Mishima. *El pabellón de oro*. Ed. Seix Barral, Barcelona 1985.

Buscaba yo un alma que se me pareciera, y no podía encontrarla.[14]

Pero hay también una serie de personajes que están a su alrededor y a los que afecta mucho lo que ellos hagan. Cuando se produce el eclipse de sol, los demás tienen una especie de liberación. Es como si despertaran de un sueño hipnótico producido por estos dos seres extraordinarios. Una vez que la leyenda termina con aquellos cuerpos que han alcanzado la felicidad, los demás vuelven a la vida. A Oshima me une la idea del placer unido a la muerte y la fascinación sutil por las corridas de toros. De hecho, *El imperio de los sentidos* en japonés se llama *Ai no Corrida*.

El otro gran tema de Matador *es la culpa.*

La culpa domina toda la historia. Es el motor de toda la conducta de Ángel. Hay un momento muy claro en el plano en que la iglesia se transforma en una comisaría, y en una frase de Julieta que dice:

—Mi hijo debe pagar el castigo que Dios le imponga.

En el que se explica la naturaleza de la culpa de Ángel. Ángel ha decidido confesarse, pero no es al cura a quien quiere contárselo todo. Quiere confesarse a la policía, porque sabe que el cura no lo castigará.

—Buenos días, ¿qué quiere?
—Quería ver al señor comisario.
—¿Para qué?

14. C. Lautremont. *Los cantos de Maldoror.* Ed. Mateu, Barcelona 1970.

—Vengo a acusarme de que he violado a una chica.
—Desde luego, las hay con suerte.[15]

La religión no ha dejado una huella muy fuerte en él, la culpa infinita sí. Él necesita un castigo y la iglesia no le va a castigar, por eso deja la iglesia en un *travelling* donde se ven un montón de imágenes religiosas que se van quedando atrás, abre la puerta y vemos que esa puerta va a dar a la comisaría. Iglesia y comisaría se continúan, no se superponen. En el momento que decide confesarse deja detrás todo sentimiento religioso. Este personaje tiene algo que ver con Hitchcock y con Patricia Highsmith, con la diferencia de que en Hitchcock suele tratarse de falsos culpables y éste es un culpable falso empeñado en serlo. Él quiere ser culpable. La culpabilidad es un sentimiento que le ha inculcado su madre desde pequeño.

Hice todo lo posible por salvarle. No era como los demás chicos. De pequeño tenía unas visiones horribles. El mal ya estaba dentro de él. Traté de inculcarle el temor a Dios, pero ha sido inútil.[16]

Esta madre es terrible. Julieta Serrano lo hizo muy bien, es el único personaje que es como un bloque monolítico, sin matices. Está allí para explicar el personaje de Antonio y deliberadamente está presentado como un monstruo. Normalmente nunca pongo buenos ni malos en mis películas, pero en *Matador* Julieta es verdaderamente mala. Es un tipo de mujer que odio profundamente, la fanática del

15. De los diálogos de *Matador*.
16. De los diálogos de *Matador*.

Opus Dei, interpretada por Julieta con un enriquecimiento de gran guiñol que lo hace aún más efectivo.

Julieta no quería mucho ese personaje.

Cuando acepté el papel de Matador, *en realidad lo acepté porque era Pedro el que me lo ofrecía, pero el papel era pequeño y sin ninguna entidad. No tenía nada, era antipático, desagradable, seco, escueto, feísimo. Era lo que en la jerga de los actores llamamos un hueso. Un hueso quiere decir que no da nada, que el público ni siquiera lo mira y menos aún se da cuenta de las posibles dificultades que hay en hacerlo. Eso es un hueso. Lo que pasa es que con Pedro nada es así. Desde el primer día me dio una clave para entender el personaje, hacerlo divertido de tan malo.*

—Nunca soportó la visión de la sangre.
—¿Cómo? ¿Que no soporta la sangre?
—No es como yo. Es un cobarde, como su padre. Nunca pudo ponerse un cilicio. Le bastaba ver una gota de sangre para desmayarse.
—Señora, ¿se da usted cuenta de lo que está diciendo?
—Pues claro, soy su madre.
—Y cree que su hijo es un asesino.
—No me extrañaría.
—¿Cómo pudo asesinar a toda esa gente si no soporta la sangre?
—No lo sé. Los caminos del diablo son insondables.[17]

A medida que rodábamos el personaje se crecía y se transformaba adquiriendo su razón de ser. Se enriquecía en cada toma. Por ejemplo, recuerdo que cuando me dijo que me pusiera el cilicio se me ocurrió comentar que no íbamos a ganar para medias y en seguida lo incorporó como una frase:

17. De los diálogos de *Matador*.

Seguro que no gano para medias.

Julieta representa de algún modo la madre castradora e intolerante mientras que Chus es una madre abierta, moderna. Chus está muy guapa en la película, es como si le hubiera hecho un regalo después de la abuela de *¿Qué he hecho yo...* A Chus lo que le divierte es que le pongan cosas, que la disfraces para que nunca parezca ella misma. Aquí sale con el pelo cardado, muy maquillada y muy moderna.

—Si no les importa esperar. Tardaremos media hora o así en arreglarnos, porque no querrán que vayamos hechas unos mamarrachos a toda una señora comisaría. Lo peor no es que te violen, es que se lo tienes que contar a todo el mundo.[18]

Chus y Julieta representan dos tipos de madre que coexisten en este país y que en cierto modo representan dos tipos de Españas. Una es la tolerante, amiga de sus hijos, que simboliza un poco a la España que ha cambiado, se ha humanizado y ha perdido parte de sus prejuicios, y la otra es la intolerante de siempre, verdaderamente criminal. Cuando Verónica me hace una entrevista durante el desfile, también hablo de dos Españas, pero son dos Españas diferentes.

—La primera pregunta es por qué le ha puesto usted a este desfile «España dividida».
—Pues porque este país ha estado siempre dividido en dos. Básicamente en dos.
—¿En dos, dice, y cuáles son?

18. De los diálogos de *Matador*.

—Por una parte están los envidiosos y por otra los intolerantes.[19]

La secuencia del desfile está rodada en el antiguo matadero de Legazpi. Por cierto, que hay una coincidencia histórica curiosa. La Escuela de Tauromaquia fundada por Fernando VII tenía su sede en el Matadero de Sevilla. El desfile de modas te permite varias cosas: en primer lugar, apareces tú como Francis Montesinos, en segundo lugar casi cuentas la historia de la película en la puesta en escena del desfile:

—Pero qué es esto, un desfile de modelos o una sesión de cirugía antiestética.
—Esto es una matanza.

en tercer lugar te permite introducir un guiño sobre la droga.

Lo de la droga no tiene ninguna importancia en esta película, es un simple *gag* que queda absolutamente justificado por el mundo de los modelos.

—¡Cuántas veces os tengo que decir que no quiero que os piquéis en los camerinos!
—Tío, que ya acabo, un momento.
—Si queréis drogaros, iros al retrete, ¡que para eso está![20]

¿Cómo escogiste a los actores? Hay algunos habituales en ti: Julieta Serrano, Chus Lampreave y también Carmen Maura, que tiene un papel pequeño, casi de colaboración.

El papel de Carmen Maura en *Matador* es muy marginal. Está porque me apetecía que hiciera algo en la película, pero estuve conteniéndolo todo el

---

19. De los diálogos de *Matador*.
20. De los diálogos de *Matador*.

Pedro Almodóvar escribió de sus actores:

«Esta película podría llamarse "El extraño caso de las cinco bellezas". NACHO MARTÍNEZ es el torero. Con diez kilos menos y sin barba, resulta difícil de reconocerle en su anterior trabajo, como el hermano mudo y bonachón de *Tasio*. Su rostro no tiene edad, más allá de unas líneas muy marcadas parece esconderse la conciencia de la tragedia inevitable, el dolor asumido con vitalidad. Su sobriedad lo expresa todo.

»ASSUMPTA SERNA es María Cardenal. Fría e insondable, hasta que habla, entonces su boca es como la de un horno. La hemos teñido de negro y hemos acentuado los ángulos de su rostro. Resulta una mezcla de Anouk Aimée y Fanny Ardant. Siempre se intuyó en ella una gran capacidad para buscar en el fondo de lo prohibido, pero esta vez demostrará que también puede expresar una pasión sin límites.

»EUSEBIO PONCELA hace de comisario. Toda la aureola de dureza, misterio, ambigüedad e ironía, fomentada alrededor de Eusebio en los últimos veinte años le van muy bien al personaje. Es más un criminólogo que un policía, no le interesa hacer justicia, carece de sentido moral. Sobrio, elegante y escéptico, Eusebio va a componer una imagen distinta de comisario. Nunca habla de sí mismo, pero el espectador se enterará de ciertas cosas por lo que mira, y por cómo mira.

»EVA COBO y ANTONIO BANDERAS son la pareja joven. A pesar de sus 18 años, Eva posee la fuerza y el carácter de las grandes heroínas melodramáticas de los años cuarenta. Enamorada del torero, cuando descubre que es un asesino está dispuesta a mentirse a sí misma y a defenderle de las garras de Assumpta, confiando ingenuamente en que su amor es bastante para redimirle y conservarle.

»Antonio Banderas es un alumno del torero que busca en los toros una especie de castigo. La admiración por su maestro, y un terrible complejo de culpa, le empujan a sentirse y declararse culpable de todo.»

¿El que tanto el torero como el comisario sean cojos a qué se debe?

El que Eusebio sea cojo fue idea suya. Comentando el personaje me dijo que le parecía que iba a estar tan guapo, tan bien vestido, que no se iba a entender que tuviera traumas y problemas. Tenía que pasarle una tara para quitarle seguridad, y él sugirió que podía ser cojo, me hacía gracia la coincidencia de esos dos hombres que están muy próximos a Antonio, que en un momento dado parece que compiten por él, aunque no es cierta esta competencia, porque si Diego lo es todo para Ángel, Ángel no representa nada para Diego, mientras que en Eusebio hay un interés incluso físico por ese chico. Cuando el comisario va a la escuela de tauromaquia a ver a Diego Montes y hablan de Antonio, ese momento sí parece que compitan y ahí la cojera los uniformiza en un diálogo muy divertido.

—¿De una cogida?
—Sí. ¿Y lo suyo?
—Lo mío es psicológico. ¿Cree que Ángel es homosexual? Usted le conocía bien.
—No le conocía bien. Le daba clases y nada más.
—¿Nada más? La última noche se lo subió arriba.
—Se encontraba mal y me pidió un vaso de agua. ¿Qué está insinuando?
—Nada. Que, además de las clases, también le daba un vaso de agua.[25]

25. De los diálogos de *Matador*.

En este diálogo queda muy claro el tipo de personaje que es Eusebio.

Vuelve a darse un triángulo muy sutil y muy oculto de uno que quiere a otro que a su vez quiere a un tercero. Eusebio quiere a Ángel, que a su vez quiere a Diego.

Quizás, pero no es ésa la base de la idea del argumento, surge paralelamente. Ángel es un tipo que está empezando a vivir y no sabe en realidad por dónde va a tirar, es una víctima total. Llega un momento en que aquella culpabilidad se convierte en su verdadero carácter y su verdadera personalidad. Imita al torero para sentirse culpable, imita a un asesino además de a un matador. Por otra parte lo que él va buscando en los toros es una manera de inmolarse, va buscando un sacrificio espectacular. No se pone delante del toro, sino delante de la sociedad diciendo «soy culpable».

—¿Por qué quiere usted defenderme?
—Porque creo que eres inocente.
—Bueno, pues se equivoca. Soy mucho más culpable de lo que usted se imagina. Si no, pregúnteselo a mi madre.[26]

Diego le provoca la fascinación del maestro, la fascinación que hay siempre por el modelo cuando se inicia un viaje. No hay deseo, hay fascinación e imitación. Por eso viola a su novia y en realidad la película va a acabar con Ángel y Eva juntos. De algún modo, la semilla de esa pareja se va a reproducir en ellos. Pero mientras tanto, como en cualquier película de aventuras, Ángel es el chico joven que va a aprender a vivir, porque matar es vivir para su modelo. Nacho se lo dice en un momento determinado.

26. De los diálogos de *Matador*.

—A propósito, tú ¿por qué quieres ser torero? Tú no eres como los otros chicos.
—Pues no sé. Supongo que me gusta el peligro. Además, ya que tengo que morir, prefiero hacerlo en la plaza. Es mucho más emocionante, ¿no le parece?
—Eres demasiado joven para pensar eso.
—Qué importa que sea joven.
—A tu edad, si uno ama de verdad el riesgo, piensa en matar, no en morir.[27]

Lo importante del personaje de Antonio es el complejo de culpa que le ha inculcado la madre haciéndole creer que es un monstruo. Pero resulta que su carrera como monstruo es muy poco brillante y tiene que empezar a hacer cosas para que le crean culpable y le castiguen. Como consecuencia de esa culpabilidad monstruosa, se le desarrolla una capacidad extraordinaria para oler la muerte, adivinarla, sentirla, verla. Esto le horroriza, se convierte en una especie de conciencia de toda la violencia que ocurre en la ciudad, es una de las partes más interesantes del personaje: un visionario.

No puedo dormir. Oigo cómo entran y salen los cuchillos, las horquillas se hunden en la nuca. Los disparos retumban en mi cabeza. No aguanto más, no aguanto más. Si supiera cuánto se mata en esta ciudad.[28]

Vive en contacto con esa violencia, es una pesadilla que le empuja a identificarse con su maestro asumiendo sus crímenes. De este modo él piensa que lo está salvando. Es como si estás en un barco y se hunde. Tú te estás casi muriendo pero consigues que tu capitán se salve. Cuando Ángel ya no puede más, de-

27. De los diálogos de *Matador*.
28. De los diálogos de *Matador*.

cide llevar a la policía a donde están los cadáveres para acusarse y demostrarles de una buena vez que es culpable. Pero no puede impedir decirle a su maestro.

—Confíe en mí.
—¿Estoy en peligro?
—Sí, pero confíe en mí.[29]

A partir de los cadáveres adquieren sentido las setas que están desde el principio.

Las setas son un señuelo, son pistas de la narración. Las setas crecen en lugares de descomposición y es coherente que nazcan allí. Por otra parte, el policía se interesa por la micología y por los especímenes venenosos.

—¿Las razones? ¿Por qué es venenosa esta seta? Porque es su naturaleza. La muestra es igual. El mal está dentro de ella.
—Y el bien.
—Sí, pero el bien es un muermo.
—Para mí las personas no son setas.
—Las personas somos más complicadas.[30]

De este modo hablamos de los cadáveres sin que estén presentes. Además, Ángel está estudiando agronomía y es lógico que sepa de setas y de esas cosas. Es una manera de darle una información al espectador, no es otra cosa que una técnica narrativa de construir un guión lleno de personajes interrelacionados.

29. De los diálogos de *Matador*.
30. De los diálogos de *Matador*.

Matador *es tu primera película con subvención del Ministerio.*

Matador costó aproximadamente 120 millones y el Ministerio le dio una subvención del 50 %, pero se la dio a Andrés Vicente Gómez, que era el productor, aunque hay que reconocer que fue la primera vez que le dieron dinero a una película «de Almodóvar» y eso creo que tiene un significado. *Matador* se hizo después de *¿Qué he hecho yo...*, que resultó un éxito internacional, se estrenó en Estados Unidos y en varios países de Europa con excelentes críticas. Quizá por eso, a pesar de que mi cine no les gustara del todo, como han comprobado que se admitía en el extranjero, me han dado la categoría de exportable.

Recuerdo unas declaraciones tuyas a Diario 16 *en las que decías: «No sé si es el éxito o la edad lo que me hace ser cada día más radical, menos amable y complaciente. Creo que ésta es la más agresiva de mis películas, y si las otras les dieron miedo, consecuentemente ésta les va a dar más, así que sepan que están subvencionando mi radicalismo».*

Matador la habríamos podido hacer solos, y de hecho estuvimos a punto de hacerla, pero nos dio un poco de miedo meternos en la producción. Por eso buscamos a Andrés Vicente Gómez con el que tuve bastantes problemas, porque se gastó más de lo que era necesario. Hasta *La ley...* siempre he trabajado con productores y a todos les estoy muy agradecido, forman parte de mi historia, pero a partir de ahora me gustaría producirme yo mismo, ya que no siempre coincide mi idea de película con la que tienen ellos. Por ejemplo, si tengo cien millones prefiero utilizarlos en algo que realmente quiero y recortar por otro sitio. Esto con un productor no lo puedes hacer. Muchas veces se emplea el dinero en cosas que para mí no son las indispensables. La experiencia de *La ley...* ha sido muy positiva, aunque no sé si seguiré produciéndome a mí mismo. A mí lo que me encantaría es encontrar un productor con el que me entendiera al cien por cien, lo mismo que me gustaría encontrar un escritor para trabajar juntos. Hasta ahora Tinín, mi hermano, es el que más números tiene para convertirse en este productor ideal. La verdad es que hay que aprovechar la «Ley Miró» que subvenciona proyectos y directores, permitiéndonos a nosotros mismos producirnos y ser dueños de nuestro propio producto.

Todas tus películas tienen sonido directo, ¿te preocupa el problema del sonido?

Todas han tenido sonido directo, incluso *Pepi...* Como casi todo en *Pepi...* el sonido era debutante. Lo hicieron dos chicos que empezaban, era su primera película y no tenían ni micrófono. Desde luego, si hay algo característico en *Pepi...* es que es la película con peor sonido de la historia del cine. *Pepi...* tiene muchísimos adictos, hay gente que la ha visto ocho o diez veces. Yo creo que esta insistencia en verla es que como nunca acababan de entender los diálogos, volvían otra vez hasta acabar intuyendo lo que se dice. El sonido de *Laberinto de pasiones* y *Entre tinieblas* lo hicieron los alemanes Mueller y Fausten, que habían trabajado mucho con Wenders. *Matador* es la que mejor sonido tiene, la hizo Bernard Orthion. *La ley del deseo*, a pesar de ser una película muy cuidada, no tiene un buen sonido, no sé bien por qué.

Desde siempre he sido partidario del sonido directo, soy partidario de oír respirar a los actores, y respiran de una forma muy distinta cuando están delante de la cámara o en una sala oscura. Hay un proceso vital interior que no tiene nada que ver en uno u otro caso. El doblaje sólo lo entiendo como manipulación. A veces he cambiado secuencias enteras de diálogo en un doblaje. Por ejemplo, en *¿Qué he hecho...* no me gustaba cómo quedaban las secuencias entre el policía y Cristal, especialmente la última, así que cambié los diálogos y la doblé. Esto es lo maravilloso del doblaje.

La calidad del sonido ambiente es muy distinta en sonido directo.

Hay cosas que no se pueden conseguir sin sonido directo. El sonido de los tacones de Assumpta es imposible lograrlo en una sala. Te lo hacen, pero no suena igual. Yo adoro los sonidos naturales, son un elemento para el montaje tan importante como la imagen. Me gusta el sonido de las cosas, me gusta oír. El problema más grande con el sonido directo son los actores. Rara vez te dicen un diálogo como es debido. Eso hace que los parlamentos se alarguen inútilmente. A veces ellos están bien pero los diálogos no, hay que estar con un látigo para que los actores digan bien las palabras, y para que no improvisen. Una vez que hemos decidido que el plano es así y todo está ensayado y preparado no quiero que improvisen. Pueden improvisar antes, pero cuando se dice ¡motor! ¡acción!, ya no. Hay casos en que los actores deben reaccionar a lo que sucede, si se les cae algo tienen que integrarlo, si se les rompe el vestido, o si les dan una bofetada pueden decir ¡Ah! en lugar de ¡Oh! Lo que no acepto es incorporar el lenguaje habitual y los actores tienen una tendencia hacia la naturalidad que está bien, pero no en el cine. Eso les hace utilizar montones de palabras inútiles. Por ejemplo te dicen: «Oye, sabes, te diría una cosa, ¿por qué no vienes esta noche a casa?», cuando lo que tienen que decir es: «¿Por qué no vienes esta noche a casa?». Indica la misma duda, transmite el mismo mensaje y utiliza un montón de palabras menos. Los actores tienden a decir las cosas de la forma que hablan normalmente y eso dilata los diálogos, porque se van acumulando los tiempos. Ése es uno de los problemas de Colomo. No hay reglas para esto, pero una cosa es hablar y otra cosa es decir diálogos, una cosa es la vida y otra cosa es el cine. En hora y media uno puede contar muchas cosas porque el tempo natural no es el tempo del cine.

Hay otro problema adicional: el idioma de origen. Por eso lo de improvisar es muy delicado. Assumpta Serna, como Cecilia Roth, tienen un idioma materno que no es el castellano, y no sabes hasta qué punto se nota cuando ponen una conjunción de más que no es castellana y a mí me suena rarísimo. En Assumpta hay una serie de «qués» absolutamente catalanes, que si yo hubiera sabido antes que los tenía, hago que sea catalana y ya está. A mí me gustan mucho los acentos, me gustan porque caracterizan a los personajes. Si alguien viene del sur, que hable como en el sur, o si viene de Barcelona, que hable como en Barcelona. Pero hay una coquetería con el acento, o quizás complejos, porque es cierto que durante mucho tiempo se persiguieron los acentos y por eso los actores enmascaran su acento, sobre todo los catalanes y los andaluces. Me he encontrado con Assumpta y con Antonio Banderas, que intentan demostrar que hablan castellano perfectamente, y eso les hace estar más pendientes de su acento que de su interpretación. Éste es un tema que voy aprendiendo a resolver y que a partir de ahora quiero dejar muy claro al empezar a trabajar con alguien.

Uno de los principales problemas de las películas españolas es que los actores hablan mal. No me refiero a que digan tacos. Yo sólo he visto dos mujeres que digan bien los tacos en el cine: Lola Gaos y Kiti Manver. En cualquier otra película, con cualquier otro actor, los tacos parece que tengan una aureola.

Pero cuando digo que hablan mal es porque hablan con demasiada entonación, o con un toniquete, o de un modo neutro y plano, o no pronuncian las sílabas, o no saben ortografía oral para poner las comas y los puntos donde deben. No tienen en cuenta la musicalidad. Esto responde a una cosa generalizada en el país, que es que cada vez se habla peor, el español medio cada día habla peor. Ésa es la realidad, pero una película no es la realidad, o en todo caso es una realidad de pensamiento y no debe reflejar ese tipo de deficiencias. Una película no es un documental, y aunque la gente joven hable cada vez más mal, no hay por qué fomentar ese deterioro, que es en definitiva un deterioro cultural. En una película, aunque saques a un quinqui, se le tiene que entender lo que dice, las sílabas tienen que articularse y las oraciones tienen que tener un sentido. Mal que nos pese, todo eso ha de tenerse en cuenta a la hora de hacer un sonido directo.

Para acabar con Matador *un fragmento de una crítica aparecida en Barcelona donde se resume en cierto modo el filme entero.*

En suma, parapetado en una ética de sexo, toreo y muerte que encantaría a Michel Leiris y en una estética a mitad de camino entre Julio Romero de Torres y

Brian De Palma, con referencias explícitas a Duelo al sol, El Imperio de los sentidos, El beso de la pantera, *y* Fanny Pelopaja, *entre otras varias películas, Almodóvar compone, mirando al tendido de Buñuel, un perfecto y admirable disparate español para hispanistas; combina el marfil de los cuerpos, el rojo de los claveles, los labios sangrantes, los eclipses, y el morado de los santos tapados de Semana Santa con un gusto furiosamente posmoderno.*[31]

---

31. José Luis Guarner. *La Vanguardia*, marzo 1986.

Capítulo séptimo
La ley del deseo

Estoy deseando pasar de moda para convertirme en un clásico.[1]

La ley del deseo es, aparentemente, tu película más autobiográfica.

Al hablar de *La ley del deseo* he repetido varias veces que era como si volviera a empezar, como si hiciera mi primera película, ya que por primera vez trataba de un personaje muy cercano a mí mismo, que tiene mi misma profesión, y eso es propio de una primera película, aunque yo he esperado a la sexta para hacerlo. Pero es una impresión falsa, no hay autobiografía en *La ley del deseo*. Es una ficción. Lo que sí es cierto es que guarda, para mí, mucha relación con *Pepi*..., que era la primera auténtica. En primer lugar, está rodada en verano, como *Pepi*... —las demás todas son de otoño o invierno—. Es una película de gente muy moderna, muy sofisticada, diferente pero en cierto modo como la de *Pepi*... También pasa en Madrid y la ciudad tiene un protagonismo. La principal diferencia con *Pepi*..., y eso es prueba de que yo he cambiado, es que *La ley*... transcurre casi toda de noche. Yo no soy muy consciente de eso cuando escribo, pero luego me doy cuenta al hacer el plan de rodaje que sale: noche, noche, noche. Probablemente, porque los protagonistas de *La ley del deseo* viven más de noche que cualquier otro personaje de mis películas.

1. Pedro Almodóvar. «Soledad en la cumbre.» *Diario 16*. Verano 1985.

Si no quieres, no hablemos de autobiografía, pero la verdad es que hay muchas cosas tuyas en la película: situaciones, espacios, diálogos.

En todas mis películas hay cosas autobiográficas, claro que entendiendo por autobiográfico más los sentimientos que las anécdotas. Si hablamos de sentimientos, estoy en todas ellas, de la primera a la última. Si además hablamos de anécdotas, en ésta hay algunas más reconocibles. Pero en todas están las cosas que amo, las que odio, las que deseo, las que me dan miedo.

Por ejemplo, la definición de amor que da Eusebio Poncela en la película durante la entrevista de televisión, que coincide casi en cada palabra con la que daba el propio Almodóvar en la época de Laberinto de pasiones:

Que alguien esté en el salón mientras yo escribo a máquina, que ponga mis discos favoritos y que no me interrumpa. Que no intente acompañarme a las fiestas a que me invitan mis amigos, pero que yo sepa que, cuando vuelva, estará en casa para escuchar los chismes que esté dispuesto a contarle. Que lea los mismos libros y los comente, estando siempre de acuerdo... (Pedro Almodóvar en 1982).

Que no intente acompañarme a las fiestas, pero que se quede en casa para que le cuente los chismes. Que no me interrumpa cuando escribo a máquina. Que lea los mismos libros que yo, que tenga conocimientos de medicina, leyes, fontanería, electricidad: en definitiva que me adore, que no me agobie y que acepte que soy un inútil. (Eusebio Poncela/Pablo Quintero en *La ley del deseo*.)

O la coincidencia en otro comentario de Pablo Quintero y Pedro Almodóvar:

Mira, a mí las películas sólo me gusta hacerlas, pero no soporto verlas (Pablo Quintero).

Para mí el cine es hacerlo. Imaginarlo y construirlo. Lo peor es tener que hablar de ello (Pedro Almodóvar).

En cuanto a cosas concretas, en *La ley...* hay varias. Por ejemplo, cuando Tina entra a la capilla del colegio y canta mirando primero al altar y luego al cura, eso tiene que ver con mi vida. Pero eso ya estaba en *Entre tinieblas* aunque de una forma más hermética. El Padre Constantino se corresponde con el tipo real que me daba clases de literatura en los salesianos y que hacía con los chicos lo mismo que éste con Tina. Era como la *madame* de un burdel, el burdel salesiano.

—De pequeña era la solista del coro. Es lo único que echo de menos de esa época.
—Me recuerda mucho a un antiguo alumno, también cantaba en el coro.
—Padre Constantino, soy yo.
—¿Tú?, no puede ser.
—Sí, puede ser.
—Has cambiado tanto.
—No crea, en lo esencial sigo siendo la misma.
—¿Y esa niña?
—Es mi hija.
—¿Es que te has casado?
—No. Me temo que estoy condenada a la soledad.
—Eso nunca se puede decir.
—Yo sí. En mi vida sólo hubo dos hombres. Uno fue usted, mi director espiritual, y el otro era mi padre. Los dos me abandonaron. Ya no puedo confiar en ningún otro.[2]

Hay otro ejemplo. El asunto de la carta. Eso es algo que yo he imaginado como un deseo oculto. Es

2. De los diálogos de *La ley del deseo*.

algo que estuve a punto de hacer en mi vida real, pero al final no hice. Yo recibí una carta de una persona a la que quería, y que me quería, pero no tanto como yo necesitaba; leí la carta y, aunque era encantadora, no era la carta que yo necesitaba recibir. Entonces le escribí a mi vez una carta y le dije: «La carta que yo necesito es ésta» y me escribía mi propia carta. Lo que pasa es que jamás llegué a mandarla. Esta historia se la conté un día a Manolo Gutiérrez Aragón, cuando estábamos paseando por la noche, en Montecatini. El campo estaba lleno de luciérnagas, era un espectáculo curiosísimo. En ese momento ya estaba escribiendo *La ley*... y aquellas luciérnagas, tan alucinantes, eran como una metáfora muy clara del deseo. Era como si estuvieran ardiendo por dentro. En ese paseo le conté esto de la carta y él me dijo que lo pondría en su próxima película. Entonces le dije que no lo hiciera, porque lo iba a poner yo en la mía.

Querido Juan:
He recibido tu carta, está bien, pero no es la que yo necesito. Voy a escribirte a máquina la que yo quiero recibir. Si no te importa, encabézala y fírmala. Te deseo como siempre.
Pablo.
Querido Pablo:
No dejé Madrid para olvidarte porque si me olvido de ti, como me aconsejas, temo quedarme vacío. Cuéntame todo lo que haces. Qué libro lees, qué película has visto, qué disco has comprado. Si te has acatarrado o si has dejado ya la coca. Quiero compartir todo lo tuyo. Evítame únicamente si has conocido a alguien que te guste. Es lo único que no soportaría compartir. Quiero verte, decide tú cuando. Te adoro.
Juan.[3]

3. De los diálogos de *La ley del deseo*.

Almodóvar no mandó aquella carta porque... Con estos juegos de la imaginación hay que tener mucho cuidado, porque son peligrosos y se terminan volviendo en contra tuya: si envías la carta, lo más seguro es que la persona la encabece, la firme y te la devuelva, con la mejor de las intenciones. Pero cuando tú la recibes es aún peor que la primera carta, porque sabes que es mentira. De modo que aquellos juegos de la imaginación que empiezan siendo lúdicos y desinhibidores pueden terminar volviéndose contra ti. Por eso yo desarrollo esas cosas en el cine, no en la vida real.[4]

Esto es tan biográfico como la sensación que he tenido en verano, por la noche, viendo a los barrenderos regando, con el calor. Nunca me he atrevido a pedirles que me rieguen aunque me apetecía muchísimo. Es un deseo de liberación que casi nadie realiza, pero mis personajes sí pueden hacerlo, porque son mucho más espontáneos.

La idea de la manguera ya estaba en la cabeza de Pedro Almodóvar mucho antes de hacer La ley del deseo. *En su libro* Fuego en las entrañas, *publicado en 1981 en colaboración con Mariscal, Pedro escribió:*

«Dos empleados municipales regaban la calle. Como una chiquilla Mara se acercó al chorro de la manguera, se levantó el vestido, abrió las piernas y entre gritos de gozo se dispuso a recibir el fuerte chorro de agua en el coño. El hombre de la manguera se apuntó al juego y hacía movimientos como de follársela con el chorro descomunal.»

Tina, por su parte, dice en la película:

---

4. Rosa Montero. «Pedro Almodóvar, un chiquillo como yo.» Dominical de *El País*, 1986.

—Vamos riégueme, no se corte. Riégueme. Qué calor, qué sofoco. Esta noche no lo soporto. Pare, pare...
—Anda, vamos, que ya se ha acabado la sesión de hidroterapia.
—Ah, ¡qué gusto!
—¿Cómo te sientes?
—Siempre soñé con hacer una cosa así. Un poco fuerte. No creía que fuera tan fuerte, pero muy bien. Vamos a emborracharnos.

Carmen Maura recuerda aquella secuencia:

La secuencia de la ducha en la calle sólo la podíamos hacer dos veces porque sólo teníamos dos trajes. Fue una impresión tremenda, muy física, muy violenta. Nunca había sentido nada parecido. Aquella noche, además, no hacía calor, pero fue una experiencia impresionante.

La razón de todas estas coincidencias está en que yo quería escribir un guión que fuera rápido de escritura y barato. Para eso, lo mejor es tratar un tema que tengas muy cercano, que no necesite documentación, que no necesites viajar, en fin, que a ser posible, todo lo tengas en el cuarto de estar. Se trataba de encontrar una historia que se pudiera hacer con poquito dinero y en poquitos sitios; sencilla y asequible materialmente. Aunque muy compleja de contenidos porque era una historia de pasiones.

Lo que más me interesa es la pasión por sí misma. Es una fuerza que no puedes controlar, que es superior a ti mismo y que es origen tanto de dolor como de placer. Pero, en cualquier caso es tan fuerte que te lleva a hacer cosas realmente monstruosas o absolutamente extraordinarias.[5]

5. Pedro Almodóvar. *El Temps*, 1984.

Para que fuera más barata me puse a hurgar dentro de mí y mi entorno, y eso resultó muy doloroso. Es una aventura que no sabes dónde va a acabar, porque implica una introspección clarísima hacia uno mismo. Me he tomado a mí como referencia, y eso es como preguntarme ¿eres tú ése o no lo eres? Y la verdad es que no lo sé. Algunas de las cosas que me han salido al mirarme a mí mismo me dan un poco de miedo. Es muy delicado cogerte a ti mismo como materia, tomarte a ti mismo como inspiración y hacer una serie de combinaciones casi químicas contigo mismo. Estás experimentando con tu propio yo y eso puede ser doloroso y peligroso. Es un viaje psicológico muy peligroso, no por una cuestión de vanidad, de descubrir cosas tuyas que no te gustan, lo peligroso es el viaje en sí mismo. Ese viaje se produce en la escritura del guión, donde yo reconozco el punto de origen, que soy yo, pero en el desarrollo dejo de ser yo, o soy yo desdoblado. Por ejemplo, yo no tengo esa relación con la máquina de escribir, ni con la creación, pero sí está en ella mi método de trabajo, porque yo trabajo con la máquina exactamente como lo hace Pablo, de forma que la máquina se acaba convirtiendo en un objeto diabólico, un enemigo.

—Te he traído la máquina, por si te apetecía escribir.
—No pienso volver a escribir.
—Pablo, ¿qué pasa?
[...]
—¡Maldita![6]

A veces he llegado por las noches a casa y me he puesto a escribir partiendo de lo que he oído o he

6. De los diálogos de *La ley del deseo*.

hecho durante el día, pero siempre lo convierto en otra cosa. Parto de las insuficiencias que hay en mi vida y no perfecciono la realidad, simplemente la altero. A mí no me interesa contar que he cogido un taxi y he hablado con el taxista. Pero sí quiero contar lo que se me estaba ocurriendo mientras cogía el taxi. Intento vivir dramáticamente las situaciones. Eso es lo que hace Pablo en la película y se le convierte en un *boomerang* diabólico, que acaba complicando a todo el mundo. Cuando escribía eso tenía mucho miedo. Mi vida no es así y aunque me haya tomado como referencia para extraer todo tipo de elementos de mi cotidianidad, mi vida es mucho más positiva que la de Pablo. Soy mucho menos víctima de mi propio trabajo que él.

En más de una ocasión he tenido que levantarme por la noche y pasar todo a máquina para liberarme de ello, porque me sentía igual igual igual que si hubiera desembarcado un *alien*, un monstruo encima de mi cabeza, y tú ya no eres el creador de eso, sino que te ha cogido como vehículo para que esa historia salga.[7]

En todo este proceso yo he sido un cobaya en mis propias manos y he estado bordeando un abismo todo el tiempo.

Hay otra cosa peor todavía: lo que se provoca a tu alrededor. La imitación de los demás, que es un asunto que me preocupa mucho, o que piensen que yo soy la solución para sus vidas. Hay gente que me llama o me escribe diciéndome cosas terribles. Ésa es una de las cosas que más miedo me dan, representar cosas para gente que no conoces.

Me horroriza que los fans se OBSESIONEN CONMIGO. Es un

---

7. Rosa Montero (e.c.).

201

abuso. Conspiran, te deforman a la medida de sus deseos y aunque UNA es MUY DIVINA también tiene algo de HUMANA y me desconcierta que la gente me haga parte de su vida sin que yo me entere.[8]

Formar parte de la vida de alguien que tú no conoces, y que forma parte de la tuya, es una relación falsa y peligrosa. Hay imitaciones en la vida real, en situaciones concretas. La gente se toma la película y a mí como modelos de conducta, y eso es muy duro. Eso me irrita y me da miedo. Creo que cada uno debe encontrar su inspiración en sí mismo y no en una película o un personaje. Lo peor no es que te roben un diálogo, eso está bien y hay veces que acaba convirtiéndose en algo diferente, lo peor es que te roben situaciones, sentimientos e incluso soluciones. El cine provoca imitación, por suerte aquí menos que en Estados Unidos, pero eso se traduce en una responsabilidad enorme y ajena a tu propio trabajo.

Pedro es un espectáculo en la calle, en un bar, donde sea. Ahora está un poco desbordado por ser tan conocido. Es agobiante y está a punto de angustiarle. Le cansa porque no le dejan hacer la vida normal. Por la noche todos los colgados se le arriman y le cuentan cosas.[9]

Las situaciones triangulares están presentes en todas tus películas, pero aquí aparecen de una forma más evidente.

Es cierto, siempre me salen triángulos y el tres es un número al que tiendo de forma injustificada. Los

8. Pedro Almodóvar. «Patti Diphusa. Una joya de la literatura sentimental.»
9. Agustín Almodóvar.

personajes protagonistas de *La ley...* son tres, como en los cuentos, cuando se dice: *Un, dos, tres,* y se empieza a contar algo. Pero hay otra cosa. Podemos hablar de geometría y un guión tiene mucho de geométrico. Hablar de dos líneas paralelas, de dos personajes por ejemplo, que nunca se juntan, provoca que exista un espacio vacío entre los dos, y en una película debes evitar los espacios no cerrados, hay que relacionar las cosas. Y eso implica una tercera línea que las una y, por tanto, una historia nueva. Dos líneas paralelas son dos capítulos independientes, incluso dos líneas que se juntan en un punto permanecen abiertas por otro. Por eso en una narración debe haber siempre un tercer lado que le de coherencia al conjunto. Como mínimo se necesita un triángulo. En este caso, es un triángulo de deseo y de pasión.

—Tú has tenido la culpa. Me mentiste diciéndome que esa carta era una broma, me mentiste cuando negaste que Juan y tú estabais enamorados. Y te advertí que no me mintieras y no me hiciste caso. En fin, ya no importa. Esta muerte nos unirá para siempre.[10]

Si de Matador *podíamos decir que es una película abstracta, de* La ley del deseo *lo que se puede decir, de entrada, es que es mucho más física.*

Sí, en todos los aspectos. Es tan física que es casi hiperrealista.

La ley del deseo es un melodrama hiperrealista con humor negro y pasiones rojas por el sudor del verano madrileño. Significa una vuelta a lo de siempre: al romanticismo, al amor. Porque, como dicen Los Panchos: «Sin

10. De los diálogos de *La ley del deseo.*

un amor la vida no se llama vida». También dicen «sin un amor no hay salvación», pero en realidad quieren decir que con un amor no hay salvación. La película habla de esta contradicción.[11]

La fisicidad de todo, especialmente de los cuerpos, es muy evidente. Este sentimiento físico es el abecedario de la película. No hay nada tan físico como Carmen siendo regada por la manguera en plena noche madrileña. En *La ley...* no hay personajes, ni situaciones suprarreales, todo es muy cotidiano y la magia se desprende de las situaciones más banales. No hay momento más mágico que este de la ducha, cuando el agua golpea el cuerpo de esta mujer comprendemos todas sus frustraciones, desde las más elevadas de sentirse abandonada, hasta la más cotidiana de vivir en Madrid en pleno agosto, con el calor agobiante. La sensación física la produce la propia ciudad, con todos los edificios tapados.

Almodóvar escribe en el pressbook *de presentación del filme:*

«A *La ley del deseo* le va bien la luz cegadora del verano (y sus sombras). También le va el calor, el brillo del sudor y la atmósfera asfixiante del bochorno veraniego. He querido que Madrid sea el recipiente de todas las historias que forman el carrusel de pasiones de *La ley del deseo*.

»En verano, Madrid cambia de piel, regenera su vieja superficie. Durante el rodaje era difícil evitar los andamios y las grandes lonas de plástico cubriendo calles enteras. Lejos de huir de esa apariencia maltrecha, la he integrado y aprovechado para la película.

11. Pedro Almodóvar. «Sin un amor la vida no se llama vida.» *Guía 16*, enero 1987.

»Madrid es una ciudad vieja y experta, pero llena de vida. Ese deterioro cuya restauración parece interminable representa las ganas de vivir de esta ciudad. Como mis personajes. Madrid es un espacio gastado al que no le basta tener un pasado porque el futuro le sigue excitando.»

Al hablar de sensaciones físicas en *La ley del deseo* también se entiende que hay mucho más sexo que en otras de mis películas. Casi nunca pongo escenas de cama en mis películas porque las escenas de cama sólo sirven para follar y detienen la narración, hasta cierto punto. Narrar un polvo no tiene ningún interés, a no ser que a través de ese polvo estés explicando algo más. En esta película, que habla sobre el deseo, los polvos no son una cuestión exhibicionista, a través de ellos se explica el comportamiento de Antonio, sus ideas y las reacciones del otro.

—Oye, ¿no tendrás ninguna enfermedad venérea?
—¿Por qué me preguntas eso ahora?
—Como eres tan promiscuo.
—Pues, no. Tranquilo. Nunca he cogido nada, ni simples ladillas.
—Es que me horrorizan esas enfermedades, ¿sabes?
—Oye, si quieres lo dejamos.
—Pero ¿tú quieres dejarlo?
—Si continúas preguntándome ese tipo de cosas, sí.
—Bueno, ya no te pregunto más nada. Lo prometo. Oye una última pregunta, la última.
—Pero sólo una.
—Tú quieres penetrarme, ¿verdad?
—Desde que te vi en la discoteca sólo pensaba en follarte.
—Es que no lo he hecho nunca, ¿sabes?[12]

12. De los diálogos de *La ley del deseo*.

Los polvos son como las canciones, la historia siempre tiene que estar evolucionando a través de lo que sea, incluso a través de los títulos de crédito si es posible. Normalmente había hecho siempre una elipsis en las escenas de amor porque lo único que quería contar era «y follan», pero como es algo evidente, lo dejas y pasas a otra cosa. Aquí es diferente, aquí «y follan», pero además el espectador está recibiendo mucha más información acerca de ellos y sus relaciones porque estoy hablando de deseo y el terreno del deseo muchas veces es la cama. Así que no trato de evitarla.

Yo creo que había pensado tanto, estudiado tanto las escenas más duras que, cuando llegaron, no me parecieron tan difíciles. «Ah, coño», me dije, «si no es tan complicado, si se trata de una cosa muy concreta, si lo único que tengo que hacer es ir y besar a un tío en los labios con más o menos pasión». Y a mí, al hacer eso, no se me cae ningún anillo ni voy a tener inseguridad sobre lo que soy. Y así ocurrió. Quiero decir que tú vas y lo haces. Así de simple.[13]

Tratando el tema que trata, es lógico que se la acusara de escandalosa, especialmente antes de verla.

Yo no creo que sea una película escandalosa. En todo caso, no es escandalosa por la piel sino por la sinceridad, y la sinceridad suele ser siempre escandalosa en sus expresiones. Hablar tal cual de las cosas resulta escandaloso. No porque las situaciones lo sean, la gente sabe que existe la homosexualidad y sabe que ocurre cada día que dos chicos se acuesten juntos. Lo saben de sobra. Pero les escandaliza que esté puesto es una pantalla tal cual, sin juicios

13. Antonio Banderas. *Fotogramas*, n.º 1730, mayo 1987.

morales, sin remilgos. El escándalo es siempre una cosa subjetiva del que ve.

Me sorprende la capacidad de escándalo que todavía tiene la gente. Es una especie de inocencia al revés. El escándalo se produce dentro de los ojos que miran, no en lo que se mira. A mí, particularmente, no me divierte nada. Es agotador. Te obliga a adoptar una postura, a defenderte. O a pasar de él, que es lo que hago, pero eso te resta bastante energía.[14]

Lo del escándalo en esta película está directamente ligado con la homofobia. Hay fobias para todo, hay quien no soporta la sangre, por ejemplo, y hay quien no soporta ver dos hombres juntos en una pantalla. Es una fobia muy común entre hombres, porque se sienten directamente implicados. Éste ha sido uno de los problemas para la película, porque la homofobia aparece en todo tipo de gente, todo tipo de profesiones y de lugares, y provoca que no puedan ver la película con tranquilidad. Revuelve algo dentro de la gente, algo muy desagradable y oculto. Cualquier cosa que mires, un cuadro, una foto; o que escuches, un disco, una conversación, provoca en cada uno una combinación específica, según el momento y las características personales. Una película igual, y ésta en concreto, al entrar en combinación con determinados individuos, provoca unas reacciones electrizantes, incómodas, que afloran a través de la homofobia. La homofobia es una cosa más común de lo que podíamos imaginar y se encuentra igual entre modernos que entre labradores. Hace que a la gente le salgan ronchas.

14. Pedro Almodóvar. *No se lo digas a nadie*, recopilado por Daniel Deubi.

De nuevo, como en Matador, *la primera secuencia es importantísima.*

Creo que la primera secuencia es la más dura de soportar por un concepto cultural. Aun partiendo de que no sientes homofobia, hay una cosa que culturalmente no se acepta: nunca un hombre, que sabe que puede ser penetrado, lo verbaliza. Que lo diga en voz alta es algo que no se soporta oír, por un prejuicio que todos tenemos y a todos nos resulta incomodísimo. Es uno de los prejuicios mas antiguos de la humanidad y no se ha superado en ninguna etapa, ni en las más permisivas. Es un problema del macho como especie, es algo que he podido comprobar en los distintos pases de la película. De hecho, me inventé lo de los dobladores simplemente para quitarle dureza, hacer una pirueta, decir lo que quería decir pero no con una tensión inaguantable. El espectador, no importa ni de qué tendencia ni de qué sexo, admite que alguien pague a otro para follar, pero le resulta infinitamente más doloroso y más patético que alguien pague a otro para decirle que lo folle, en definitiva para decirle que lo desea. Eso resulta escalofriante.

—Ahora pídeme que te folle. No me mires. No estoy aquí, sino a tu lado y quieres que te folle. Vamos, dímelo.
—Pero no habíamos quedado...
—Lo que quiero es que me lo digas. Vamos no tengas miedo. Es sólo una palabra.
—Fóllame, fóllame, fóllame.
—Quiero que me sientas dentro de ti. Sólo quiero que goces. Sigue. Sigue y dime cuándo te vas a correr. Me sientes dentro.
—Sí, sí. Creo que me voy a correr.

—Yo también. Lo has hecho muy bien, después de ducharte puedes irte.[15]

Un hombre no soporta oír que otro le pida «fóllame». Es un trauma que he comprobado en mis propias carnes, porque yo tampoco soporto oírlo. Está bien que esté ahí por eso, aunque sólo sea para molestar. Por otra parte, esa secuencia está explicando un montón de cosas. Está hablando de la función del director y del actor. Está hablando desde el primer momento de la profesión del protagonista, está situándolo y diciéndonos cuál es su sensibilidad y su relación con el deseo. Necesita sentirse deseado por encima de todo, con mayúsculas. Sitúo al personaje en el lugar donde se va a mover toda la película. El lugar del deseo que nunca acabará de satisfacer y que sólo está en su cabeza. A lo largo de toda la película ves que es deseado, pero lo peor es que es deseado por la persona que él no quiere, mientras que él a su vez desea a quien no le puede desear. Y eso es, simplemente una tragedia.

Antonio, cariño,
Aunque tú lo hayas decidido así, no estoy enamorado de ti. Me emociona tu ternura, pero no te recomiendo que te enamores de mí. Soy demasiado egoísta y llevo una vida incompatible. Muchas gracias y suerte. […]

Querido Juan,
Cuanto más generoso tratas de ser conmigo, más cuenta me doy de que te he obligado a hacer cosas que no te gustaban y me horroriza pensarlo. No volveré a tocarte ni aunque tú me lo pidas. Daría cualquier cosa porque me desearas, aunque no me quisieras, pero eso no se puede forzar.[16]

15. De los diálogos de *La ley del deseo*.
16. De los diálogos de *La ley del deseo*.

el director

Eso es lo que se está contando en la película y todo esto está ya en la primera secuencia. Sobre todo, está muy explicada la labor de manipulador del director. El director paga a otro para que haga y diga lo que él quiere. A un actor se le paga para que incorpore una fantasía, para que sea la voz y el cuerpo de un personaje inventado. Después se le dice: dúchate, límpiate y olvídate de todo lo que has hecho. Vete a tu casa. Es una especie de prostitución, dándole otro sentido no peyorativo a la palabra. Y eso está en esta primera secuencia y por eso resulta incómoda, incluso para mí. No sé si era Samuel Fuller o John Huston que decía que hay que empezar la película arriba y terminar más arriba aún. En el intermedio puedes explicar lo que sucede entre lo uno y lo otro.

¿Qué papel juegan los actores desde este punto de vista?

Los actores pueden hacer una película, pero pensar y hablar sobre ella les resulta más difícil. Los actores se implican mucho con los papeles y a veces tienen miedo. En *La ley...* el papel de Carmen es el más agradecido. El público se identifica con ella y quiere verla más y más. Hace respirar la historia. Es un auténtico bombón, cada vez que entra ella hace un gran número pirotécnico y hace que el espectador se relaje respecto a la otra historia, que le mantiene en continua tensión. Carmen está puesta ahí con esa intención.

Para Carmen Maura, hacer el papel de Tina ha sido algo inolvidable.

Trabajar con Pedro en esta película ha sido algo como estar enamorados. No se trataba de una entrega a la profesión o a mí misma. Se trataba de una entrega total y absoluta a su Tina. Ésta es la vez que más me ha pasado, porque me preocupaba mucho. En otros personajes sabes que te puedes relajar, pero en Tina era muy importante mantener el tipo, y para conseguirlo había que mantenerlo todo el tiempo. Me resultaba más cómodo no salirme del rollo, porque iba con tal cantidad de cosas encima que era mejor.

Es un personaje peligrosísimo. Por la incomodidad permanente que siente con su cuerpo y porque no puedes perder nunca el tipo. Te tienes que acordar todo el rato de que estás haciendo de travestón. En el personaje hay una cosa extraña que yo veo en la pantalla. Hago de supermujer. De supergrande. Y tengo una dureza especial que me ha costado mucho trabajo, porque yo siempre tiendo a hacer personajes muy femeninos, un poco blandos. Creo que es el personaje que he hecho en el cine más alejado de mi propia vida.[17]

En el rodaje de La ley del deseo *he notado miradas de Pedro que eran como si me hipnotizara. Me da un poco de miedo, pero prefiero no hacer mucho caso y hacer como si estuviéramos jugando al amor. De hecho, el rodaje cada vez se parecía más a un estado amoroso. No soy nada partidaria de mantener relaciones sexuales con los directores en un rodaje. Creo que no es bueno, porque un rodaje es muy fuerte y tener relaciones sexuales también, y no deben interferir. Pero si te entiendes bien con el director, se establece con ellos una relación a tope muy parecida al enamoramiento. Yo no tengo esa entrega tan total en ninguna otra parcela de mi vida. Con Pedro, además, hay una confianza absoluta. Cuando me dio la asistenta de* ¿Qué he hecho yo para merecer esto!, *corría un ries-*

---

17. Carmen Maura. *Guía 16*, enero 1987.

go, pero él creía que podía hacerla aunque viniera del «nena, tú vales mucho». Y cuando me ha dado a Tina es porque él creía que podía hacerla, a pesar de que soy tan enana, tan redonda, tan femenina. Él me convenció y me transformó.

Un rodaje se parece mucho a los ejercicios espirituales que hacíamos de pequeños, sólo que mucho más largos y más divertidos, es como una familia. Y es fundamental que haya una buena relación entre todos los que están en juego. Especialmente con los miembros de equipo que están en el plató: el del foco, el del travelling, el que aguanta la cámara. Todos son piezas fundamentales e imprescindibles en ese momento. Debe haber un movimiento de respetos mutuos y de afectos entre todos. Pedro es capaz de crear este ambiente porque respeta absolutamente a todos.

En La ley *estás completamente rodeada de actores por primera vez.*

El rodaje fue, en ese sentido, bastante parecido a los otros. Había menos chicas, es verdad. La niña y yo sentíamos que éramos las «chicas de la película». Porque éramos las dos, ella estaba siempre conmigo. Tenía la impresión de que éramos dos chicas en una película de chicos y eso era muy agradable. Nos gustaba a las dos, y además todo el mundo nos trataba muy bien y nos quería mucho. Teníamos la ventaja de que, como a Pedro le gustan más las chicas, nos sacaba muchísimo. Cuando hay muchas chicas sales menos, por eso en La ley... se me ve tanto. Con Manuela Velasco me entendí enseguida, nos hicimos muy amigas y tuvimos una relación parecida a la de Tina y Ada.

Para preparar el papel de Tina le di mucho la lata a Pedro para que me llevara a ver transexuales. Él me decía: «no te amuermes con eso, no tienes que cono-

cerlos, ya te explicaré yo cómo debes actuar, eso es suficiente. Tú lo que tienes que hacer es estudiar el personaje, saber lo que pasa». Por ejemplo, le preocupaba mucho el monólogo del hospital, que tenía que ser absolutamente de corazón, sin la menor tentación de pasarme nada. Me dijo: «éste es el clásico párrafo que se lo dan a Jane Fonda y gana el Oscar. Pues tú, para nada». Quedó muy claro que tenía que ser una cosa sin ninguna parafernalia, porque la parafernalia ya la llevaba yo puesta. Para hacer de Tina lo único que me recomendó es que hiciera pesas, para parecer lo más grande posible, estar fuerte y aprender a golpear como un hombre. Empecé a hacer pesas cuando estaba en La reina del Nilo, *seguí durante el rodaje de* Tata mía *y continué hasta que empezamos a rodar. No he vuelto a coger una pesa. Es algo que odio, fue un sacrificio horrible. El otro sacrificio fue ponerme unas uñas de porcelana larguísimas que me daban un asco terrible y además eran incomodísimas para hacer la vida normal, pero me ayudaron mucho a hacer todas las posturas de las manos. El tercer sacrificio fue el pelo. Yo tenía una melena negra preciosa, pero como Pedro quería que fuera de permanente y rojo, pues de permanente y rojo. Yo sabía que me lo cargaba, pero el pelo vuelve a crecer.*

El artificio es la única verdad de Tina; el artificio, no la mentira: son dos cosas muy distintas. El artificio es su única verdad, y si el individuo no está loco, y el personaje que interpreta Carmen no lo está, se sabe artificial y goza con esa imitación de lo que es esencial en la mujer, de la parte más íntima femenina. A Carmen la obliga a imitar a una mujer, a gozar con esa imitación, a ser consciente de la parte *kitsch* que hay en esa imitación, renunciando siempre a la parodia, pero no al humor.[18]

18. Pedro Almodóvar. *Fotogramas*, n.º 1723, octubre 1986.

Pepi, Luci, Bom... *es la película que he visto más veces, porque la veo de otra manera, me divierto y me acuerdo de lo que pasaba en cada plano. ¿Qué he hecho yo... la he visto completa tres veces.* La ley del deseo *la he visto entera dos veces, y voy a tardar en verla porque me impresiona mucho. He visto muy claro que para seguir siendo buena actriz, vamos lo que yo entiendo por buena actriz, comunicarme con el personal de esa forma tan directa, tengo que conservar mucho los pies en el suelo. Sólo me puedo evadir cuando estoy en el plató, delante de la cámara. Ahí puedo creerme cualquier cosa, la Princesa de los Ursinos, si hace falta. Pero todo es relativo, y no te puedes quedar con lo que has hecho. Yo sé que* La ley del deseo *está bien, sobre todo porque Pedro me ha confirmado que está bien. Pero ya está, no puedes quedarte en ella todo el tiempo. Lo más importante es seguir sintiendo la misma ilusión y el mismo miedo cada vez que empiezas un trabajo, sentir respeto por lo que estás haciendo. Por eso las veo poco. Lo que me gusta, además, es verlas con público. La segunda vez que vi* La ley... *fue en Barcelona, en una proyección maravillosa, mezclada entre la gente. Fue muy divertido porque en Barcelona tenemos muchos fans. No hay color entre el respeto que nos tienen en Barcelona y lo que se dice en Madrid. Ya desde la época de* Pepi... *el trato que nos dan en Barcelona me recuerda mucho más el que nos dan en Nueva York. En los dos sitios nos tienen respeto. Los americanos son muy exagerados y cuando aceptan algo lo demuestran de forma muy expresiva. En estos momentos el cine de Pedro ha conseguido entrar en los circuitos de cine americano, no en los de los hispanos, sino en los verdaderamente americanos. Cuando ven las películas de Pedro se quedan alucinados porque aún se piensan que vivimos como en la España de* El viaje a ninguna parte. *Allí, si tú montas un número como el de* La ley del deseo, *no hace falta que digas nada. Ya has hecho bastante con hacer la película, no hay que dar explicaciones. Pedro lo tiene muy bien para triunfar fuera. Eso se lo dije cuando era pequeño, le dije que le iban a respetar más y más pronto fuera que en España. Siempre será un director polémico al que intentarán hacer cambiar, pero él no cambiará.*

Respecto a la recepción en Nueva York, Antonio Banderas también está entusiasmado:

La gente se moría de risa, aplaudía a rabiar, nos hacían corro en la calle, nos pedían autógrafos, nos rogaban que nos fotografiáramos con ellos... Eso en el estreno oficial, pero cuando se pasó en un cine normal de la calle, la gente nos reconocía en la puerta, nos señalaba con el dedo y gritaba «lovely, lovely». Fue una reacción perfecta. Pedro está, claro, radiante.[19]

¿No crees que precisamente por la fuerza de Tina, es fácil utilizarla como coartada para eludir el tema principal de la película, es decir, las relaciones de Pablo con Antonio y con Juan?

El papel de Carmen es un paraguas espléndido que admite miles de disquisiciones, tanto sobre el personaje como sobre la interpretación, que es de esas que se tendrían que poner como modelo en una escuela de interpretación. Es un modelo de sobriedad, complejidad, riqueza en todos los aspectos, en la cara, en la manera de andar, en la voz. En *La ley...* Carmen da una lección magistral de cómo hay que hablar según las circunstancias, según la escena y según las necesidades narrativas. Porque un buen

19. Antonio Banderas (e.c.).

actor no es sólo la persona capaz de emocionarse cuando tiene que emocionarse o la persona capaz de reír cuando hay que reír. Tiene que ser la persona capaz de andar con tacones por encima de un *travelling* sin que se le note, y que parezca que está andando encima de una alfombra. Y tiene que aprender a decir una estrofa de diez líneas en tres segundos porque narrativamente ese plano no puede durar más de ese tiempo y tiene que hacerlo sin que parezca que habla deprisa y que se le entienda todo. Todo eso es un actor y eso lo hace Carmen. Además de hablar con el estómago, con la cabeza, con la nariz, con la garganta. Carmen hace un auténtico ejercicio en *La ley*... Hay un momento en que debe decir un texto larguísimo en poquísimo tiempo, cuando llega con las bolsas al hospital y le cuenta que ha encontrado a Antonio. Dice un montón de texto y lo entiendes todo, o en la confesión, cuando habla con las tripas y le sale esa voz grave. Ella sabe marcar justo la frase en el momento en que debe hacerlo. En esa confesión ella está en la ventana y de repente dice «esto es Madrid». No lo puede decir de otra manera, mantiene el ritmo y el tempo de discurso, lo dice bajito, poque sabe que es un *gag* y es una información excesiva, y lo dice de pasada. Carmen ha hecho un estudio exhaustivo de un personaje. Es cierto que la historia está en los otros, pero Carmen traspasa la pantalla. Es probable que ésa sea una de las razones por las que nadie, hasta ahora, ha analizado la película desde el punto de vista de ellos, especialmente de Antonio, que es el más cercano a la gente de la calle. Eso tiene que ver con la conducta del hombre y una cierta idea de la masculinidad. No se habla nada de ello, ni en las críticas ni en las entrevistas. No se ha hecho ninguna referencia a que él le pida que le escriba con nombre de chica. Antonio es un señorito jerezano, machista y convencional, un tanto reaccionario. Es el personaje más interesante para un análisis de tipo sociológico, un personaje que tiene como lenguaje el machismo. Y es precisamente un elemento así el que protagoniza una historia de una pasión desbordada. Incluso para un señorito jerezano, esta pasión es lo más importante.

—Hola. Tú eres Pablo Quintero, ¿verdad?
—Sí.
—Tenía muchas ganas de hablar contigo.
—Pues ya estás hablando. Yo ya me iba. ¿Por qué no me acompañas a casa?
—No suelo acostarme con chicos.
—Ah, bueno. Me voy. Encantado.
—Tú ganas, me voy contigo.
—Oye, esto no es ninguna competición.
—Sí que lo es, y yo acabo de perderla, pero no me importa. Venga.[20]

Antonio es un personaje que está diciendo cosas muy desagradables acerca de todos nosotros con una transparencia, por primera vez en mi cine, ejemplar. La escena de la ducha habla de la preocupación enfermiza por la higiene, la obsesión neurótica por la limpieza del cuerpo. La necesidad de borrar el pecado y cualquier rastro de sexo. En esta película se habla de una determinada educación muy concreta.

—No quiero enterarme que sales con otros chicos, y no quiero enterarme que vuelves a tomar cocaína. Y cuando yo te lo diga, vendrás a verme y nos iremos dos semanas de vela. Solos. Necesitas hacer una vida más sana.
—¿No eres un poquitín reaccionario?

20. De los diálogos de *La ley del deseo*.

—Soy como hay que ser.[21]

En el papel de Antonio está la sociedad española tal cual, y nadie lo ha dicho todavía. Del papel de Eusebio es difícil hablar. Pablo Quintero representa el artista. Con el artista hay menos identificación, y además se le perdona todo. En su historia la creación tiene mucho que ver y la reflexión sobre la creación como arma es fundamental.

—¡Vamos, Tina, llévatelo!
—No.
—Vete de una vez. Esta situación me la he inventado yo y yo tengo que resolverla.[22]

Es un personaje que implica menos, está al margen. La película tiene una narración con capítulos, como una novela. Cada capítulo habla de un personaje y siempre hay un conductor, Pablo, que es en definitiva la conciencia de la historia. Es el que se da cuenta de lo que pasa. Hay un primer capítulo que nos presenta a Pablo, después entra Antonio, después entra Tina, después entra el sur y la intriga. Aunque lo del sur es muy aleatorio. Igual se habría podido ir al este o al oeste. Lo importante para la historia es que alguien se marcha de Madrid en período de vacaciones. Antonio es un estudiante y se vuelve a su casa en Jerez. Juan es de esa población flotante que va y viene de la ciudad al pueblo con las estaciones. El sur no tiene una especificidad, es sólo un lugar. En el sur, en el faro se produce el asesinato, después viene el hospital, y la ficción como algo que crea una confusión enorme. Al final, la ley del deseo impone sus normas y su precio.

21. De los diálogos de *La ley del deseo*.
22. De los diálogos de *La ley del deseo*.

Postmoderno

—Quererte de este modo es un delito y estoy dispuesto a pagar por ello. Lo sabía ya cuando te abordé en la discoteca. Me imaginaba que sería un precio muy alto. Pero no me arrepiento.[23]

En cada capítulo hay un protagonista, pero no hay historias paralelas. El asesinato está dentro de todos ellos. Es el resultado de la ficción dentro de la ficción de forma que acabas entendiendo que no hay diferencia entre la ficción y la realidad. El artista crea un universo paralelo al real, pero es tan real como lo otro y lo peor es que lo que te has inventado puede ser tan peligroso y placentero como la propia realidad. La reina en utilizar este tipo de mecanismos es Patricia Highsmith. Es la mejor en construir realidades paralelas, como en *El diario de Edith*, donde lo inventado acaba asfixiando la verdadera realidad, imponiéndose definitivamente.

Al dejar el escritorio Edith se sentía feliz. Le parecía estar en otro mundo —pero en un mundo real en el que Cliffie iba dando una muestra de solidez tras otra, con su estupenda mujercita, y un buen empleo en perspectiva para junio, cuando a los veintitrés años obtuviera su título de ingeniero. Para el próximo otoño Edith quizá pudiera pensar incluso en un nieto, pero eso, por supuesto, dependía de la joven pareja. Con la imaginación, Edith ya había hecho entrega a Debbie de unos cuantos objetos de la familia, como los candelabros de plata, que, sin embargo, seguían aún en el piso de abajo, sobre el aparador.[24]

La presencia de Bibi Andersen me justifica a la niña. A mí me sigue interesando mucho la familia, por eso en *La ley*... hay mucha familia. Pero la fami-

23. De los diálogos de *La ley del deseo*.
24. Patricia Highsmith. *El diario de Edith*. Ed. Alfaguara. Madrid, 1982.

lia es la gente que te rodea, la que te coge la mano por la noche si tienes frío y te da un vaso de leche antes de acostarte. La familia ideal la forman Pablo y Tina con Ada. Son un padre y una madre ideales que tienen muy poco que ver con lo que tradicionalmente se entiende por padre y madre. Para Ada, sus padres van a ser ellos. No hay imagen que represente mejor la idea de familia unida en el dolor, el cansancio, el calor, la desesperación, que la imagen de ellos tres andando por aquella calle llena de lonas, cuando la niña se quita los zapatos y se sube a la espalda de Pablo y los tres andan en silencio. La niña necesita agarrarse a alguien, porque acaba de ver a su madre y su madre no le ha hecho ningún caso. Ésa es la familia. A mí me interesa muchísimo la familia, quiero decir que me interesa y me atrae. No sé por qué, me siento a escribir y me salen familias. Supongo que porque son las relaciones que he tenido y que más conozco, a pesar de que yo no llevo una vida familiar. Desde muy joven no tengo una vida familiar. En realidad, estoy absolutamente en contra de la familia. Me parece el mayor invento de la sociedad, y no sólo la moderna, para controlar al individuo. No hay un chantaje más cruel y más eficaz que el que te hace la familia. Es la que controla tus entrañas. Nunca he defendido a la familia, que me parece un invento nefasto, pero reconozco que existen vínculos naturales con las gentes que tienen tu misma sangre. Yo sólo recuerdo haber tenido una vinculación estrecha con mi hermano Agustín, Tinín. Él aparece en todas mis películas, a él le dediqué *Matador* y no le he dedicado *La ley*... porque la dedicatoria estaba implícita: es una película de hermanos y Carmen Maura se llama Tina:

Estábamos los dos tan solos, y a pesar de no habernos

visto en tantos años, nos seguíamos queriendo tanto y tú no me guardabas ningún rencor. Y eso yo nunca te lo agradeceré bastante. Por eso me quedé contigo. Eres lo único que tengo.[25]

Le quiero mucho. Es una de esas relaciones que no te planteas. Me emociona quererle. Yo soy una persona que se ha marcado su camino de una manera muy clara y muy determinada desde muy pequeño. Esto te obliga a algo que la gente llama egoísmo o egocentrismo. Te obliga, por encima de todo, a planificar tu tiempo en función de tu propio interés. Algo tan simple como eso. Si has nacido en una familia humilde, trabajas en la Telefónica y sueñas con llegar a convertirte en un famoso director internacional, o decides emplear bien las 24 horas del día o renuncias a ese sueño loco de ser un gran director. Dentro de esa disciplina, debes elegir tu propio destino y ponerte al servicio de él de acuerdo con tu elección. Yo no soy el único que ha tenido que trabajar por la mañana en una oficina y por la tarde hacer lo que de verdad quería. Hay muchos miles de españoles que lo hacen cada día. Pero es preciso que tengas muy claro lo que quieres conseguir, porque no hemos nacido en un país donde te den toda clase de posibilidades. Yo no pude ir a una Escuela de Cine, entre otras cosas porque no había, y he tenido que aprenderlo todo haciéndolo y permaneciendo independiente. Es como el inglés. El inglés lo he aprendido en las entrevistas que he ido haciendo a medida que lo he necesitado. Es el modo más duro de aprender y el más arriesgado, pero también es la forma más segura de aprender algo de verdad. Por mi propio carácter, he sido una persona que ha ido

25. De los diálogos de *La ley del deseo*.

siempre por libre, no glorifico al hombre que se ha hecho a sí mismo, ni me creo lo que dice Nietzsche acerca del esfuerzo y la forma en que este esfuerzo te robustece. Si hubiera sido hijo de una familia con dinero y hubiera querido hacer cine, simplemente lo habría hecho antes y con menos esfuerzo. No habría perdido tanto el tiempo en otras cosas para sobrevivir. No es el hecho de hacerte a ti mismo el que te hace mejor o peor. Esto viene a cuento de explicar que no pertenezco a ningún clan, ni a ninguna escuela, aunque la idea de clan me gusta mucho.

A Pedro, por encima de todo, lo que le gusta es que la gente esté a gusto con él, que se entusiasme, que participe y que se implique. Cuando fundamos Deseo S.A., hablamos de fundar un clan casi familiar o parafamiliar, con esas cosas que tiene la familia que participa un poco de todo, de la amistad, del amor, sin ninguna de las cosas negativas que tiene la familia.[26]

Cuando veo películas de gángsters, como *El Padrino*, por ejemplo, entiendo muy bien ese sentimiento. Me gusta esa dependencia. Hace poco leí una biografía sobre *Legs Diamond*, de William Kennedy, y allí encuentras de repente muy bien explicada esta dependencia. Cómo alguien es capaz de perderlo todo por proteger a su hermano.

Billy abrió los ojos y vio a su hermano ensangrentado en el suelo a su lado. Billy agitó el brazo de Tim y gritó «Timbo», pero su hermano no contestó.[27]

Por eso me gusta lo que siento por mi hermano. Es una relación que no tienes que controlar, está ahí por encima de mis proyectos y de mis planes, y es

26. Agustín Almodóvar.

27. William Kennedy, *Legs Diamond*. Ed. Seix Barral, Barcelona 1985.

muy agradable sentir que puedes ser absolutamente generoso sin necesidad de plantearte nada. Es mucho más fuerte que tú y está por encima de lo que has decidido como proyecto de vida. Eso me lo provoca mi hermano. Le estoy muy agradecido.

Yo creo, para mis adentros, que le doy buena suerte a Pedro. Soy como un fetiche que tiene que sacar en todas sus películas. Cuando me da el guión siempre me pregunta qué papel me apetece hacer y yo decido. Lo que pasa es que, como sé que soy muy mal actor, siempre cojo colaboraciones pequeñas. Apariciones que no afecten demasiado. En las que menos salía era en *Entre tinieblas* y *¿Qué he hecho yo...*, porque estaba trabajando en un colegio y no me podía escapar más al rodaje. En *Matador* y en *La ley...* tengo más papel. En *La ley...* hasta escribí diálogos.[28]

Hay otra cosa, y es que yo siento gran admiración por Tinín, una admiración personal que va más allá de que sea mi hermano. Por otro lado, me reconozco muchísimo en él. Para hablar en términos un poco rimbombantes, reconozco en él lo específico de Almodóvar. Tinín ha sido testigo de toda mi vida. Él tiene recuerdos desde que tenía dos años. Ha registrado todo lo que he hecho.

Agustín recuerda a su hermano desde muy pequeño.

La imagen más vieja que conservo en la memoria es los dos con pantalón corto. Yo con dos o tres años y él con ocho o nueve, cogidos de la mano yendo a ver Los diez mandamientos. *Él me llevaba. Esto era antes de irse al seminario. Yo era muy pequeñito y me acuerdo que iba al cine con mi hermano mayor. Él conocía a todas las actrices, ya entonces se compraba el* Fotogramas *grande que valía cinco pesetas. Yo estaba se-*

28. Agustín Almodóvar.

guro que él iba a ser algo. Desde siempre ha sido muy ingenioso. Todo lo que hacía era diferente a lo que hacían los otros chicos de su edad. Hay una diferencia de edad que nos obligó a estar separados cuando él se fue a estudiar al seminario. Pero mis hermanas me han contado que cuando él tenía doce o trece años les contaba las películas, les hacía nuevas versiones de las películas que veía y a ellas casi les gustaban más esas versiones que las películas de verdad: era ver la película a través de los ojos de otra persona. Tenía una imaginación desbordada. Yo he guardado alguno de sus cuadernos del colegio y desde muy pequeño recuerdo los sonetos que escribía utilizando unas palabras que yo no entendía pero que me encantaban. Mi madre tiró casi todo en el traslado de Cáceres a Calzada, pero yo pude rescatar algunos cuadernos que guardo. También pintaba muy bien. Se veía que no sería un pintor, pero había en sus cuadros una sensibilidad muy clara por la imagen. En el cine ha estado desde el principio. Yo llegué a Madrid en el 72, cuando él ya llevaba cuatro años aquí. Venía ávido de todo y la gente que le rodeaba me parecía divertidísima. Pedro entonces estaba relacionado con la gente que fumaba porros, que oía canciones de David Bowie cuando nadie le conocía, era un círculo muy íntimo que no se proyectaba hacia fuera porque la situación no lo permitía. Yo siempre estuve de testigo de lo que sucedía. Los cortos en Super-ocho forman parte de la prehistoria. Los tengo guardados en formol porque están muy estropeados. Quiero pasarlos a vídeo y salvarlos. Pero lo que nunca se podrá recuperar eran los «shows» que hacía Pedro con ellos. Como eran muchos, él ponía voces y banda sonora. Era un auténtico espectáculo.

Pedro Almodóvar presentó la sesión más divertida, con la proyección de casi todas sus películas: *Historia de amor que termina en boda, Film político, Sexo va, sexo viene, El sueño, La caída de Sodoma* y *Homenaje;* todos sus Super-8 son mudos y él mismo pone directamente el sonido en el momento de la proyección dirigiéndose al respetable público («...de mi boquita a su oído...»). Los films de Almodóvar son como parodias de melodramas, seriales, *love-stories*, biblia-*stories* y musicales retro, llenos de cambios de sexo, hombres que quieren ser mujeres, de mujeres que quieren ser hombres, de hadas, de ángeles... pero es realmente su intervención directa en la proyección lo que la convierte en una feria de la diversión, de un reencuentro de la espontaneidad en el espectáculo dando la vuelta a esas historias archiconocidas y archiconvencionales con que nos inundan los *mass-media*.[29]

Yo creo que cuando se analice y se estudie esta época se comprobará que Pedro ha subvertido los valores tradicionales. Lo maravilloso de él es que consigue que se traguen todas las cosas que son revulsivas para una sociedad superconservadora en muchos aspectos.

Me gustan mucho algunas películas que tratan sobre la familia. Por ejemplo *La ley de la calle*, de Coppola. Dejando de lado que me interese cómo está fotografiada, cómo está escrita, montada, los diálogos. Dejando de lado que la novela quizás sea una cursilada, porque es muy difícil hablar de peces de colores que se estrellan contra el cristal sin ser cursi y conseguir hacerlo como lo hace Coppola en la película es una genialidad. Más allá de todo esto, que me parece excelente, lo que más me gusta es que es una película sobre la familia. Sobre una familia americana. Creo que es una de las películas más aterradoramente emocionantes y auténticas sobre lo que es la familia es Estados Unidos. Lo importante

29. Mario Banana. *Star* n.º 16, 1976.

en *La ley de la calle* son los hermanos. Pero hay en esa película otra cosa que me interesa mucho, la presencia de la madre a través de la ausencia. La ausencia de la madre se convierte en *La ley de la calle* en una auténtica protagonista, al revés de lo que sucede en *París, Texas*, donde la presencia de la madre al final es mucho menos dramática.

Pedro Almodóvar escribía en el pressbook *del filme:*

«Cuando Wim Wenders decidió conquistar el corazón de los americanos y del público en general hizo una historia sobre la familia, un melodrama con una madre ausente y un hermano redentor, más un niño de pelo liso. La familia nunca falla. La familia supone siempre un material dramático de primer orden. En *¿Qué he hecho yo para merecer esto!* deposité mi mirada en la figura de la Madre. Ahora lo hago sobre la de los Hermanos.

»Cuando empecé a escribir el guión no sabía todavía por qué tipo de fraternidad me decidiría: ¿un musical con gemelos en el estilo de Pili y Mili? Otra posibilidad era la fraternidad tipo Hermanos Marx, pero ¿os imagináis a los Marx en una película que gire enteramente en torno al deseo? Yo no sabría escribirla. Dado mi temperamento, escogí como referencia a Warren Beatty y Bárbara Loden en *Esplendor en la yerba*, tan distintos pero igualmente desgraciados, apoyándose el uno al otro frente a una América irrespirable.

»Siempre me han emocionado las historias de hermanos, incluso en películas donde había una gran historia de amor central, yo me quedaba con los hermanos. En *Cotton Club* lloro a moco tendido cuando los hermanos negros se encuentran en un club y vuelven a bailar juntos como antes de ser fa-

mezcla de géneros

mosos. Y en *La ley de la calle* soñaba con interpretar una inexistente hermana pequeña de Mickey Rourke y Matt Dillon para ser testigo de cómo este último imitaba al otro. Adoro cuando un hermano pequeño escoge como modelo a un hermano mayor.

»También deseché la cosa incestuosa, por demasiado obvia. La fraternidad, por fortuna, no necesita del sexo para manifestarse. El sexo acaba simplificando las historias donde interviene y *La ley del deseo* debía ser otra cosa: un desierto con todos los peligros de la jungla.

»Pablo y Tina son ese tipo de hermanos que como las Hermanas Kessler se dedican al *show-business*, que como Vivien Leigh y Kim Hunter se sienten atraídos por el mismo hombre y como Harry Dean Stanton y Dean Stockwell se apoyan cuando el otro tiene un jamacuco. Son cara y cruz de la misma moneda.»

De Coppola me gusta casi todo. Me parece que es uno de los pocos directores americanos que se plantea el cine como una aventura y como una investigación, y se ponen por montera a la industria. Es muy difícil conseguir eso, y más en Estados Unidos y con los presupuestos que él utiliza. Coppola no sólo sigue haciendo películas, sino que consigue hacer un tipo de películas personales en las que impone su propio punto de vista, que generalmente no es nada americano. Coppola mezcla continuamente los géneros. Eso es algo que me entusiasma, porque yo lo hago también. En este momento es muy difícil hacer una película de género que sea respetuosa. Por una cuestión de mentalidad y por una cuestión histórica. La gente ahora no vive con la misma ingenuidad para creerse según qué cosas, como un melodrama puro o un musical puro. El único que se acerca a los géneros con respeto y aceptando todas las reglas es

Steven Spielberg. Por ejemplo, *El color púrpura* es un melodrama puro donde se pueden reconocer todas las reglas del género. El género exige un tipo de ingenuidad que si es auténtica funciona, pero si no es auténtica se nota en seguida. Spielberg ha hecho algo auténtico en ese sentido. Ha hecho *El color púrpura* respetando las reglas y ha tenido éxito. *La ley del deseo* es un gran melodrama, pero no respeta casi ninguna de las convenciones del género. Hay música, hay emociones pero no hay maniqueísmo, que es una de las condiciones primeras del melodrama. En el melodrama siempre ha habido buenos y malos, ahora no puedes mostrar a los personajes tan simplemente. No hay gente buena y gente mala, todo es más complejo. Por eso *La ley...* es un melodrama que desnaturaliza el género.

Esta pasión por el melodrama, naturalizado o desnaturalizado, es una de las cosas que te relacionan siempre con Fassbinder.

Yo creo que Fassbinder y yo no tenemos nada en común. No hay ninguna relación entre los dos. Es más un espejismo de similitudes. Fassbinder con chaquetas de cuero, drogándose mucho, llevando una vida al margen, se puede asemejar un poco a mí. Incluso por la gordura. Parecemos personajes similares respecto a la sociedad que nos ha tocado vivir, pero no creo que en el fondo haya nada en común entre los dos. Por ejemplo: si hay una película que creo que traiciona el espíritu de Genet es *Querelle* y la ha hecho él, simplemente por esto ya lo considero un personaje opuesto a mí. Lo que pasa es que hay varias coincidencias entre él y yo, no biográficas ni estilísticas, sino más bien respecto a la sociedad que nos ha tocado vivir. Una sociedad muy hipócrita, donde los dos hemos resultado muy escandalosos y marginales. Debido a esto, es fácil relacionarnos, pero es algo muy superficial. Sobre todo, hay una cosa que nos separa: Alemania y España son dos países que no tienen nada en común, son dos culturas distintas, dos humores distintos. En Fassbinder hay una desesperación casi suicida que en mí no existe. Los dos damos la impresión de ser personajes crispados y esa crispación se manifiesta en las películas, pero quiero creer que esa crispación en mis películas está llena de energía, una energía que les doy yo a mis personajes, mientras que en él hay desesperación, un pensamiento más existencialista.

Sin embargo, algunos pensamientos de Fassbinder concuerdan plenamente con Almodóvar:

Imagino poder llegar a hacer, en el marco de un grupo que se entienda, películas que no sean muy caras, a un ritmo acelerado, si es posible producidas por mí mismo, para poder realizar con tranquilidad todas mis ideas. Sueño con adquirir una vasta comprensión de los problemas técnicos del cine, pues me parece importante, en tanto que director, poder controlar todas las fases de la producción.

Este año he ido a Cannes precisamente porque no tenía película que mostrar. Esto me permitía prescindir del stress, de las entrevistas donde siempre te hacen las mismas preguntas y esperan siempre las mismas respuestas, y al final acaban por hacerte odiar el filme que tanto has amado, acaban por hacerte lamentar el haberlo hecho.

Sirk ha dicho que el cine está hecho de lágrimas, de sangre, de violencia, de odio, de muerte y de amor. Y

Sirk hace películas de sangre, con lágrimas, con violencia, con odio, películas de amor y películas de muerte. Sirk ha dicho que no se pueden hacer films sobre cualquier cosa, sino sólo films con cosas, con gentes, con luz, con flores, con espejos, con sangre, precisamente con todas las cosas insensatas que valen la pena. Sirk ha dicho que la luz y los planos son la filosofía de un director.

Lo que me separa más de Fassbinder es que él tenía muy buenas intenciones, defendía los estratos más maltratados de la sociedad, las víctimas, pero lo hacía con tal énfasis, con tal maniqueísmo que es algo que no puedo aceptar. Yo nunca soy maniqueo ni me gusta el maniqueísmo como lenguaje. Es una opción que tienes que tomar al escribir una historia: poner lo que quieres atacar como malo y lo que quieres defender como bueno. Eso no me interesa para nada.

Fassbinder y Buñuel son dos fantasmas que me van a perseguir toda mi vida. Aquí me lo dicen menos, pero fuera es un estribillo constante. En principio, no me preocupa mucho. Y además, si bien no me siento nada afín a Fassbinder, sí que me reconozco en muchas cosas de Buñuel. De entrada tenemos raíces comunes. Los dos hemos nacido en España, los dos somos de pueblo y tenemos una formación cultural que parte de los mismos presupuestos. Los dos somos sordos. Lo que pasa es que Buñuel es uno de los genios de este siglo y la sustancia de los genios no tiene nada que ver con los demás mortales. La verdad es que la vara está demasiado alta, y por eso no me gusta que me comparen con él, porque siempre salgo perdiendo. Mis películas tienen más relación con la etapa mexicana de Buñuel, pero son muy diferentes, creo que se puede hablar de ellas sin necesidad de citar a Buñuel.

Billy Wilder

En el cine hay muchos autores que me interesan, aunque no soy nada cinéfilo. Me gusta mucho Hitchcock, pero no creo que esté influenciado por él. Creo que hay más de Hitchcock en mis palabras que en mis películas. El que más me interesa de todos es Billy Wilder. Wilder resume claramente todo lo que me interesa en el cine. En él se dan cita todos los géneros que reconozco en mis películas. Por un lado, está la película casi épica con respecto a la emoción que es *Sunset Boulevard*, que de alguna manera puedo reconocer en *Matador*. Wilder es el maestro de la comedia crítica como *El apartamento* o la comedia puramente disparatada y repleta de cosas tipo *Con faldas y a lo loco*. Wilder es un austríaco que hace cine en Estados Unidos, y sin embargo hace películas absolutamente americanas que ningún americano se atrevería a hacer. Comedias muy mordaces, muy críticas pero superamericanas. Y ellos no se daban cuenta de que las hacía. Han tardado casi cuarenta años en darse cuenta del cine tan duro, crítico y despiadado que ha hecho Wilder con su cultura. Douglas Sirk también es un maestro para mí. Es un maestro en el arte de narrar con el color y en crear climas con la luz y los decorados. Para él no sirve decir que una secretaria nunca iría vestida así. Es igual, él la viste como quiere y te cuenta muchas más cosas de la historia con eso que si la secretaria fuera vestida normal.

¿Crees que el cine que has visto te ha influido de alguna manera?

No sé hasta qué punto me pueden haber influido las películas que he visto. Yo creo que me influye todo, no sólo el cine. Me influye una noticia en el periódico, una conversación telefónica..., no creo que el cine haya dejado una huella especial en mí. A mí me gustaba contar las películas, pero no me gustaba fijarme en cómo estaban hechas. No soy nada cinéfilo. Cuando he de dar referencias al operador o a los actores, busco las cosas en otros sitios, la pintura, la literatura o simplemente la vida cotidiana. Me resulta muy difícil analizar mis películas. Las he hecho, ninguna de ellas es gratuita, ningún plano está puesto porque sí. Todo tiene un sentido, independientemente de que esté mejor o peor resuelto.

Tengo una educación muy poco académica. El cine lo he ido aprendiendo haciéndolo, y tengo la impresión de estar inventándolo todo, de estar creando un lenguaje. Ya sé que no es cierto, que el lenguaje está creado. Pero para mí soy yo el que lo invento, porque es la primera vez que hago algo. Por ejemplo, cuando escribía el asesinato de *¿Qué he hecho yo...* estaba muy preocupado porque nunca había hecho un asesinato. Y fíjate si hay asesinatos en el cine para poder mirar, pero yo me olvido de todos, o los borro, o simplemente no me acuerdo de ellos, y me planteo cómo resolver este asesinato en función de la película que estoy haciendo y me lo invento. Seguro que se parece a alguno, pero yo me lo he inventado del primero al último plano.

Un día, poco después de estrenar *Matador*, se me acercó Querejeta y me preguntó de una forma ambigua, aunque respetuosa: «¿Has aprendido ya a hacer cine?», y yo le contesté que no, que todavía no. Que había hecho cinco películas y con todas había aprendido una serie de cosas. Pero cada vez que me enfrento a una nueva película todo es nuevo y siempre me la propongo como algo nuevo. Antes de empezar a hacerla no tengo la seguridad de que voy a saber hacerla, lo que sí sé seguro es que quiero hacerla y en el camino aprenderé a hacerla. Esto tiene que ver con mi memoria. Yo recuerdo mucho las sensaciones de las películas, pero no recuerdo los planos. A mucha gente, sobre todo en Madrid, les ha costado aceptar que mi carrera no era una tontería, fruto de la moda. Les cuesta aceptar que vaya aprendiendo y me vaya planteando retos. A medida que tengo más experiencia como narrador, se me van ocurriendo más formas de contar lo que quiero contar. Voy descubriendo que hago cosas más formales, que precisamente por no tener un pasado académico son mucho más espontáneas. Lo que más me preocupa es la funcionalidad de las situaciones. Por ejemplo, cuando hago el accidente de coche de *La ley del deseo*. No sé si funciona o no. Accidentes de coche hay montones en el cine, hay de todos tipos, podría haber copiado la planificación de cualquiera que fuera convencional o no. Para hacer bien un accidente de coche lo que necesitas son medios, dos o tres cámaras y un equipo de efectos. El accidente puede estar chupado, es eficaz y muy dramático. Pero eso a mí no me sirve. En primer lugar, como yo no sé conducir, no sé nada de coches y por eso cuando pienso en el accidente lo hago desde un punto de vista completamente distinto: desde dentro de la persona que va a tener el accidente y utilizando referencias más geométricas que dramáticas. Es una planificación extraña y arriesgada. Yo no quería que fuera un accidente dramático, sino un accidente tonto, casual, él va distraído, llorando, no ve el árbol y se topa con él. No va buscando la muerte por desespero, ni va huyendo del guardia civil. El guardia civil más bien le va protegiendo. No estoy contando que un chico huye del guardia civil y tiene un accidente, ni tampoco que como ha perdido su gran amor no le interesa vivir. Estoy contando: un guardia civil que le sigue porque sabe que está afectado por la muerte de su amigo; el otro que le ve, pero no le preocupa. Está llorando, vemos cómo una lágrima le cae por la mejilla. Vemos los ojos, los ojos funden con las ruedas para demostrar que hay velocidad y por lo tanto peligro, entonces, para subjetivarlo aún más echo lágrimas en el objetivo de la cámara haciendo un plano subjetivo de él contra el árbol. Es una planificación muy rara, pero era así como yo quería contarla. No es un accidente convencional de cine, es un accidente tal y como yo lo veo.

Ante este tipo de planificaciones lo único que me preocupa es que el ojo lo acepte.

El ojo es el único crítico que existe. Se puede hacer cualquier tipo de cosas, si el ojo te lo acepta estará bien aunque no cumpla ninguna regla gramatical del cine. Si el ojo no lo acepta, olvídate de ello. Lo del salto de eje, por ejemplo, que es una de las principales convenciones narrativas y es como una espada de Damocles sobre el director, pues bien los saltos de ejes te los puedes saltar a la torera siempre y cuando se entienda y el ojo lo acepte. Al no tener una formación académica, ese tipo de cosas me resultan más fáciles que a otros directores. Así resulta una manera de narrar muy personal, muy mía, de la que nunca se habla en las críticas. De todos modos, este tipo de planificación implica un riesgo, pues no siempre estoy seguro que va a funcionar. Me consta que en *¿Qué he hecho yo...* el *travelling* de los tres planos fijos de las tiendas funcionan divinamente, en cambio no sé si esto del accidente se entiende del todo. No estoy seguro que el espectador entienda el mecanismo del accidente y eso sí me preocupa, independientemente de las razones por las que lo he hecho, que pasan porque me gusta contar las cosas de un modo que no es el habitual. En esto me estoy exponiendo. Detrás de cada plano, cada secuencia y cada montaje tengo una explicación teórica, y eso no quiere decir que sea más serio o menos serio. Pero es importante para mí y de eso se habla muy poco. La secuencia del accidente desconcierta a la gente, lo sé porque me lo han dicho. Entonces, cuando lo explico, la entienden. Pero, si tienes que explicar algo, es que no está bien resuelto y de ahí tengo que aprender para la próxima película.

Retomando de nuevo La ley del deseo, *¿por qué* La voz humana *de Cocteau y por qué el teatro por primera vez?*

La voz humana *tiene la misma función que las canciones. No es sólo porque me gusta y es un texto muy apropiado.* La voz humana *forma parte del diálogo de la película. He robado esos diálogos y los he puesto ahí, formando parte del guión.*

¡Sí, amor mío! Sí. Ya sé que no tengo que hacerme ilusiones. Pero hasta ahora, cuando hemos tenido un problema, pues lo hablábamos y con una simple mirada nos volvíamos a entender. Pero por teléfono no es lo mismo. Por teléfono cuando se ha acabado, se ha acabado. ¡Espera un poco! Yo, pero cómo voy a pensar que estás deseando colgar. Eso sería muy cruel y tú no eres cruel. Qué tonta soy. Te iba a decir hasta ahora mismo. Sí, es mucho mejor que seas tú quien cuelgue. Sí, sí, adiós, vida mía. Voy a tener mucho ánimo. Que sí, pero ahora date prisa y cuelga por favor, cuelga. Te quiero más que a mi vida.[30]

La voz humana *es el grito desesperado de una mujer abandonada. Eso describe a Tina, que no es sólo una mujer abandonada, sino que va de mujer aban-*

---

30. De los diálogos de *La ley del deseo*.

donada. Si tuviera que poner su nombre y apellidos en el carnet diría: *mujer abandonada por todos*. Es algo que ella ha convertido en sus señas de identidad, y lejos de querer olvidarlas, quiere que la identifiquen. La obra también me sirve para explicar el personaje de la niña, que es otra mujer abandonada por su madre.

Además, es un ejemplo muy claro de su método de trabajo, que es el mío en este caso, su sistema de creación y puesta en escena. Utiliza a su hermana como vehículo ideal para expresar ese desgarro porque sabe que su hermana lo hará muy bien. Como a él le gusta mucho poner la canción *Ne me quitte pas*, que le recuerda a Juan, la incorpora a la función. Es un hombre muy práctico, muy manchego, como yo o como Escarlata O'Hara, así que como le ha regalado un vestido a la niña para su comunión, también lo pone, y lo pone porque pone a la niña, claro. Es un problema dejar a la niña sola todas las noches con un canguro, así que lo mejor es meter a la niña, con el vestido de comunión, en la obra, y de ese modo la niña está con ellos toda la noche. Así amortiza el precio del vestido como gastos de producción, está oyendo su canción favorita y Ada puede decir con toda propiedad *Ne me quitte pas*. En esta secuencia está explicado todo el sistema de trabajo de Pablo y por extensión de la película: la niña para no pagar canguro, el vestido para amortizarlo, la canción porque le gusta y le va bien y su hermana porque está desesperada de los nervios y lo va a hacer mejor que nadie. Eso es la creación, así de concreto.

—Tina, tengo que empezar a ensayar La voz.
—¿Y quién es la afortunada?
—Me gustaría que lo hicieras tú.
—¡Funciona, funciona! Es que le hemos pedido trabajo

a la Virgen y por eso he hecho voto. Voy a pedirle otra cosa.

—No abuses, niña, bonita, cariño; siéntate, tesoro. ¿Lo dices en serio?
—Sí.
—¿No lo haces por compasión?
—Me podías dar un papelito, yo también le he pedido trabajo.
—Ya veremos, de todas formas va a ser un trabajo duro.
—Y eso ¿por qué?
—Porque la función te va a traer a la memoria recuerdos dolorosos.[31]

Además, a mí, como narrador, me sirve para que esas dos mujeres digan ¡no me dejes! en el momento en que aparece la que las ha abandonado; de esta forma Bibi se convierte en el receptor ideal de la llamada. Esto se llama tener una función dramática.

Respecto a esta forma de trabajar aprovechándolo todo, Carmen Maura recuerda varias anécdotas:

Pedro cambia mucho sobre la marcha, porque se le ocurren ideas muy fascinantes. Por ejemplo, cuando de repente se encuentra con una cosa distinta a la que había pedido. Eso pasó en La ley... *cuando fuimos al teatro a rodar* La voz humana. *Hubo un desconcierto con el decorador y se encontró con un decorado que no tenía nada que ver con lo que él quería. Era una habitación de teatro convencional. Se le puso una cara de angustia terrible, pocas veces he visto a Pedro con esa cara de frustración y de pena, porque tenía mucha ilusión en esa escena. Por otra parte, era el único día que teníamos el teatro y teníamos que aprovecharlo. Todos estábamos disgustados porque no estamos acostum-*

---

31. De los diálogos de *La ley del deseo*.

brados a verlo así. Mientras me maquillaban me avisaron: «¡Que Pedro ya está contento porque se le ha ocurrido una cosa. Ha mandado buscar un hacha y tú te vas a cargar el decorado. Él ya ha empezado a romperlo todo!». Y efectivamente empezó a tirarlo todo, a romperlo y cuando yo llegué al escenario me dio otra hacha y me dijo que rompiera el decorado. Y eso es lo que sale. ¿Sabes lo que es eso para una actriz? Era fantástico, cuando me dio el hacha y vi que estaba feliz, pensé que eso era lo más importante, luego, además, queda muy bien. Situaciones como ésta he vivido a montones. Desde Pepi... donde esto sucedía cada día y lo hacíamos de la forma más natural y humilde. Nunca monta el número de «yo soy el jefe creativo y me tenéis que dar todo lo que quiero». En rodajes yo he visto decirle que no a un director cosas que a Pedro se le aceptan. Otro ejemplo de La ley... La escena final, cuando se incendia el altar. El altar no se incendiaba en el guión. Mientras preparábamos la escena iba mirándoselo e iba diciendo: «sería total que cuando Antonio muere se incendiara el altar», me lo dijo a mí y a Rafa Moleón, su ayudante. Los dos le explicamos que no se podía porque no teníamos extintores, ni se había avisado a los bomberos. Él no es nada autoritario, no exige nada, pero es muy cabezón. Así que acepta las explicaciones, además, como está acostumbrado a no poder hacer todas las cosas que quiere, yo, desde que le conozco siempre le he visto querer más cosas que las que tiene. Así que acepta que quemar el altar es una locura y seguimos preparando el plano, pero al cabo de un rato vuelve a decir: «sería total», y acaba convenciéndonos a todos de que realmente sería total y de que hay que hacerlo, así que vamos a los de producción: «oye, que se ha de incendiar el altar», «¡Estáis locos!», es su reacción, Pedro lo entiende pero... ¡qué bien quedaría al final si se incendiara! y los de producción aca-

ban arreglando las cosas y el altar se incendia con todo el ingenio y la seguridad del mundo, porque todo el equipo, todos, colaboran en buscar las soluciones que hacen falta. Eso es Pedro.

En La ley... hubo muchos momentos de esos, pero quizás el más impresionante fue el plano final, el del andamio. Llevábamos toda la noche rodando, estábamos todos cansadísimos y pendientes de que los efectos especiales funcionaran al caer la máquina. Se hizo una primera toma y la máquina al caer hizo ¡puaf! y apenas sacó un poquito de humo. A Pedro se le puso otra vez la cara de niño al que no le han traído el tren. De repente le dijeron que se podía repetir la toma y esta vez salió perfecto. La máquina cayó y hubo una explosión enorme, con mucho fuego que duraba y duraba. Y de repente se le ocurre: «todos los actores, corred y subid por el andamio, y tú gritas "Antonio, Antonio", mientras corres». Todos nos pusimos a correr, muertos de cansancio, es igual, nos dijo «¡que vienen los indios!» y todos a correr y subir por los andamios. Nadie se planteó que los andamios tenían una distancia de casi un metro entre barra y barra, que era peligrosísimo, todos lo hicimos y se consigue esa imagen preciosa al final. Eso fue totalmente improvisado mientras duraban las llamas que le gustaban tanto. Eso es de un tipo genial, yo esas cosas no las he vivido con ningún otro.

Agustín Almodóvar también recuerda este momento del rodaje:

Pedro tiene una capacidad de trabajo infinita, rueda todo el día y luego se va a montar. Estimula a los actores, mira el decorado, está con los eléctricos, crea una sensación extraña en el equipo. La gente, al terminar sus películas, tiene una especie de «mono» y es que obliga a todos a participar y sentirse implicados en lo que se está haciendo. Incluso gente de fuera del equipo. Por ejemplo, los vecinos de la plaza donde se rodó lo de la máquina de escribir. Teníamos todos los permisos; el Ayuntamiento, que se porta muy bien con los rodajes en la ciudad, nos prestó el Mundus y nosotros lo montamos, pero, como todo, no dejaba de ser un poco fuerte montar aquel número a las cuatro de la madrugada con gritos, pistolas y fuego. Pues todos los vecinos lo aceptaron tranquilamente y aguantaron el follón nocturno con mucha paciencia.

La música siempre es importante en tus películas, pero en La ley *tiene un protagonismo enorme.*

Desde las primeras notas, que recuerdan *Psicosis* de Hitchcock, pero son de la *Sinfonía número 10* de Shostakovich. La verdad es que Bernard Herrmann, el músico de Hitchcock, me apasiona. Es un autor que ha escrito casi siempre rayando en el plagio de obras clásicas, pero transformándolas. Sobre todo, tiene una influencia fortísima de Béla Bartók. Pero eso no impide que sea un músico muy original y muy creativo. A mí me hubiera gustado utilizar música de Herrmann, pero la cuestión de los derechos es prohibitiva. Yo siempre actúo movido por las dificultades que me obligan a buscar soluciones, las circunstancias adversas que me estimulan a buscar ideas creativas con lo que tengo. Algún día espero poder trabajar con la primera idea, pero de momento éste no es el caso. Como no tenía presupuesto para hacer una banda original, porque las canciones que aparecen son muy caras, me puse a buscar música de los países socialistas, que tienen muy pocos derechos. Ya metido ahí, descubro que entre los músicos rusos contemporáneos hay cosas absolutamente maravillosas, empiezo a descubrir a Shostakovich, a Stravinski, y me doy cuenta que esta gente ha hecho cosas que nadie ha superado después. A partir de ahí, ya no me estoy moviendo porque sean baratos, sino porque son exactamente lo que necesito para la película.

Aparte de esto, utilizo cosas mías, la música de la discoteca es del disco que hice con Fabio y también he incorporado música de Bernardo Bonezzi en un experimento que me ha gustado mucho. Cada vez que aparece Carmen suena la música de *¿Qué he hecho yo...* cuando ella se marcha llorando al dejar al niño y la abuela en el autobús. Este tema se ha convertido en el «tema de Carmen» y queda muy bien. Las canciones, como siempre, son personajes de la película; en este caso, casi se podría decir que cada personaje tiene una canción. Juan, *Ne me quitte pas*, y Antonio, *Lo dudo*. De todos modos, cuando empiezo a escribir no sé nunca qué puede pasar con un elemento como la canción de Los Panchos. Escribo quitándole banalidad a todo e integrándolo en una historia, luego resulta que la canción sube y sube, y se convierte en una pieza clave.

> Lo dudo, lo dudo, lo dudo,
> que tú llegues a quererme
> como te quiero yo a ti.
> Lo dudo, lo dudo, lo dudo,
> que halles un amor más puro
> como el que tienes en mí.
> Hallarás mil aventuras sin amor,
> pero al final de todas
> sólo tendrás dolor.
> Te darán de los placeres frenesí,
> mas no ilusión sincera
> como la que te di.

> Lo dudo, lo dudo, lo dudo,
> que halles un amor más puro
> como el que tienes en mí.

Respecto a *Ne me quitte pas* es una canción que me gusta muchísimo. Es una de las grandes canciones de amor, de las pocas, a excepción de los boleros, donde se habla de amor a nivel literario. Es una gran creación literaria, de un lirismo exacerbado, es estremecedora y con una letra prodigiosa.

Por otro lado, como me gustan las distorsiones, prefiero no poner la versión original de Jacques Brel, sino una adaptación que ya transforma en un primer nivel, por eso pongo la versión de Marisa Matalaso, una cantante brasileña que canta en francés, como en *Matador* ponía a Mina cantando el bolero en español. Hay más distancia en las versiones, tienen más vida, sobre todo cuando están bien hechas.

La ley del deseo *es probablemente tu película mejor acabada y más sobria.*

Sí, ésta es la más acabada, la más cuidada y la más sobria. El exceso está en el personaje de Carmen, en lo demás hay un esfuerzo de concentración que exige la misma película. La historia obliga a fijarte en esos tres personajes, y no he querido salirme de ellos. Todo está más sintetizado, pero es por la propia dinámica de la historia. *Laberinto de pasiones* es una película dispersa que aún debería ser más dispersa, porque se trata de una comedia delirante, donde pasan miles de cosas, personajes que entran y salen continuamente, ésa es la naturaleza de la película. En ésta se trata de todo lo contrario. Sigo de cerca y desde dentro este triángulo en el que Carmen está muy exagerada, porque hace de transexual y los transexuales son exagerados, pero lo demás es muy sobrio. La dramaturgia de lo que pasa se cuenta más por el color que por las palabras. Los colores están elegidos de acuerdo con el sentimiento que deben indicar, con la atmósfera que deben sugerir. Esto es propio del melodrama y no tiene nada que ver ni con el naturalismo ni con el realismo, pero tiene que ver con el lenguaje. *La ley del deseo* es una película de colores brillantes, muy fuertes, directamente relacionados con el calor, el sudor, el verano; la fisicidad de que hablábamos antes está expresada también con el color, con la luz y con los decorados, que aquí tienen más función dramática que en ninguna de mis anteriores películas.

El piso de Pablo no se parece al tuyo, pero respira la misma atmósfera.

Es probable, y está bien que sea así. Hay una especie de amontonamiento de cosas que sí que viene de mi ambiente. Para mí, una cosa muy importante en una película es el atrezzo, los decorados. Si tú pides una mesa y una máquina de escribir, no vale cualquier mesa ni cualquier máquina de escribir. Los objetos tienen que estar vividos en alguna medida. Cuando pensamos en el piso de Pablo, a los decoradores les puse como referencia mi propia casa, no para que la copiaran, pero sí para que captaran el aire.

No puede ser, no puedo seguir viviendo así, tengo la casa como un yonqui, no puede ser. A veces me desespero. No soy nada organizado, en realidad.[32]

—Tienes la pila llena de cacharros, casi voy a lavarlos.
—No te preocupes, la asistenta viene mañana.

32. Rosa Montero (e.c.).

—Parece la casa de un yonqui. ¿No serás un yonqui?[33]

Los pisos, tanto el de Pablo como el de Tina, son alquilados. Los arreglamos, decoramos y pintamos como quisimos. La principal referencia pictórica de *La ley...* es Edward Hopper, el pintor americano. Los tonos pasteles de las paredes son de él, y muchos encuadres también vienen de sus cuadros. El blanco en las paredes es muy sucio para filmar, por eso pensamos los tonos crema para Pablo y verde para Tina. El verde es también muy difícil de iluminar, pero Ángel Luis Fernández lo ha conseguido muy bien. Lo de Hopper es curioso. Yo le conocía desde hace tiempo, pero hasta esta película no había necesitado utilizarlo como referencia. Y de repente me he dado cuenta de que un montón de gente lo ha utilizado al mismo tiempo. David Lynch en *Terciopelo azul* lo utiliza de una forma parecida a la mía, es decir, transformándolo, no copiándolo, lo que significa que el resultado es distinto pero el origen es el mismo. Los que sí lo copian literalmente son los decorados de *Pennies from Heaven* y eso me interesa menos. Pero Hopper está también en una cosa de la Duras que he visto recientemente y en más sitios. Debe de ser aquello del inconsciente colectivo.

La ley del deseo ha costado 100 millones y es una producción de Deseo S.A., que eres tú mismo.

Deseo soy yo, mi hermano y una tercera persona. Pero sí es una producción mía, por primera vez. La verdad es que quien ha hecho de productor ha sido Tinín, y lo que a mí me gustaría es que se convirtiera en mi otro yo, incluso que me suplantara, sobre

---

33. De los diálogos de *La ley del deseo.*

todo en eso de los viajes, que estoy un poco cansado. Ahora le toca viajar a él. Esto de producirse uno mismo es bastante fácil a partir de la Ley Miró. Nos dimos cuenta al hacer *Matador* y por eso ésta nos decidimos a hacerla nosotros, aunque antes se la ofrecimos a algunos productores que decían: «¿Una historia de un director homosexual, a quién le interesa?» y no lo cogían, así que como los que estaban a mi alrededor me animaban, nos metimos en la aventura de producirla. El gran problema fueron las subvenciones. Televisión Española no ha querido saber nada de ella por el tema. El argumento les pareció demasiado fuerte para que apareciera en la pequeña pantalla y no nos dieron ni un duro. En el Ministerio tampoco querían darme la subvención. Ninguna de las tres comisiones quería darme la subvención. Así que Fernando Méndez-Leite la asumió él personalmente porque le gustaba el guión y confiaba en el producto y firmó sin tener en cuenta las comisiones, que en definitiva son consultivas solamente. *La ley del deseo* se ha podido hacer gracias a él. El Ministerio nos dio cuarenta millones, la Comunidad veinte más, y el resto, adelanto de distribución de Lauren Films y nuestro propio trabajo.

La historia de la producción de La ley del deseo *la conoce mejor que nadie Agustín Almodóvar.*

Cuando la presentamos al Ministerio ninguna comisión la aceptó, decían que no había historia, fue Fernando Méndez-Leite el que consiguió sacarla adelante. Sin la Ley Miró no habría cine español, eso es evidente. Lo que no quita que se tenga que desarrollar y se aprenda a aplicar en toda su dimensión. La Ley Miró ha permitido que los directores se conviertan en productores y eso es muy importante, pues un autor puede tener control sobre su producto desde el principio al fin, no como antes, que una vez acabada la realización se perdía cualquier derecho o la simple posibilidad de influir en el movimiento de la película. La crisis del cine es grande y no se puede amortizar un film sólo con la taquilla, ni aun yendo bien. Hay que venderla fuera y moverla, y eso se hace por un producto que quieres y en el que has arriesgado cosas, no sólo dinero. Lo que pasó con Matador *fue lo que nos decidió a meternos de lleno. Andrés Vicente Gómez tenía la película pagada antes de empezar, con el adelanto del Ministerio y la Televisión. Esta comodidad de recuperación hizo que apenas moviera la película después. Nosotros nos preguntamos ¿y qué ha hecho realmente el productor? Nada, presentar los papeles, bueno, pues nosotros también sabemos presentar papeles y lo hicimos, porque ahora un productor no es como antes, que arriesgaba su dinero, ahora es una especie de burócrata entre el director y el Ministerio. La verdad es que* La ley del deseo *ha salido bien. Empezamos sin un duro y en este momento ya está amortizada, todo recuperado y pagado al Ministerio y hemos empezado a ganar. A base de dejarnos la piel, claro, y no sólo haciéndola, sino vendiéndola y moviéndola. Poder decidir sobre la película es muy estimulante.*

La producción es un trabajo que tiene mucho de creativo, al menos tal y como la entiendo yo. Estoy en el proyecto desde el principio, desde que Pedro escribe el guión y me va contando cosas. Yo creo que me utiliza un poco como los boxeadores, de punching ball: *además, hay temas que yo me encargo de desarrollar. En* Matador *todo lo de las setas lo busqué yo. Eso me gusta mucho. Me decidí a meterme de lleno en esto del cine cuando vi que Pedro necesitaba alguien de su entera confianza para llevarle las cosas. Yo lo que quisiera es crearle una manera cómoda de trabajar, Pedro es muy independiente y trabajar con otros productores siempre le costó un esfuerzo, aunque no se metieran mucho.*

Con Deseo espero que pueda trabajar a gusto, aunque tengamos que hacer un cine integral, como decimos en broma. Un cine que implica no sólo hacer la película, sino cargársela al hombro y llevarla a una aduana para que la envíen a un festival. Es igual, no dependes de nadie. Confío en que Pedro pueda trabajar tranquilo, y poco a poco ir resolviendo los problemas de infraestructura, de forma que la próxima película sea más cómoda y él mismo tenga una vida más cómoda.

Para acabar con La ley del deseo *dos textos. Uno del propio Almodóvar, dicho nada más acabar la película:*

¿Que si estoy con la película? Pues mira, eso es como cuando estás locamente enamorado y alguien te pregunta: ¿Te gusta? Y tú no lo sabes, lo único que sabes es que no tienes otra cosa en la cabeza más que eso, lo cual incluye todos los estados de ánimo posibles, desde el encantamiento a la desesperación.[34]

El otro es de un periódico italiano, publicado a raíz del pase de La ley del deseo *en el Festival de Berlín.*

Hay un faro en Andalucía, pérdidas de memoria como consecuencia de un choque, canciones, dos camisas iguales, investigaciones de la policía, un altar a la Virgen en una habitación construido en religiosidad devota para obtener gracias profanas, cartas de amor de todo tipo, líneas de coca esnifadas en todo momento, buenos decorados,

---

34. Rosa Montero (e.c.).

actores pertinentes. Y desde luego, escenas de amor carnal entre hombres desde el principio al final muy bien realizadas, casi realistas.[35]

---

35. *La Stampa*, febrero 1987.

Capítulo octavo
Tacones lejanos

Después del éxito en Nueva York, en el MOMA, en la Semana del Cine Español y el estreno de la película, ¿no se te ha ocurrido ir a trabajar a Estados Unidos, no te han hecho alguna oferta?

Sí, he tenido alguna oferta, pero no me interesa mucho ir a Estados Unidos y no hago nada para rodar allí. No sólo eso, sino que cada vez que voy dejo conversaciones pendientes en relación con esa posibilidad. Pero en este momento de mi vida lo más importante para mí es hacer películas, y creo que tengo que hacerlas aquí, porque es el lugar donde me muevo con más comodidad. Creo que sería muy delicado cambiarme de cultura.

Ahora que hay una moda en América de hacer remakes *de films europeos de éxito, ¿te gustaría que se hiciera un* remake *de alguno tuyo con actores americanos?*

Aceptaría que se hiciera un *remake* si lo dirigiera yo, si no, no. En ese sentido sí que hay un proyecto bastante avanzado, aunque yo no tengo muchas ganas de moverlo. Existe la posibilidad de hacer un *remake* de *¿Qué he hecho yo para merecer esto!* en inglés. Para mí sería una película completamente distinta siendo exactamente la misma película. Pasaría en Los Ángeles y sería mucho más esperpéntica y absolutamente americana. Es una idea que quizás desarrolle algún día.

La ley del deseo se ha terminado, está funcionando

en todo el mundo, pero tú no sueles descansar o quedarte parado. ¿Has empezado otro proyecto?

Sí, estoy escribiendo una historia que me gusta mucho. Es absolutamente distinta de las otras, pero es el resultado de todas ellas. Entre las novedades que tiene es que sucede fuera de Madrid; no es urbana, pero tampoco es rural. Es muy andaluza. Será la primera vez que ruede fuera de Madrid toda una película. Estaremos fuera dos o tres meses. Me apetece hacer una película en exteriores, plásticamente, por la luz, y también porque quiero salir de Madrid. Madrid, como todas las ciudades, tiene decorados de todo tipo, pero una de las cosas que quiero buscar es un espacio que no sea ni una cosa ni otra, una especie de escenario de tierra perdida. Toda la historia ocurre en dos kilómetros cuadrados. Hay fenómenos de la naturaleza que tienen mucha importancia y que hay que esperar que se produzcan. Por eso debemos instalarnos en un sitio y rodar todo en exteriores. No sé muy bien qué estoy buscando con esta película, pero hay un montón de cosas que empiezo a intuir y me atraen mucho.

En principio, como siempre, es una historia de intriga familiar, con pasado. Son dos hermanas y una madre. Me interesa que suceda todo en un paisaje como postnuclear, perdido, abandonado, anclado en el tiempo, decrépito. Eso es lo que busco, una atmósfera extraña que será el *leitmotiv* de la película. Será muy distinta a las otras seis. A veces, mientras escribo, me parece una película de terror, otras me parece una película de Bergman. Son dos hermanas que se encuentran en sus orígenes, que vuelven a su lugar de nacimiento después de haber pasado mil cosas. Ambas salieron de allí huyendo y ambas vuelven en el mismo momento. Es un encuentro familiar con muchos problemas no resueltos, que se van a manifestar a lo largo de la historia. Hay muy pocos personajes: las dos hermanas, la madre, el ejército que está en aquella zona y que es en sí mismo un personaje con varios elementos destacados, dos soldados y un oficial, y un nazi que vive refugiado en un chalet desde el final de la guerra. Todo tendrá un aspecto de fin del mundo, pero ahora mismo. Lo que voy escribiendo es bastante raro. Hay un faro también. A raíz del rodaje de *La ley...* me dieron ganas de hacer una película muy simple de estructura, que es en cierto modo una prolongación de algunas secuencias de *La ley...*, aunque no tiene nada que ver. Inconscientemente, estoy tocando cada vez más elementos fundamentales de nuestra cultura, ésta será casi una película folklórica, lo que pasa es que, igual que *Matador* es una película de toreros muy especial, ésta también será muy especial. Ni naturalista ni costumbrista. Como yo no conozco el sur, prefiero inventármelo todo de una manera muy inocente, sin profundizar.

De hecho, se podría definir como una variante de *La casa de Bernarda Alba*. Es una historia con una madre feroz e intolerante que les hace la vida imposible a sus hijas, pero de otra manera. Ésta ha matado al marido y le gustaría matar a las hijas. Es una madre loca de intolerancia pero loca también por los vientos del levante, que vuelven loca a la gente. Las dos hermanas huyen de ella, pero la madre no quiere dejarlas en paz. Se supone que la madre ha muerto en un incendio provocado por ella, pero en realidad no ha muerto y empieza a aparecérsele a una de las hijas como si fuera un fantasma. Lleva quince años viviendo como un fantasma con una de las hijas. Esta hija un buen día no aguanta más, abandona su casa, su trabajo y cree abandonar la locura de que su madre se le aparezca todos los días, y se marcha al sur de nuevo. Es como *Psicosis* pero al revés. Aquí lo interesante es que ella piensa que está loca y ve un fantasma, en *Psicosis* Perkins no sabe que está enfermo y no sabe que es un fantasma. El fantasma de aquí está vivo y le hace la vida imposible. Esta madre es tremenda. La hija que vive con ella es bailaora, la otra hija es fotógrafo de guerra y ha estado en todas las guerras del globo. Al cabo de los años, cansada de tanto horror, vuelve también a su tierra, al sur, y monta un chiringuito. Me está saliendo muy terrible, pero muy divertido.

Cuando las dos hermanas se vuelven a encontrar, la bailaora le explica a la otra que la madre se le ha estado apareciendo y la del chiringuito cree que está loca, hasta que descubre a la madre en una foto que ha hecho y comprende que está viva. Esta madre es como una prolongación de la madre de *Matador,* o como una Bernarda Alba que actúa. Tiene que haber un equilibrio que permita al espectador dudar si lo que está viendo es verdad o mentira, si es de terror o no, quiero que funcione a varios niveles. Quiero que esa madre dé mucho miedo. Además irá siempre quemada, con vendajes, porque la chica, al abandonar Madrid, quema también su casa con la madre dentro. Así que se supone que se quema dos veces pero no se muere ninguna. El fuego es algo exterminador pero también es purificador. La primera secuencia sucede en Madrid y de ahí se marchan al sur, pero no habrá *flashbacks*, no me gustan los *flashbacks,* a no ser que sean como los de *La condesa descalza* que son la esencia de la película. Pero en una narración normal, volver al pasado no me gusta, es un recurso bastardo que dificulta el ritmo de la narración. Toda la historia se contará desde ahora y sin grandes explicaciones. Habrá una asociación de imágenes de fuego a fuego muy abstractas. Todo transcurre en el faro, el chiringuito que hay al lado del faro, la casa del nazi y los alrededores, que son una zona militar ocupada por soldados que hacen la mili. Habrá música, canciones, charlas y fantasmas varios. Vuelvo a los personajes femeninos en un mundo donde habrá muchísimos hombres que son como el atrezzo y que le sirven a la del chiringuito para explicar que no tiene miedo al fin del mundo porque tiene un ejército para defenderla.

Ella ha estado en todas las guerras y tiene cantidad de fotos de cosas terribles, en este chiringuito ella se dedica, además de vivir de una forma muy particular, a hacer fotos, reproduce las fotos que ha hecho de verdad pero de mentiras, con los soldados, fotografía a los soldados haciendo acciones de guerra absurdas, hace un paralelismo entre las fotos de verdad y las falsas. Ella, como Buñuel, duerme con una pistola debajo de la almohada y al final matará a la madre, de verdad. Con esta muerte una se libera y comprende que no ha estado loca toda su vida, pero la otra se convierte en parricida. La madre se muere tres veces y al final dice «ya era hora, llevaba muerta demasiado tiempo, las llamas del infierno no me dan miedo, porque me he librado de dos incendios». Es una película muy surrealista, muy buñueliana, muy lorquiana, lo digo yo antes de que lo digan los demás, cuando esté hecha. Es muy surreal en un ambiente absolutamente natural.

La película se abre con los labios de la protagonista diciéndonos exactamente cuál es el *leitmotiv* de su vida. Estos labios dicen «Soy infeliz», una canción ranchera de Lola Beltrán. Haré varias versiones de esta canción para que la cante Ángela Molina, que es una de las dos hermanas, la bailaora. Con estos labios cantando voy a situar al público en la película y en lo que le pasa a esta chica. Un primerísimo plano de los labios, en una superficie como la de una pantalla de cine, impresiona mucho, es la pura abstracción del origen físico de la voz. Ángela canta esta canción al principio, y luego, la misma canción se cantará varias veces más: en el chiringuito con otro ritmo y cambiando la letra, ya que dice «Soy muy feliz» y eso explica el sentido dramático de su estado de ánimo, y en otro momento se canta en un *playback* muy especial: ella se ha comprometido a salir a cantar en el chiringuito de su hermana porque es una gran cantante, pero tal como está no puede salir al escenario. El oficial que está enamorado de Kiti Manver, que es la otra hermana, la fotógrafo de guerra, lo intenta solucionar. Como lo que quieren es oírla cantar, pone un disco de ella y obliga a salir al escenario a un soldado, el más torpe de todos, un papel que quisiera que hiciera Martxelo Rubio, que está enamoradísimo de la bailaora y sale a hacer el *playback* y todos le insultan y le tiran cosas.

Voy a hacer una versión melódica flamenca tipo Jurado o Pantoja y quiero que Ángela la cante de un modo poco convencional, casi como un lamento, muy agresiva, como una queja amenazadora y perturbadora.

Ángela se llamará Adela. Era bailaora, pero tuvo un accidente y ahora está coja y lleva una pierna ortopédica, y un bastón. Empezamos con ella en el escenario cantando esta canción, inmóvil, clavada, y de repente se empieza a desplazar con la muleta o el bastón. A la muleta o el bastón hay que sacarle mucho partido, quiero que lo haga todo con ese bastón tipo circo, que sea como una prolongación de sus dedos. La película empieza con este «soy infeliz» dirigido a un invisible culpable de todo lo que le pasa. Entra en el camerino y abre una carta del farero en la que le cuenta que está gravísimamente enfermo. Entonces ella va a su casa, coge todos los recuerdos del farero; los mete en una bolsa, los ata, hace su maleta, va a la habitación donde vive el fantasma de su madre y le dice que ha llegado el momento de separarse. Se va. Mete su pasado, todos los recuerdos del farero en un cubo de la basura y prende fuego a su casa. Desde la oscuridad total se abrirá una ventana del Expreso de Andalucía, veremos el cielo de Madrid y una casita ardiendo. Nos metemos en las llamas y vemos a la madre toda chamuscada que desaparece. Ella llega con un taxi al faro. La puerta está abierta y ella va andando con su pata de palo, la buena y el bastón y sonando los tres golpes de su andar aparece el título:

TACONES LEJANOS

El farero lo oye desde la cama y se siente aterrorizado. Ella abre la puerta de su habitación y lo ve. Para que se sepa que es cantante hay un póster de ella en la pared, abre la puerta y se encuentra frente a un póster de ella hace diez años, cuando era bailaora. Es como un efecto óptico, la Adela de antes y la Adela de ahora vistas las dos a la vez. Él le dice que pensaba que era la muerte que venía a buscarle y ella contesta muy canalla. No, soy sólo yo: Adela.

Hay un lapsus en el que se supone que él le ha dicho que quiere morir arriba, con las lámparas. Ella lo prepara todo, le viste, coge las medicinas y algo para comer, frutos secos para sobrevivir arriba y está dispuesta a subirle arriba. Por eso necesito un faro que sea alto. Pero para llegar arriba tardan dos días, ella coja y él enfermo con las medicinas y los frutos secos, se sientan, duermen, comen y mientras se van contando todo lo que no se han dicho en todos esos años. Ella le explica todo su odio, su vida en esos quince años y cuando llegan arriba ya no hay ningún punto oscuro en esa pareja. Todo muy abstracto y muy directo. Él es una especie de *hippie* que se ha puesto de todo, era bailaor y su pareja de baile. En los últimos años se ha retirado allí con el viento, el mar, la naturaleza y se ha hecho farero. Está seguro que se va a reencarnar en viento de levante. En esa ascensión se lo han dicho todo. Él quiere morir arriba, con la luz. Cuando llegan arriba, ella mira con unos prismáticos y empieza a presentarnos todos los elementos de la película: el chiringuito de su hermana, los militares, el médico nazi en su chalet y la madre que también está ahí. Con esa cosa popular de que en el mar se muere con la marea, el farero muere cuando sube la marea y se encienden las lámparas. Es un entorno surreal, como una orgía de luz. Ella baja, se viste y se va al chiringuito de su hermana, a la que no ha visto desde hace quince años. Kiti se va a las guerras por culpa de su madre, pero también porque Ángela le ha quitado el novio, el farero que entonces era bailaor de flamenco. En el chiringuito están los dos soldados, el zumbado que quiero que haga Antonio Banderas y el tímido que hará Martxelo Rubio.

Mientras ellos suben al faro, hemos visto a la madre haciendo *auto-stop* en medio de una carretera de la Mancha, en un paisaje manchego al amanecer. La madre está chamuscadísima y hace que el conductor de un coche acabe estrellándose al verla en la carretera haciendo *auto-stop*, porque cree que ha visto un fantasma. La madre llega al faro y va a ver al médico nazi para que la cure. El médico la mira sin creérselo y la cura, descubriendo debajo de las heridas nuevas las heridas del primer incendio...

(Continuará)

Capítulo noveno
Mujeres al borde de un ataque de nervios

1988

Tacones lejanos *sigue siendo el proyecto en pie, pendiente de su realización. Sin embargo, Almodóvar decidió cambiar de película al comprobar que no la podía hacer en buenas condiciones —entre otras cosas por el clima— hasta la primavera o el verano de 1988. Incapaz de permanecer inactivo o simplemente de descansar un poco, se inventó otra historia a rodar en Madrid aparentemente más sencilla y que ha tenido los nombres de:* Jamacuco, Mujeres al borde de un ataque de nervios, La madre del asesino, *etc.*

Mujeres al borde de un ataque de nervios nace de mi necesidad de hacer otra película. Como *Tacones lejanos* me exigía una preparación que ahora no tengo tiempo de asumir y yo quería hacer una película ya, aunque sólo fuera para encontrar cierto sentido a la vida que llevo, comprobar que este éxito no es un espejismo y ver que soy capaz de hacer la película que quiero. De hecho podía haberme tomado una temporada de descanso, pero no puedo, no quiero.

Al dejar el proyecto de *Tacones lejanos* recuperé una idea que hace tiempo me apetecía hacer. Quería y sigo queriendo hacer, pero no será en esta película sino en un próximo trabajo, una cosa muy rebelde en cuanto a la producción. Algo realizado sin ninguna preparación, una especie de capricho, sin guión, casi un ejercicio o un experimento libre que si salía bien, perfecto, y si no salía bien tampoco pasara nada. Una película muy libre en todos los aspectos, sin ningún rigor al hacerla excepto la propia aventura de su puesta en marcha. Eso me llevó a un mo-

un monólogo femenino en una situación única y límite

nólogo femenino en una situación única y límite resuelta a base de imaginación. Se me ocurrió una idea para ir salvando los baches y los tiempos muertos de este monólogo. Pensaba en una mujer sola, en una situación límite y en un decorado único llevándolo todo al punto más experimental posible, como un reto. Para tener opción de quitar las cosas que no me gustaran, hacer elipsis y eliminar tiempos muertos, pensaba interrumpirla de vez en cuando con anuncios, porque de ese modo se ven las películas en la televisión. Cuando hubiera algo que no me gustara, pues ponía un anuncio y ya está. Necesitaba como diez *spots* para poder montar el conjunto. Esta idea me divertía mucho. El origen era *La voz humana* de Cocteau tal y como lo hacía Carmen en *La ley del deseo*, que me gusta mucho. Adaptando el texto me salían casi treinta minutos; por tanto, tenía que hacer algo para ampliarlo. Un trabajo de introspección. Eso me llevó a imaginar a esa mujer cuarenta y ocho horas antes de esta situación límite y ver los porqués que la conducen finalmente a esa conversación telefónica.

Hasta ahí era aún la película experimental, pero una vez que empecé a meterme en la idea de esas cuarenta y ocho horas, todo lo que le ha dado origen desaparece, aunque permanece de una forma latente. Creo que es realmente una versión de *La voz humana*, sin que se parezca y sin ser tributaria, porque no hay ni una sola frase de la obra. Sin embargo, estoy convencido que si Cocteau la hubiera podido ver o leer el guión, habría pensado que era absolutamente fiel a su idea de la obra y de la soledad de esta mujer abandonada. Eso es lo que más me ha interesado de todo el proceso. Cómo a partir de una escena de *La ley del deseo* he llegado a una cosa que es lo mismo pero no tiene nada que ver. Esa idea original ha dado pie a toda una historia que en definitiva es la que tú quieres contar, porque es la que te sale. Es curioso el proceso: partiendo de *La voz humana* ya no hay ni voz humana, ni monólogo, ni nada. Eso sí, hay una larga espera llena de cosas y el teléfono como elemento determinante. Yo creo que en realidad me ha salido una película contra el teléfono. Como he trabajado en la Telefónica y odio el teléfono, creo que es algo así como un arreglo de cuentas con ellos. Al final, la protagonista dice que empieza una nueva vida y que en esa nueva vida el teléfono no tendrá cabida. Además, el teléfono se tira varias veces por la ventana como reacción. Tiene que quedar muy claro esa angustia de estar esperando que te llamen y que no suene el teléfono, estar esperando en vano, eso es horroroso. De la obra queda una situación de una mujer abandonada y en estado de espera, la ausencia del hombre, aunque sí existe su voz, la presencia de su voz, que es muy importante. Pensando en esta idea de la voz se me ocurrió que el personaje masculino podía ser doblador, así su voz estará aún más presente. La publicidad también está en la película, pues ella, además de dobladora, hace *spots*. De hecho, todo el mundo la reconoce por la calle por uno que es muy famoso, el de la madre del asesino. Así, de la idea original hay cosas, pero se me ha convertido en un documento de ficción delirante sobre distintas chicas.

¿Ya no es una única protagonista?

En cuanto empecé a escribir me salieron más chicas. La película sigue siendo la trayectoria angustiosa de esta mujer sola, pero ella no espera sentada en su casa a que el amante la llame. Como ahora hay aparatitos de esos que te puedes llamar a ti mismo, está todo el tiempo llamándose a su casa para ver si hay noticias, pero mientras tanto está dando vueltas por la ciudad, descubriendo un montón de cosas de su amante. La protagonista se llama Pepa y será Carmen Maura. Por primera vez Carmen aparecerá en mis películas tal y como es ella misma. Siempre la he transformado en otra, pero en ésta pretendo que el personaje sea exactamente como es ella, como se viste ella, con su pelo. Será lo más cercano a Carmen Maura que se pueda hacer. Para mí, esto será una novedad, porque nunca la he utilizado así. Todo irá muy a favor de ella: la edad, el aspecto, su modo de moverse, de hablar. Probablemente será un trabajo duro para ella, porque acercarse a los registros cotidianos sin olvidar que estás actuando es un reto. Pero está claro que el *look* de Pepa será el de Carmen. Julieta Serrano será Lucía. Lucía es un nombre que me gusta mucho. Ya lo tenía pensado para la protagonista de *Matador*, pero un día Assumpta me comentó que su personaje en *El Jardín Secreto* se llamaba así y por eso lo cambié por el de María, que también me gusta por la sonoridad. El personaje de Carmen viene directamente de *La ley*... pero el de Julieta nace en el guión de *Tacones lejanos*, en cierto modo es un hurto a *Tacones lejanos*. El tercer personaje femenino se llama Candela. La historia de Candela es un poco independiente de la de Pepa, es la única historia paralela, porque todas las demás confluyen en el personaje principal, todas acaban pasando por el salón de su casa. Incluso la de Candela. En realidad se puede decir que si *¿Qué he hecho yo para merecer esto!* era un catálogo de maternidades, *La ley del deseo* reunía distintas versiones del deseo, en ésta lo que hay es una visión de distintos abandonos. Son tres mujeres abandonadas: Julieta hace veinte años, Carmen en ese momento y Candela que se encuentra ante una situación rota violentamente por una circunstancia externa a ella. Todas forman parte de un universo de abandonos, y sus papeles son intercambiables. Cualquiera de ellas podría convertirse fácilmente en otra. La amenaza que se cierne sobre ellas es convertirse las dos en Julieta, pero tanto Carmen como Candela son capaces de salvarse. Hay un cuarto papel femenino. Se llama Paulina, que es un nombre imposible. Es una abogada feminista muy diferente a la María de *Matador*. Cuando Julieta sale del psiquiátrico, quiere que su amante vuelva con ella, pero éste vive con Carmen. Así que se va a ver a una abogada para denunciarle por daños y perjuicios por los veinte años de manicomio. La abogada se pone en contacto con Iván, el dueño de la voz amante de Carmen y antiguo amante de Julieta, y se lían sin decirle nada a nadie. La abogada es la mala, la mezquina, la hipócrita, muy de izquierdas pero muy hija puta. Ella se acaba yendo con Iván. El protagonista no se verá más que al final y un momento durante la película, sólo se le oirá, por eso tengo que encontrar una voz impresionante. Para la imagen buscaré un tipo maduro, de cincuenta y tantos años, galán tipo seductor, no importa que no sea actor, pues como no tiene que hablar y casi no aparece, lo importante es que tenga presencia. El otro personaje masculino es Carlos, el hijo de Iván, que interpretará Antonio Banderas. Carlos existe en función de las mujeres de la película: es hijo de Lucía, amigo de Pepa, se enamora de Candela, tiene una novia, Marisa, la quinta chica, que sale muy poco, y conoce a Paulina, la abogada.

Tanto esta película como Tacones lejanos *son como hijas de* La ley del deseo. *Las dos nacen de ella y tie-*

nen su origen en momentos privilegiados de su historia, es como si fuera un árbol que ha dado dos ramas que se han hecho autónomas.

Ésta es muy distinta, pero será tan mía como las otras. Es cierto que arranca de *La ley...* como *Tacones...*, que también nace de ese rodaje, pero no tendrá nada que ver con ella a ningún nivel. A veces me preguntan si estoy escribiendo o preparando algo y cuando digo que sí, la pregunta siguiente es: «¿Será tipo *La ley...*?». Cuando contesto que no, que no se parece, les da como pena. Siempre me ocurre lo mismo cuando una gusta mucho. Ya me pasó con *¿Qué he hecho yo...* Cuando una les gusta, no quieren ir a otro tema, es como si les diera pereza. Para mí, en cambio, me doy cuenta de que estoy en el buen camino por el nivel de estímulo que tengo antes de empezar a rodar. Siento la imperiosa necesidad de contar esa historia y ninguna otra. Estoy apasionado. Lo más difícil es encontrar la chispa, la idea fundamental. Una vez que la tengo, hay que construir la historia y hacer que encajen todos los detalles que sirven para contarla. Trabajar los personajes, hacerlos sólidos para que aguanten esa historia, eso es el guión. A partir de ahí tienes que pensar cómo quieres contar esa historia y cómo la ves en tu cabeza, y tienes que empezar a inventar, a hacer cosas que no has hecho antes, para que te estimules. Son fases de un juego que tiene sus propias reglas. Luego, cuando empiezas a rodar, los estímulos son diferentes. Ya no son las ideas sino las cosas las que te provocan. Pero está bien que tengas una teoría antes de empezar a rodar. Eso es algo que yo nunca explico, pero para cada película tengo una teoría muy clara. Es necesario, porque es un soporte para construir la película, aunque debe ser muy flexible y dejarse ir en la dirección que lleve el film. Una buena tesis siempre te acompaña.

Dentro de esta teoría de la que hablas, la imagen, el look *de la película, ¿lo tienes muy claro?*

Quiero que tenga un *look* veraniego. Quiero empezar a rodar en septiembre, pero como hay muchos interiores no habrá problema de hacerla veraniega. Ésta es una película que se podría hacer de un modo casi naturalista, pero quiero darle un tono distinto, evitando completamente el naturalismo visual. La voy a abstraer muchísimo de decorados y colores, utilizando una estética completamente artificiosa. Lo que pretendo es que lo único auténtico y lo único verosímil sean los sentimientos de ella. Aislar los sentimientos, rodeándolos de artificio de modo que destaquen más, dando preferencia a la realidad de las emociones. Por eso todo el entorno será estilizado, me interesa abstraer mucho los elementos plásticos para que la historia adquiera cierta magnitud. Será una película de decorados, casi como una película americana de los años sesenta. Todo será nuevo, la ropa, los muebles, todo tiene que parecer que está a punto de estrenarse. Quiero hacer casi como una postal, con esa especie de atmósfera que tiene el hiperrealismo que de tan cercano a la fotografía es casi irreal, casi fantasmagórico. Que sea como una pesadilla. Se tienen que reconocer los miedos, los sentimientos, los fantasmas de los personajes en medio de un decorado que tiene que parecer de otro mundo. Quiero que recuerde esas postales de los años sesenta donde se ve una cocina con una abuela imposiblemente falsa con un delantal a cuadros que aún tiene las líneas del doblez de la tienda. La mesa está impoluta, las cacerolas y las tazas no las ha usado nadie. Todo tiene que tener ese aire de nuevo, de no estar vivido, al contrario de lo que siempre he querido hacer. Pero con un tratamiento de luz que lo aleje del *pop*. No quiero que sea una mirada complaciente sobre los sesenta, sino todo lo contrario. En eso radica la máxima dificultad para el operador, porque no quiero una imagen plana, de colores pasteles, sino muchos volúmenes y mucha profundidad, con sombras y niveles de espacio.

Dices que es una película de decorados, pero ella pasea mucho por Madrid.

Sí, Madrid vuelve a salir mucho, pero me gustaría poder retocar los exteriores. Hacerlos expresamente para la película, cambiarlos para hacer una ciudad indefinida que no se reconozca, darle un carácter esencial, sin anécdotas. La ambientación será realista en general, aunque abstracta, pero si están en una cocina habrá cacerolas, neveras, vasos; si están en un despacho de abogada, habrá mesas, teléfonos, pósters, pero todo hecho expresamente. Si hay que poner un póster lo haremos, no usaremos uno ya conocido. Las cosas tienen que tener una funcionalidad, pero deben ser artificiosas. Cuando empiezo una película tengo una serie de ideas plásticas que luego normalmente se reducen al 20 %. De todo ello queda la película que tenías que hacer y para la que estabas capacitado. Lo importante es tener muchas ideas y no importarte dejarlas por el camino. A mí me gustaría cambiar las esquinas de la ciudad, los árboles y los bancos de la Castellana, pero si no se puede, pues no se puede. Intentaremos que Madrid no parezca Madrid, pero sin obsesionarnos. Hay cosas esenciales a las que no puedes renunciar y hay otras de las que puedes prescindir. Tienes que ser capaz de saber discernir cuál es cuál a la hora de rodar y a lo mejor decorar una esquina no lo es. Lo veremos en el rodaje.

¿El equipo será el mismo?

En conjunto sí. Pero hay cambios. En la decoración cuento con Félix Murcia. También cambiaré de ayudante de dirección porque Rafael Moleón, que ha hecho todas las anteriores conmigo, ya fuera como Rafa Moleón o como Terry Lenox, está preparando su primer largo y no puede. De todos modos, en una película cada vez que interviene un elemento nuevo es una incógnita, es como un matrimonio, se espera que todo salga bien pero habrá que verlo. Probablemente la fotografía la haga Ángel Luis Fernández, como las otras,[1] depende de varias cosas. El resto del equipo será el mismo. Tinín en la producción, Cossío en el vestuario y todos los demás, incluido Pepe Salcedo, el montador, que es el único que ha estado conmigo desde *Pepi...* Pepe ha entendido mi material de forma espléndida. Para mí es imprescindible. Encontrarme con un montador que no me entendiera me habría hundido. Hay un montón de cosas en el montaje que como no sea a base de buenísimo entente no se pueden conseguir. En este sentido la disposición de Pepe Salcedo es extraordinaria. Lo que me gusta de él es que es muy moderno en sus conceptos. Ha montado a Manolo Gutiérrez, que no tiene nada que ver conmigo, y ha sabido darle el tratamiento necesario. El montador suele ser una persona que se toma muy en serio una serie de reglas de la planificación, suelen ser muy inflexibles. Pepe no tiene ninguna regla, excepto la del rit-

---

1. La fotografía la hizo finalmente José Luis Alcaine.

mo interno de la secuencia y de la película. Tiene una espontaneidad total para valorar la imagen que tiene delante y distinguir la que va mejor aunque no sea la más perfecta, la que tiene la chispa y la fuerza. No es nada convencional, pasa de *raccords*, de saltos de eje, de todo, mientras el ojo lo acepte y funcione. En la planificación ya está el tipo de película que quieres hacer, pero en el montaje solucionas un montón de problemas.

Volviendo a Mujeres al borde... *¿crees que se puede establecer alguna relación con alguna película tuya anterior, al margen de su vinculación con* La ley...?

Se podría pensar un poco en *¿Qué he hecho yo para merecer esto!* En realidad son dos historias de mujeres solas, tanto la Carmen de allí como ésta, están completamente solas. Allí era una mujer sola rodeada de objetos que la miraban. Aquí la soledad es algo más abstracto, es casi una idea. De hecho, me gustaría que el decorado fuera como una catedral, que su casa fuera algo descomunal donde ella fuera como un puntito perdido en medio de todo aquello. Ella y el teléfono que nunca suena.

El problema es que casi todo lo que sucede entre medio a esa historia de soledad me ha salido muy cómico. En cuanto me descuide, se me convierte en un vodevil de entradas y salidas. Por eso quiero un *look* de película americana de los sesenta. El reto está en la interpretación que no debe subrayar nada. Quiero que todo lo digan en un tono visceral nada propio de la comedia y que de eso surja la contradicción. Ésta es la que me ha salido más parecida a Billy Wilder, el esquema es de comedia disparatada, pero muy wilderiana. Mi planteamiento nunca ha sido más wilderiano, tanto en guión como en situaciones. De hecho, le he puesto a Carmen como modelo la Shirley MacLaine de *El apartamento*. Hay algo en la manera de interpretar de Carmen que se parece al de la MacLaine. Tienen cosas en común. Lo que te están contando puede ser terriblemente triste, patético en una situación divertida que tú percibes a través de ella. Te encanta y a la vez te da mucha pena. Es ese tipo de cosas que nunca te puede dar Meryl Streep, por ejemplo, que es unidireccional, sin matices y sin complejidades. Shirley MacLaine lo provoca todo a la vez, es vulnerable, está llena de vitalidad, es una chica normal, ni guapa ni fea, muy generosa, es capaz de llevar sobre sus espaldas un problema monstruoso pero no descuidar los problemas cotidianos que la rodean. Carmen es capaz de hacer eso. Pero para evitar el peligro de aislarla en su soledad y sus problemas me he inventado una salida. Como no soporta la casa donde ha vivido con Iván, decide alquilarla. Va a una agencia y la pone en un anuncio. Al ponerla en alquiler abre una puerta a futuros inquilinos, es decir, a futuras situaciones nuevas que se mezclan con las suyas propias, y eso es lo que le da el tono de vodevil. Al final hay una gran escena entre Julieta y Carmen. Las dos han estado buscando la voz todo el tiempo y atando cabos han ido a parar una a la otra y juntas acaban encontrándolo. Julieta va armada y en esa escena le cuenta su historia a Carmen, que intenta hacerla entrar en razón, pero ella le contesta que no puede, que sólo olvidará cuando él desaparezca y que para que desaparezca debe matarle. Sólo así podrá vivir tranquila y volver al psiquiátrico. La locura de Julieta consiste en estar aferrada a una idea fija y no admitir que esa idea ya no vale. La ha estado alimentando durante los últimos veinte años y tiene esa conciencia monstruosa que da la locura con una dirección única y obsesiva, que hace que no veas nada de lo que te rodea. Para anular el tiempo va vestida como en los sesenta, con minifalda, psicodélica, con una apariencia grotesca pero con el aplomo de lo trágico. Es monolítica e impresionante. Tiene que estar a años luz de la parodia, y eso es algo que Julieta puede hacer perfectamente.

Los tres papeles son difíciles, Lucía por su locura, Pepa por su soledad y Candela por el lío en que está metida. En la película hay una sorpresa que sólo se revela al final y que justifica todo un poco. Durante esos dos días Pepa quiere hablar como sea con Iván, tiene que decirle algo muy importante, independientemente de que se vaya con otra para siempre, pero no hay forma de encontrarle. Cuando al final da con él en el aeropuerto y le salva de los disparos de la loca que le quiere matar, ya es tarde, ya no tiene nada que decirle. Ella ha asumido a través de Julieta y de Candela que hay cosas que no debe hacer y en las que no tiene que caer. Por eso ya no le necesita para contarle el gran secreto. Lo que ha descubierto en estos dos días es que la angustia de la espera tiene un fin, y que ese fin llega a no ser que te obsesiones como Julieta y lo conviertas en *leitmotiv* de tu vida. Una vez que se ha llegado a ese fin, la angustia desaparece y desaparece el deseo y la necesidad. Eso hace que no le diga nada a Iván y que en cambio, al llegar a su casa y encontrar todos los personajes reunidos allí, sea precisamente al que tiene menos relación con ella al que le comunique su secreto, ese gran problema que la ha mantenido al borde del ataque de nervios durante cuarenta y ocho horas.

SEGUNDA PARTE
A modo de complemento

Capítulo primero
Pepi, Luci, Bom y otras chicas del montón

Hablar de *Pepi, Luci, Bom y otras chicas del montón*, ocho años después de su realización, es un poco difícil. ¿Cómo enfrentarse a una película así?, ¿qué se puede decir de un producto de estas características? Juzgarla desde un punto de vista técnico es imposible, hacer una valoración de tipo sociológico es limitado, pensar en ella como producto cultural no expresa más que una parte de su interés: el testimonial. Lo primero que se puede hacer respecto a *Pepi, Luci, Bom...*, por encima de estos criterios clásicos en cualquier análisis cinematográfico, es alegrarse de que exista. Sorprenderse de que haya una película de estas características en nuestra cinematografía. Independientemente de otras cuestiones y otros valores, otras críticas y otras conjeturas, lo mejor de *Pepi, Luci, Bom...* es su propia existencia. De *Pepi...* se dijo, y se sigue diciendo, que es la peor película del cine español en cuanto a realización. Una visión ocho años después nos puede deparar algunas sorpresas. Efectivamente, *Pepi...* se ve mal, se oye mal y tiene algunos defectos espeluznantes. Pero hay en ella tal cantidad de ideas cinematográficas que dejan en pañales a algunos productos mejor terminados, más bien presentados pero carentes de la más mínima imaginación. Almodóvar conseguía hacer con *Pepi...* algo un poco difícil: traspasar un lenguaje a otro, adaptándolo de forma que se consiga algo nuevo. Pasando del lenguaje del Super-8 y la fotonovela, del cómic o el tebeo, al propiamente cinematográfico, conseguía una serie de planos y secuencias insólitas en su planificación. La planificación ha sido desde siempre la mejor baza del cine almodovariano. Más que otras razones de tipo anecdótico o argumental, lo que distingue el cine de Almodóvar desde esta primera película es una concepción del espacio cinematográfico absolutamente personal. Es cierto que en *Pepi...* esta concepción está aún en mantillas y apenas empieza a perfilarse, pero ya está ahí.

El primer plano de la película, y por tanto de su filmografía en formato profesional, es determinante. Almodóvar parte de un paisaje urbano, la fachada de un edificio completamente anodino e impersonal, lleno de pequeñas, anodinas e impersonales ventanas, para, en un movimiento de cámara a la inversa del de *Psicosis*, sin que ello implique absolutamente nada, retirarse hacia atrás y descubrirnos primero un balcón con unas macetas y, aún más atrás, sin cortar el plano y haciendo un recorrido por la habitación llena de objetos inverosímiles, mostrarnos a su protagonista, Pepi, en medio de un espacio absolutamente privado y con una música inolvidable para cualquier espectador que ve la película. Con este plano Almodóvar nos coloca en el centro de su cine, ya que en él está prácticamente todo: las ventanas, los movimientos de cámara extraños, la música, el paisaje urbano, los ambientes *kitsch* y una chica, la chica por excelencia protagonista de todo su cine, ya sea en una u otra encarnación.

En *Pepi, Luci, Bom y otras chicas del montón* empiezan muchas cosas que serán tradicionales en el cine de Almodóvar. Por ejemplo, la publicidad. *Pepi...* está hecha a cachitos, esto es algo que su director nunca ocultó y dentro de esos cachitos la publicidad ocupa un lugar muy importante como una unidad independiente. Este ejemplo de la publicidad es una buena muestra de la estructura de *Pepi...*

Condicionada por el proceso de realización, dilatado a lo largo de un año y medio, el film se desarrolla por unidades cerradas. La publicidad es una, la secuencia de la mujer barbuda es otra unidad independiente que funciona por sí sola como un *sketch;* la fiesta sería un tercer bloque con autonomía propia. Pepi es el hilo que une e hilvana las distintas viñetas —porque tienen más sentido de viñeta que de secuencia— de la película y le da continuidad a partir de su venganza: la publicidad porque se convierte en su profesión, la fiesta porque ella será la azafata escogida para puntuar en el concurso «Erecciones Generales» e incluso justifica el monólogo tennessee-williamsiano de Cristina, que adquiere sentido en función de la fiesta.

La idea de viñeta no se desprende sólo de estas unidades cerradas, también surge de la propia organización de la narración. De una forma alternada, pero no aleatoria, las escenas de ellas tres juntas van punteando la historia. La primera aparece cuando Luci y Bom se conocen en casa de Pepi, excelente en su simplicidad triangular después de la posible truculencia cotidiana de la meada (probablemente uno de los planos más irreverentes, precisamente por su falta de énfasis, del cine español de los setenta). La segunda escena importante de ellas tres es en la fiesta. Luci vuelve a estar situada entre Pepi y Bom, las tres apoyadas en la pared: el triángulo se ha convertido en una línea en el momento de mayor unión. Un tercer plano de las tres chicas se presenta en la calle, en un paisaje urbano desolador por su impersonalidad, ahí la solución es otra; Pepi y Bom van cogidas del brazo mientras Luci se sitúa un tanto alejada, unida a ellas por una correa: se ha convertido en el perro de Bom y esto la separa de Pepi. La cuarta vez que las vemos juntas es Pepi la que se encuentra entre Luci y Bom. La separación entre estas dos últimas empieza a evidenciarse y Pepi recupera su lugar dominante en el triángulo. La línea se empieza a romper y acabará de romperse en el último y quinto encuentro de las tres solas en la discoteca, justo antes de que el triángulo se convierta en cuadrado con la llegada de Kiti Manver y las incorporaciones esporádicas de Julieta y Assumpta y justo antes de la traición de Luci al volver con su marido. De la desaparición de la tríada surge espléndida y reforzada la amistad de Pepi y Bom, auténtico tema de la película.

La música es el otro hilo conductor, diferente pero muy importante. Los dos números musicales que cantan «Alaska y Los Pegamoides» son también unidades independientes, aunque estén más integradas en la narración que el monólogo de la mujer barbuda o la publicidad. La música, junto con los carteles y pinturas que aparecen a lo largo de la historia son parte testimonial, o documental si se quiere, de la película. Es el lado generacional. Tanto en la fiesta como en los conciertos está reunido todo el que era algo en el Madrid de finales de la década. *Muy cerca de ti* y *Murciana* son títulos emblemáticos de la música de esos años como lo son los cuadros que los pintores pintan en casa de Bom. A partir de estos elementos *Pepi* adquiere un valor histórico adicional respecto a la España de entonces.

Pero en *Pepi*... hay muchas cosas que funcionan solas, pequeños *gags* como el de las dos chicas argentinas ante el cartel de los «Bomitoni», verdadero alarde de velocidad lingüística, uno de los diálogos más difíciles de captar en una primera visión; o el personaje de Roxi, interpretado por Fabio completamente a su aire, con auténtica libertad, especialmente en la secuencia con el cartero, que podría ser —y de hecho lo es— un disparate, pero lleno de espontaneidad e incluso credibilidad. La propia aparición de Almodóvar como maestro de ceremonias en el concurso «Erecciones Generales», con la cabeza cortada gran parte del plano debido a las limitaciones técnicas o a las incompetencias técnicas, lo que le convierte en casi experimental al tener al principal actor decapitado casi todo el tiempo, es un *gag* en sí mismo; como lo es el personaje de Charito, encarnado en Concha Gregori, la imagen más deprimente de ama de casa —soltera y virgen para más inri— que se ha visto en una pantalla.

Probablemente lo que peor funciona en *Pepi, Luci, Bom...* es la historia del policía. Tanto el personaje como su actuación chirrían un poco en el contexto desenfadado, burlón y fresco de las chicas del montón y no llega a constituir una unidad independiente puesto que no tiene entidad. Es evidente que el argumento no se pondría en marcha sin su primera y determinante aparición en casa de Pepi, pero después no funciona, no cuaja a pesar de que Félix Rotaeta intenta darle toda la mala leche posible. Almodóvar conoce muy bien a sus chicas, pero no conoce, y además no le gusta, al personaje del policía y éste naufraga perdido en la sordidez de su piso, único lugar donde es el centro de atención.

Pepi, Luci, Bom y otras chicas del montón es una película técnicamente mal hecha, quizá demasiado mal hecha. Se puede entender que el sonido sea malo porque hacer buen sonido en España es difícil incluso con altos presupuestos, pero seguramente la imagen se habría podido cuidar más. Con todo, hay que reconocer que si se oye y se ve mal, lo que se oye y se ve es suficientemente impactante como para perdonarle las deficiencias. Entre lo que se ve, los chillones colores de los vestidos, rosas, verdes, amarillos, rojos, son un auténtico muestrario de lo más *pop* y «moderno» que se puede ser, igual que los imposibles peinados, verdaderas esculturas capilares que dan un toque de alegría y color a la sordidez de los ambientes en que se desenvuelven las vidas de estas chicas. En cuanto a lo que se oye, dejando a un lado los diálogos, catálogo de modismos y palabras inventadas, la música, no sólo la cantada sino toda la banda sonora es, vista en perspectiva, una especie de ensayo general de lo que será la música en toda la obra de Almodóvar: un *collage*, una mezcla puesta en relación con unas imágenes y sonidos que aparentemente se contradicen y en cambio se enriquecen entre sí. Uno de los valores indiscutibles de *Pepi...* es su oportunidad. En este sentido, Almodóvar ha tenido la capacidad de conectar con una necesidad colectiva que excede incluso nuestras fronteras, creando un producto que respondía a un deseo de hacer algo distinto. Aceptando las posibles diferencias, *Pepi...* se alinea con primeras películas como *Permanent Vacation* de Jim Jarmusch o *Smithereens* de Susan Seidelman, pero siendo absolutamente madrileña para los que conocemos e identificamos lugares y comportamientos con Madrid. Para un extranjero o simplemente para alguien que la descubra ahora, con ocho años de distancia, *Pepi...* es más una película moderna en el sentido menos peyorativo del término, que puede suceder en cualquier ciudad del mundo a finales de los setenta. Cualquier ciudad del mundo llena de contaminación, casas anodinas, pisos minúsculos que contrastan con la gente joven y divertida que intenta superar la sordidez del ambiente como puede. Ésta es la razón, seguramente, de que la historia del policía no funcione en la película. El policía es lo más identificable con un tiempo y un lugar concreto, mientras que el resto es universal.

Capítulo segundo
Laberinto de pasiones

Laberinto de pasiones es la primera película profesional de Pedro Almodóvar. Realizada con suficientes medios, algunos muy sofisticados, como el excelente sonido de los alemanes Mueller y Fausten, de *Laberinto...* lo primero que se dijo es que «por fin una película de Almodóvar que se ve y se oye». Este eslogan dominó todo el estreno y fue el causante de que algunos de los fans del director en su etapa *underground* y de Super-8, se pusieran en guardia respecto al nuevo film. ¡Como si hacer un producto bien acabado fuera una traición!

Lo cierto es que *Laberinto de pasiones* es menos interesante que *Pepi...* en algunos aspectos, cosa por otro lado lógica. Almodóvar, al tener técnicos y medios —relativos de todos modos, pero medios—, se preocupó más de aprender a utilizarlos que de ver qué contaba. En *Laberinto...* la historia, aun siendo divertida y muy representativa de un momento de Madrid, es lo de menos. La gracia que tiene la película es que se ofrece como un ejercicio casi académico de usos y costumbres del cine, una especie de catálogo de lo que se puede hacer cuando uno tiene una cámara y un operador decentes, un micrófono y un técnico de sonido que funcionan y unos actores que no se limitan a estar o pasar por delante de la cámara, sino que interpretan una historia completamente ficticia. En este sentido, *Laberinto de pasiones* está lleno de interés desde la primera secuencia, el paseo por el Rastro de los dos protagonistas, auténtico laberinto de callejuelas, puestos y gentes donde, como en un juego de la oca, tanto Cecilia

277

el juego de la oca

Roth como Imanol Arias van viendo los mismos culos y las mismas braguetas sin encontrarse uno a otro, pero cruzándose, todo ello al son de una sardana, música perfecta para dar idea de un conjunto de personajes entrelazados entre sí que acaban cerrando un círculo abierto hace quince años. Esta idea del círculo surge no sólo de la música, sino del propio uso del *flashback* que hace Almodóvar. En varias ocasiones el director ha dicho que el *flashback* es un truco bastardo que corta la narración, pero en *Laberinto...*, film de pruebas, lo utiliza en dos ocasiones. Una en un *flashback* reciente de pocos días, otra en un *flashback* lejano de quince años, a través del cual se explican todos los traumas que empujan a los personajes a comportarse como lo hacen.

La imagen del juego de la oca, un laberinto en definitiva, lleno de trampas y recompensas, planea constantemente sobre la película. Las fichas son Riza Niro y Sexilia, el premio final es el amor y en el camino habrá trampas, especialmente Toraya, ayudas, especialmente Queti y diversos incidentes equivalentes al pozo, la cárcel, el puente o cualquiera de los otros puntos del recorrido del juego. Este sentido del juego aflora también en la puesta en escena, que alterna una serie de motivos como enlaces involuntarios entre los distintos episodios que se van sucediendo. Por ejemplo, los muy variados y abundantes recorridos en taxi. En un taxi hablan por primera vez Queti y Sexi, destinadas no sólo a convertirse en dos amigas inseparables sino en dobles —un tema, el del doble, que a Almodóvar parecía gustarle al principio de su filmografía y que más tarde ha abandonado—, en otro taxi se produce el cambio de personalidad entre Queti y Sexi y en un tercer taxi tiene lugar la explicación entre Sexi y Riza, la explicación que justifica su doble ninfomanía y sus complejos desde pequeños. Los taxis son un poco como las ocas de la historia: de taxi a taxi y tiro porque me toca.

Pero la idea de laberinto está en más partes de la película, al menos en teoría, porque no siempre ésta consigue darla: el hotel donde viven Toraya y Riza es un laberinto de pasillos y habitaciones en el que finalmente se encuentran los tres implicados en el trauma inicial: Sexi, Riza y Toraya. El aeropuerto, en el fragmento final, es otro laberinto en el que confluyen todos los personajes en la más disparatada secuencia de la película, la que más recuerda el cine lesteriano de los años sesenta con gente que corre, personajes que se buscan, se pierden, se raptan y que acaba con un típico *gag* de comedia americana: Tinín, uno de los estudiantes islámicos se queda fuera del dos caballos destrozado donde han secuestrado a Toraya y parte corriendo detrás de él. Laberintos son el Rastro, la propia ciudad con sus metros, calles y esquinas, la discoteca donde actúan los dos grupos con sus camerinos, lavabos, escaleras, focos y rincones... Y pasiones las hay en todos y cada uno de los personajes que salen, a excepción, quizás, del padre de Sexi.

Es curioso que ésta sea prácticamente la única película en la que intervienen activamente los padres como elementos argumentales. Almodóvar, mucho más dado a las madres que a los padres, hace de ellos un retrato nada complaciente. Por un lado, Luis Ciges, empeñado en acostarse con su hija un día sí y un día no, no aparece, a pesar de su cariño y sus atenciones, como un padre a envidiar. Y menos envidiable es el padre de Sexi, el bioginecólogo que odia el sexo y por eso se ha inventado la inseminación artificial, personaje más antipático que otra cosa, que tan sólo se redime cuando reconoce su fracaso y acepta la ayuda que Queti, convertida en su hija, le ofrece.

Otra cosa que sorprende en *Laberinto de pasiones* es que, a pesar de su frescura y aparente frivolidad, la mayor parte de los personajes son antipáticos, desagradables por una u otra razón, cosa que en *Pepi, Luci, Bom...* no sucedía, ya que las tres chicas, por distintas razones, acaban siendo simpáticas al espectador —Luci quizá con más dificultad—. Desagradable es Sexi, a pesar de ser la protagonista, con su aire de estar por encima de todo y con su ninfomanía a cuestas; desagradable es Riza Niro, escondiéndose tras una peluca y unas gafas negras; desagradable es la psicóloga argentina de la escuela lacaniana a la que dan ganas de estrangular, lo mismo que a Eva Siva, la madre de la niña probeta, auténtica premonición de la Kiti de *¿Qué he hecho yo para merecer esto!*; desagradable es Toraya con sus poses principescas y sus frustraciones no asumidas. Los únicos que se salvan de este repertorio de odiosidades son Queti con su sencillez y frescura, entregada a ayudar a todos, desde su padre hasta el padre de su amiga, y Sadec el estudiante islámico, el personaje más puro de toda la película. De los componentes de los dos grupos musicales tampoco se puede decir que sean muy simpáticos, ni Nana o Angustias, ni Gonzalo o Ángel con sus cobardías y disimulos se salvan de la quema, menos aún Santi, el malvado, o el *manager* que se aprovecha de todos, y ¿qué decir de la maravillosa pareja que hacen Cristina Sánchez Pascual y Ángel Alcázar, que lo único que quieren es casarse y convertirse en una familia convencional, dejando de lado esas cosas de la canción, propias de las veleidades de la juventud? Almodóvar, casi sin proponérselo, hace un retrato absolutamente cruel de un sector de la sociedad, un sector interclasista, ya que en él encontramos desde miembros de la realeza como una ex-emperatriz y un príncipe destronado, hasta un estudiante tiraní o la hija de un tintorero, pasando por los grados intermedios de la alta burguesía representada por Sexi y su padre, la clase media que asumen Angustias y su madre, y el proletariado desclasado de Eusebio y su novia. En este sentido, *Laberinto de pasiones* es también un laberinto de clases plenamente interrelacionadas.

En el momento del estreno de esta película, se acusó a Almodóvar de dispersión. No creo que dispersión sea en este caso una acusación, *Laberinto de pasiones* es una película sin centro, por tanto no puede hablarse de dispersión respecto a nada, sino de una suma de personajes y situaciones que se van sucediendo sin una coherencia muy clara. Tal y como estaba planteado, el disparate era el motor de la acción, pero en el resultado definitivo la historia de amor entre Riza y Sexi pesa demasiado y lastra el resto del film. Está muy claro que en las secuencias que acumulan mucha gente en pantalla, muchas conversaciones paralelas, muchos malentendidos o entrecruzamientos, la película sube de nivel, por ejemplo en la tienda de lámparas, o todo el larguísimo fragmento del Carolina con sus múltiples espacios de acción: el escenario, el público, las escaleras, el camerino. Cuando se quedan solos Cecilia Roth e Imanol Arias, el ritmo decae y se hace más pesado. Se puede decir, a grandes rasgos, que funciona todo lo que está relacionado con Queti, incluida la patética escena de la violación atada a la cama con un Cristo presidiendo, y especialmente sus conversaciones con Sexi. También funciona lo relacionado con Sadec, los estudiantes islámicos y la divertida escena de la parada del autobús. Funciona menos, aunque tiene momentos buenos, lo relacionado con

Sexi, pero no funciona nada o casi nada lo que tiene que ver con Riza. Con una excepción, su relación con Fabio que es absolutamente autónoma y forma una unidad al margen del resto de la historia. Por si no estuviera clara su marginalidad, Fabio no aparece en la secuencia final, la del aeropuerto, que es un poco la reunión de todos los que han pasado por el filme.

Tanto en su primera aparición en el bar, con un diálogo espléndido, de esos que se pueden seleccionar como modélicos de una cultura urbana determinada, incluida la preciosa nota que le envía a Riza con el cinéfilo detalle de Pheliz (Taylor), hasta la actuación en el Carolina con la canción *Suck it to me* cantada por Almodóvar y McNamara, en una de las secuencias más documentales de su cine, pasando por la sesión de fotos de la fotonovela, todo el capítulo de Fabio es francamente bueno. La fotonovela se destaca del resto de la película por su propia entidad, en esa escena está todo lo que Pedro Almodóvar piensa del cine: el artificio que tanto le gusta, la representación, lo falso y lo verdadero, la violencia, la manipulación del actor. Esta secuencia, con un sentido más lúdico y distanciador, es una primera versión de la que abrirá *La ley del deseo*, sólo que aquí Almodóvar todavía no se atreve a ofrecerse tan sin protección y por eso queda todo en una simulación, pero en esos planos está explicada su relación con los actores, su necesidad de imponer su voz y su criterio al protagonismo de los rostros y los cuerpos de los otros, que en definitiva deben asumir que son instrumentos en sus manos.

Laberinto de pasiones no es en conjunto la más representativa de las películas de Almodóvar, pero es un paso necesario para poder asumir nuevos caminos más personales. Almodóvar debía quitarse de encima lo moderno de algún modo y éste era tan bueno como cualquier otro. A raíz del estreno de *Laberinto*, que se ha convertido en un clásico de las sesiones de madrugada, se dijo que Pedro Almodóvar estaba en un callejón sin salida, porque la movida y los modernos no daban más de sí. Nadie se creía que aquello no era un punto final sino un punto y aparte para enfrentarse seriamente a otros proyectos de mayor envergadura a todos los niveles.

Capítulo tercero
Entre tinieblas

Después de *Pepi...* y *Laberinto de pasiones*, lo que menos se esperaba es que Almodóvar hiciera una película como *Entre tinieblas*. Tanto *Pepi...* como *Laberinto...* eran comedias generacionales «modernas», de muchos personajes, diurnas, exteriores y sin más trascendencia. En cambio, *Entre tinieblas* se presentaba como una historia encerrada en un solo escenario, con muy pocos personajes —las cinco monjas y Yolanda— y con una voluntad de profundizar en una aventura compleja y arriesgada como es la religión, la fe, la falta de fe, el pecado, la ausencia de Dios y la sustitución de éste por otra cosa. De entrada, era un tema que sorprendía y tras los primeros pases empezó a planear sobre Almodóvar un fantasma que desde entonces no le ha abandonado. El hecho de que en *Entre tinieblas* se atreviera con un tema religioso y con monjas, le relacionó automáticamente con Buñuel, y Buñuel se convirtió desde entonces en la referencia y el punto de comparación. Un punto de comparación que no beneficia a Almodóvar, puesto que él mismo reconoce que el listón está muy alto, pero que de algún modo se ha convertido en la espoleta que le hace ir cada vez más adelante, estableciendo con el cineasta aragonés una corriente de relación bastante subterránea, pero indiscutible, que en *Entre tinieblas* comienza, y no precisamente por la religión o las monjas, sino por el surrealismo encarnado en la película en la presencia inexplicable del tigre.

Entre tinieblas, junto con *¿Qué he hecho yo para merecer esto!*, se sitúa en el centro de la obra de

Almodóvar tras el prólogo que significaron *Pepi...* y *Laberinto...* y como preparación de los trabajos más elaborados de *Matador* y *La ley del deseo*. Si en *Pepi...* Almodóvar se limitaba a filmar lo que podía, y en *Laberinto...* aprendía arbitrariamente a filmar sin mantener demasiada relación entre el cómo y el qué, en *Entre tinieblas*, Almodóvar se arriesga más y empieza a escribir con la cámara en un lenguaje absolutamente privado, el suyo, que se va construyendo a medida que se descubre. Porque Almodóvar no ha aprendido cine teóricamente, sino con una cámara y un micrófono en las manos y buscando las soluciones más idóneas con estos elementos para resolver los problemas que se plantea. *Entre tinieblas* es, desde este punto de vista, una película llena de innovaciones. La falta de formación académica le permite hacer planos que probablemente en una escuela de cine no se aceptarían como los *travellings* aéreos o los picados forzados y antinaturales de algunos momentos. Pero Almodóvar lo hace y a veces le salen muy bien: Julieta en la iglesia; y, a veces, le salen mal: Julieta en casa de la marquesa. *Entre tinieblas* tiene, a diferencia de las anteriores, un centro, un motor, Julieta, la madre superiora, y una estructura interna muy planificada, dividida en un prólogo, tres actos y un epílogo. En el prólogo vemos a Yolanda, la protagonista, en medio del Madrid nocturno e inhóspito tras la muerte, la primera muerte en el cine de Almodóvar, de su compañero Jorge Muller. El primer acto comienza en la iglesia. La iglesia es un punto de reunión importante en esta película. Allí se encuentran frente a frente Julieta y Yolanda por primera vez, allí se reúnen las monjas a rezar o a descansar de sus trabajos cotidianos, y allí busca refugio Julieta cuando se siente abandonada por Dios y por Yolanda. En este primer acto, Yolanda y la madre superiora establecerán la relación de mutua dependencia: afectiva por parte de Julieta, puramente material —la droga— por parte de Yolanda. Este primer capítulo se cierra con la detención de Merche y la traición de la madre superiora. Empieza entonces un segundo acto, el de la separación, donde Yolanda y Julieta viven su tormento de distinta manera, intentando liberarse la una de la droga, la otra de su necesidad de amar y ser amada. En este segundo capítulo y casi en el centro de la narración, el plano de Julieta situada en el mismo centro del cuadro se erige como punto central y único de toda la película. Desde ese lugar iluminado y central, en el altar de la iglesia, donde Julieta llora su pérdida, su pecado, donde se lamenta de estar entre las tinieblas, toda la película adquiere sentido, un sentido circular de aros concéntricos que se irradian a partir de ella en ese momento. El tercer acto, la fiesta propiamente dicha, es una unidad en sí misma, con distintos apartes diferenciados y continuos dos a dos que enlazan los diálogos: Julieta y la marquesa, la marquesa y Yolanda, Yolanda y la madre superiora, la madre superiora y la madre generala, Yolanda y Chus, Chus y la marquesa, la marquesa y Sor Perdida, hasta desembocar en el gran acto final, la canción que Yolanda dedica a la madre superiora como despedida y ruptura. El epílogo, breve y muy emotivo, es la pura esencia del dolor de la pérdida de Julieta al saberse definitivamente abandonada.

Sobre el papel y en una primera visión, *Entre tinieblas* es una película redonda, compleja y arriesgada. Luego se empiezan a ver fallos en tan perfecta arquitectura, atribuibles a una falta de decisión a la hora de imponer criterios por parte de un director aún bastante novel y con una incapacidad de controlar plenamente las historias que, como ramas de un árbol central, se van desprendiendo del tronco principal. Este tronco principal son las monjas y la pareja Julieta-Yolanda. Todo lo relativo a las monjas funciona muy bien. Sor Perdida y su relación con el tigre es lo mejor y más insólito; Sor Víbora y su pasión por la moda religiosa se sostiene como historia de amor disfrazada bajo las palabras y los velos de la costura; Sor Estiércol, con sus alucinaciones y manías de mártir, tiene momentos brillantes, sobre todo cuando asume el lado de perro fiel de la madre superiora; Sor Rata de Callejón y su aventura literaria es la que menos funciona, y no porque Chus Lampreave no esté magnífica, sino porque su inmediata vinculación con el exterior la debilita. Y es que todo lo que pasa fuera es lo peor de la película. Todo lo que pasa fuera del convento se le escapa relativamente de las manos, con una excepción, la secuencia del Rastro donde venden tartas y flores. Pero es que esa secuencia, aun siendo en exteriores, es una prolongación del mundo del convento, mientras que la marquesa, la casa de la hermana de Chus, o la casa de Lola, la chica que le vende la droga a la madre superiora, son menos efectivas y están un poco deslavazadas, especialmente todo lo que tiene que ver con la marquesa que no acaba de cuajar en la historia.

En *Entre tinieblas* hay una sexta monja que permanece en la sombra, entre las tinieblas, pero que forma parte de lo que allí sucede, es Virginia, la hija de la marquesa que fue la causa de la fundación del convento y que se marchó a África donde se la comieron los caníbales. Virginia, como un espectro, se mueve por las salas y pasillos del convento recordando su presencia. Esto justifica en parte el papel de la marquesa, pero la impresión de posesión con respecto a Yolanda y de reencarnación hasta cierto punto no acaba de darse nunca. En parte por culpa de Yolanda. Yolanda, el séptimo personaje, recordemos que hay cinco monjas reales y una muerta, es aparentemente la protagonista de la historia, pero en realidad es una espectadora de lo que allí sucede. Yolanda es uno de los personajes femeninos más interesantes del cine de Almodóvar, precisamente porque es atípico y autónomo. Esto, que es algo que evidentemente molesta al director, es uno de sus principales atractivos. Yolanda no se ajusta a lo que Almodóvar quiere que sea una mujer de estas características: cabaretera, aventurera, drogadicta, asesina, independiente y solitaria. Yolanda es casi un mueble sin sentimientos, sin afectos y sobre el que las cosas no dejan huella. Hace su vida al margen de lo que Almodóvar pretende que haga y esto provoca una fricción en el film que en cierto modo beneficia el resultado final, porque obliga a todos a estar alerta, impidiendo que la película derive hacia una comedia con monjas. Una de las razones para que no se vaya hacia ahí es precisamente este no entrar nunca en el juego de Yolanda que, como un imán, obliga a las otras, especialmente a Julieta, a forzar su comportamiento respecto a ella, es decir a desnaturalizarlo y apartarlo de cualquier tentación naturalista.

Entre tinieblas fue un auténtico éxito. Se presentó en Venecia, aunque fuera de concurso, y se estrenó posteriormente en Italia, donde la gente pareció entenderla bien, pero estableciendo de inmediato la relación con Buñuel. En España provocó ciertas reacciones contradictorias. ¿Es que Almodóvar se había vuelto un chico serio? ¿Es que ya no era un chico moderno? ¿Era todo una broma o qué sucedía? ¡Atreverse con una historia de monjas! *Entre*

Carmen Maura en *La ley del deseo* (1987)
(Foto: Jorge Aparicio)

Cartel de *Pepi, Luci, Bom y otras chicas del montón* (1980)

Pepi, Luci, Bom y otras chicas del montón (1980)

Pepi, Luci, Bom y otras chicas del montón (1980)

Cartel de *Laberinto de pasiones* (1982) (Iván Zulueta)

Laberinto de pasiones (1982) (Foto: Pablo Pérez Mínguez)

Laberinto de pasiones (1982) (Foto: Pablo Pérez Mínguez)

Cartel de *Entre tinieblas* (1983) (Iván Zulueta)

Entre tinieblas (1983) (Foto: Ana Muller)

Entre tinieblas (1983) (Foto: Ana Muller)

Cartel de ¿*Qué he hecho yo para merecer esto!* (1984)
(Iván Zulueta)

¿Qué he hecho yo para merecer esto! (1984)
(Foto: Antonio de Benito)

¿Qué he hecho yo para merecer esto! (1984)
(Foto: Antonio de Benito)

Cartel de *Matador* (1986) (Carlos Berlanga)

Matador (1986) (Foto: Jorge Aparicio)

Matador (1986) (Foto: Jorge Aparicio)

Cartel de *La ley del deseo* (1987) (Ceesepé)

La ley del deseo (1987) (Foto: Jorge Aparicio)

La ley del deseo (1987) (Foto: Jorge Aparicio)

Cartel de *Mujeres al borde de un ataque de nervios* (1987)
(Juan Gatti)

Mujeres al borde de un ataque de nervios (1988)
(Foto: Macusa Cores)

Mujeres al borde de un ataque de nervios (1988)
(Foto: Macusa Cores)

Antonio Banderas en *La ley del deseo* (1987)
(Foto: Jorge Aparicio)

tinieblas fue bastante incomprendida en su momento, aunque despertó auténticos entusiasmos en algunos críticos o espectadores más perspicaces, que vieron en ella el germen de un nuevo Almodóvar más interesante y prometedor que el anterior.

Capítulo cuarto
¿Qué he hecho yo para merecer esto!

La cuarta película de Pedro Almodóvar provocó de nuevo una sopresa, ¿hacia dónde iba ese chico, que de moderno se había pasado a religioso, para convertirse ahora en una especie de neorrealista local? En realidad, vista en perspectiva *¿Qué he hecho yo para merecer esto!* se demuestra una película plenamente consecuente en la evolución de Almodóvar. *¿Qué he hecho yo...* es un especie de continuación apócrifa de *Entre tinieblas*. Estas dos películas forman lo que se puede llamar la unidad negra de Almodóvar. Si dividiéramos su filmografía, se podría hablar de un período rosa, es un decir, aplicado a *Pepi...* y *Laberinto...*, un período negro integrado por *Entre tinieblas* y *¿Qué he hecho yo...* y un período azul o, mejor aún, granate o cárdeno que serían *Matador* y *La ley del deseo*.

¿Qué he hecho yo... es, desde luego, un film negrísimo. En esta película Pedro Almodóvar por fin saca fuera una serie de cosas que le obsesionan desde siempre: el mundo del ama de casa, con esta película queda definitivamente exorcizado: el espacio de los barrios periféricos, tan agobiante, sórdido y terrorífico, ya intuido en *Pepi...* pero que aquí alcanza su protagonismo; la familia como unidad represiva y defensiva, como unidad de supervivencia, con una figura de padre tópica pero entrañable y unas figuras de madres que abarcan varios aspectos de la maternidad, de la abuela a Juani. Temáticamente, *¿Qué he hecho yo...* se puede relacionar con *Pepi...* y *Laberinto...* a través de algunos de sus personajes: Juani, por ejemplo, es el resultado de una profundi-

zación en el personaje de Eva Siva en *Laberinto de pasiones*, mientras que Gloria podría ser una vecina de Luci, desde luego nunca podría ser Luci, y Cristal podría ser la Kiti que viene del pueblo a triunfar como modelo y cantante. Con *Entre tinieblas* la relación es distinta: las dos son películas de pocos personajes, que pasan en escenarios casi únicos, las dos son claustrofóbicas aunque a distintos niveles, las dos son invernales, grises y acaban sin esperanza, a pesar de que en *¿Qué he hecho yo...* parece que se le concede un respiro a la protagonista con la reconciliación con el hijo pequeño. Como es habitual en Almodóvar, la primera secuencia es importantísima, en este caso vemos a todo el equipo de rodaje preparando un plano en una plaza y una mujer, Gloria, que cruza entre los técnicos mientras la cámara se va acercando a ella hasta dejarla sola dentro de la película propiamente dicha. Almodóvar sostiene que se ha de empezar muy alto para seguir más alto aún. En *¿Qué he hecho yo...* hace honor a esta regla, pues tras este plano de la plaza y unos cuantos en el gimnasio, durante los créditos, la que es realmente la primera secuencia de la película es precisamente la escena de la ducha, una de las más fuertes y duras de todo su cine. La tristeza y la frustración que se desprenden de esta relación fallida envuelven toda la película a partir de ese momento. Después de ver el rostro de Gloria al subirse las bragas y retirarse avergonzada, ya sabemos que esta mujer no podrá tener ni un solo momento de alegría en su vida.

Carmen Maura es Gloria, y ella es el centro de todo. Su espacio vital es la casa, especialmente la cocina donde pasa la mayor parte de su tiempo. Allí lava, cocina, desayuna, habla y mata. La cocina es el centro neurálgico de un mundo que no se extiende más allá del pasillo y los terribles cuartos minúsculos donde transcurre su vida. Gloria es un personaje único en la filmografía de Almodóvar, no porque no haya otras amas de casa en su cine, sino porque es la sublimación de un malestar acumulado, la frustración constante. Gloria es la desgracia a todos los niveles, no hay ningún otro personaje tan triste y desdichado en todo el cine de Almodóvar. También son unos infelices los que la rodean en esta película, pero lo son un poco menos. Antonio, su marido, es un taxista —otra de las obsesiones de Almodóvar—, un desgraciado, pero no peor que la mayoría de personas que sobreviven a partir de un recuerdo único, un solo momento de grandeza o de placer: su pasado en Alemania, donde a él le gusta creer que fue algo al servicio de Frau Muller, el fantasma de un recuerdo que se interpone invisible entre él y Gloria y le redime hasta cierto punto de su actual y miserable vida.

El resto de la familia no es mucho más feliz. La abuela, colgada del Vichy Catalán y las madalenas, suspirando por volver al pueblo, es una de las figuras más desoladoras del cine de Almodóvar. La escena en que ayuda a Toni a hacer los deberes, celebrando una ceremonia de la confusión con los autores románticos y realistas, es una de las más ejemplares de esta simplicidad que tiene su imagen física en el parque, un árbol seco y solitario entre la autopista y los monstruosos edificios del barrio. La abuela sólo adquiere humanidad en su relación con Toni, el nieto mayor. Toni vive para la abuela, son inseparables, planean juntos el día, encuentran al lagarto y finalmente se van al pueblo. Miguel, el hijo pequeño, en cambio, es más independiente. Esta independencia se demuestra en el mismo hecho de dormir solo, cuando lo lógico sería que los dos hermanos durmieran juntos y la abuela sola. Miguel es como una aparición en la película que únicamente funciona para justificar a Gloria. Justificarla la primera vez que se les ve juntos en la cocina, en su cansancio y falta de amor materno; justificarla en la cesión al dentista para poderse comprar un moldeador y justificarla sobre todo en la secuencia final, cuando aparentemente su liberación la conduce al vacío, pero el regreso de Miguel vuelve a dar sentido a su existencia.

Éstos son los personajes que viven con Gloria, pero también son importantes las dos vecinas. Cristal, contrapunto aparentemente feliz de Gloria, siempre rodeada de chucherías y *bibelots*. Cristal es el personaje más agradecido de toda la película. Aunque no tiene ningún porvenir, es el único que se concede algún respiro y da respiro a los demás, especialmente a Gloria, que cuando está con ella se relaja un poco de sus tensiones, como en la secuencia del exhibicionista, donde Gloria puede mirar tranquilamente su moldeador mientras Cristal «trabaja» con Chávarri. En cuanto a Juani, es, sin ninguna duda, el personaje más odioso de la película. Su relación con su hija Vanessa es traumática. Si Vanessa es una niña anormal y fantástica, con poderes telekinésicos, metida en el barrio de la Concepción, su madre, excelente Kiti Manver, es lo más normal y cotidiano que se pueda encontrar, ya que la mayoría de las madres son Juanis en potencia o en realidad.

Todo lo que sucede en casa de Gloria, en el edificio de Gloria o en torno a ella funciona casi perfectamente. La única pieza desajustada de esta maquinaria es la historia berlinesa protagonizada por Gonzalo Suárez y Amparo Soler Leal. Es cierto que sobre el guión podría resultar absolutamente coherente, pero en el film queda deslavazada, sin justificación.

Sin embargo, la importancia de *¿Qué he hecho yo...* no se deriva exclusivamente de su argumento, lleno de *gags* y momentos sublimes como el encuentro de las tres protagonistas, Chus, Carmen y Verónica Forqué en la puerta de la casa, uno de los mejores de toda la película; o la farmacéutica, especie de ogro de cuento, negándose a darle a Carmen estimulantes, o la patética relación que se establece entre la canción *La bien pagá*, que canta Pedro Almodóvar con la voz de Miguel de Molina, y la escena de cama de Carmen con su marido, absolutamente insatisfactoria para ella. La importancia de la película se deriva también de su puesta en escena y, una vez más, de su planificación, insólita, novedosa y personal. Encerrados en tan poco espacio, Almodóvar y Ángel Luis Fernández se ven obligados a sacar partido de la cámara en movimientos verticales y con trípode, ya que no hay forma de usar otro tipo de posibilidades. Esto condiciona el ambiente claustrofóbico del film, que sube y baja su horizonte siguiendo los momentos de tensión, tranquilidad, violencia, o relajación: por ejemplo, el instante de mayor paz en casa está filmado desde arriba, mientras que el de mayor violencia, el del asesinato, lo está desde el suelo. A esto hay que añadir la luz grisácea de los exteriores y amarillenta de los interiores, y a todo ello hay que sumarle la música original de Bernardo Bonezzi, probablemente una de las mejores partituras del cine español reciente y que ha dado algunos temas ya clásicos como el *travelling* de la soledad, convertido a partir de esta película en tema de Carmen, recuperado por Almodóvar en *La ley del deseo*.

¿Qué he hecho yo... parece tener una vocación naturalista o neorrealista que queda automáticamente

desmantelada con la manera de componer los planos, pero también con el propio interior de los planos, es decir los decorados, los espacios donde sucede la acción. En *¿Qué he hecho yo...* salen varios pisos distintos: la casa de Gloria, la casa de Cristal, la casa de Juani, la casa de los escritores y la casa del psiquiatra. Dejando de lado el hecho de que los escritores y el psiquiatra no funcionen en la historia, lo cierto es que el alarde de imaginación y variedad que se da a todos estos interiores, que con un pequeño detalle retratan perfectamente a quien vive en ellos, es uno de los puntos más atractivos de la película. En casa de Gloria, los papeles pintados espantosos, los cuadros de cacerías y ciervos, las muñecas de porcelana o la dormilona de la cama, son una expresión del mal gusto que preside su vida y que se manifiesta también en sus ropas. El piso de Cristal es como una tienda de chucherías, todas ellas de mucho valor, como dice ella misma en un momento. El *kitsch* de esta vivienda es digno de un catálogo de los horrores. En cuanto a la casa de Juani, es sórdida en su lujo del mal gusto, mientras que la de los escritores es la típica casa de progres envejecidos y la del psiquiatra es la de un progre enriquecido. Los decorados son auténticos espejos de las personas que los habitan.

En *¿Qué he hecho yo...* Almodóvar se atreve por primera vez a hacer algunas cosas, como si les hubiera perdido el miedo. Por ejemplo el cine dentro del cine con *Esplendor en la yerba* como referente y paralelismo de lo que le gustaría a Toni y a la abuela conseguir en la vida. Almodóvar no es un cinéfilo y su cine no está alimentado de imágenes aprendidas en salas oscuras. Por eso tiene una frescura adicional. Hay un hecho que le diferencia de las gentes de su generación surgidas en otros países, especialmente en Francia o Alemania, donde los directores más actuales han aprendido cine viendo un cine que a su vez era producto de una gente que veía cine. Esto no sucede en Almodóvar, todo en él pasa por primera vez, mejor o peor resuelto, más o menos efectivo, todo es un invierno y las referencias cinéfilas se reducen a datos argumentales. Esto se hace evidente en el asesinato. La secuencia del asesinato es ejemplar, siendo igual a otras es completamente distinta:

Gloria llega a casa desesperada porque en la farmacia no le dan *minilips*. Es de noche y está harta de la vida. Antonio está en el baño afeitándose y oyendo como siempre la odiada canción cantada por Zarah Leander —homenaje subterráneo a Douglas Sirk, que está detrás de todo el cine de Almodóvar—. Gloria empieza a preparar la cena: un caldo. Antonio la llama, quiere que le planche una camisa porque va a ir a recoger a Ingrid Muller, que llega de Alemania. Gloria no puede más y se niega a plancharle la camisa. Los dos discutiendo van del lavabo a la cocina. Allí, Antonio le da una bofetada y de la sangre que le hace en el labio caen unas gotas en el lagarto. Gloria se vuelve furiosa y coge el jamón; como sabe dar perfectos golpes de *kendo*, le pega en la cabeza. Lo que no podía prever es que, al caer, Antonio se desnucara en la pila de los platos. Ya está, el asesinato más limpio y efectivo que se podía imaginar, igual y diferente.

Como en otras de sus películas, en ésta también hay un animal extraño: un lagarto. El lagarto tiene mucha importancia, tanto argumental como estilísticamente. El lagarto da sentido al personaje de la abuela, es el trocito de campo, de naturaleza, metido dentro de la grisura urbana de aquel piso. El lagarto es también el único testigo de lo que sucede en la casa. Por eso el lagarto es el único que ve el asesinato. Dinero, nombre del lagarto, sitúa la cámara a su altura en varios momentos: la entrada de Gloria en el piso, la bofetada y, sobre todo y de un modo absolutamente estremecedor, la cámara hace un plano subjetivo del lagarto en el momento de su propia muerte, presentida desde el suelo cuando uno de los policías lo pisa y lo mata. El lagarto, uno de los atractivos de la película en los anuncios y en la explotación comercial, es desde luego uno de los aciertos de la historia. No habría sido lo mismo con un gato o un perro, un lagarto es algo más ancestral.

Almodóvar sigue depurando en esta película su imagen y su argumento. De todos modos, si los personajes paralelos o satélites de la figura principal están más controlados que en otras ocasiones, aún se le escapan involuntariamente de las manos en algún momento. El caso del policía y Cristal es una relación innecesaria, al menos tal como se desarrolla en la película. Pero el control sobre lo que está contando lo demuestra claramente en la secuencia final. Había una enorme tentación de acabar la película en el plano de Carmen llorando mientras se aleja del autobús y se queda sola. Este plano podía haber sido el equivalente al grito de Julieta en *Entre tinieblas*. Pero Pedro Almodóvar no cede a la tentación. No quiere dejar a su heroína en una desolación tan terrible y la acompaña a la soledad de su casa y le concede un respiro, una posibilidad de salida en el abrazo final con su hijo que cierra el film. Este abrazo, el más melodramático de todas sus películas, es un punto y aparte. No sólo Gloria y Miguel podrán empezar una nueva vida, seguramente tan terrible como la anterior pero diferente, también Almodóvar sella con este abrazo una parte de su vida y de su cine. Con ese abrazo, Almodóvar se reconcilia con todo lo que tenía pendiente y puede enfrentarse a nuevas aventuras más sofisticadas y más complejas.

297

Capítulo quinto
Matador

Matador es una película singular en la filmografía de Almodóvar. No es que no tenga elementos reconocibles de su mundo y sus características, pero es completamente distinta a lo que había hecho hasta entonces en todos los sentidos: argumentalmente, estilísticamente e incluso en lo que concierne a su elaboración, ya que la escribió en colaboración con Jesús Ferrero, experiencia que no había tenido nunca antes.

Matador es una película que trata del amor —un tema que ya había aparecido en su cine, aunque con otros matices: frívolo en *Laberinto de pasiones*, unidireccional en *Entre tinieblas*— y de la muerte. La muerte empezó a manifestarse en el cine de Almodóvar en el período que hemos llamado «negro» de *Entre tinieblas* y «*¿Qué he hecho yo...*, ambas con un muerto como elemento narrativo definitivo. Pero en *Matador*, la muerte no es sólo parte de la narración, la muerte es la protagonista, unida al sentimiento del placer y la autodestrucción.

Para tratar la muerte, Almodóvar se acerca al mundo de los toros y lo mira con curiosidad, sin fanatismo de aficionado pero con respeto de espectador. Los toros y su juego erótico entre torero y toro le dan las pautas del comportamiento amoroso de su pareja protagonista, mientras que el eclipse le ofrece el motivo poético que justifica el camino hacia la autodestrucción y el placer de estos dos seres privilegiados que son capaces de asumir su destino y llevarlo a cabo. Toros y eclipse, toros y luna. La luna se pone delante del sol y produce el eclipse en el momento culminante de la unión de los dos iguales en un cuerpo celeste nuevo nacido de su propia anulación. El toro y la luna tienen en simbología una relación privilegiada: «las divinidades lunares mediterráneas se representan en forma de toro; Osiris, dios lunar, fue representado por un toro; Venus tiene su domicilio nocturno en el signo de Tauro y la luna está allí en exaltación. El toro se considera un animal lunar y se relaciona con la noche. El Alef, la primera letra del alfabeto hebreo, que significa toro, es el símbolo de la luna en su primera semana y a su vez el nombre del signo zodiacal en donde comienzan la serie de las casas lunares».

De todas estas relaciones toro-luna surge una nueva y más profunda comprensión de *Matador*. De pronto, el que Diego Montes sea torero adquiere una razón de ser más allá de la anécdota de su relación con la muerte, y el que se produzca el eclipse supera el simple hecho narrativo de justificar una pasión. Inesperadamente todo se pone a girar en torno a una especie de rito pagano y oscuro que tiene su catedral en el viaducto de los suicidas y en el que los demás personajes son a veces sacerdotes, a veces feligreses. Especialmente Ángel, que es en realidad el hierofante de la ceremonia, el vidente que comprende lo que sucede entre los dos seres únicos que se unen para morir. Probablemente todo esto sea demasiado literario y sea producto de querer ver más de lo que hay en esta película, la quinta de Almodóvar, pero en todo caso no cabe duda de que estas ideas están presentes en un film lleno de sugerencias.

Dejando de lado consideraciones simbólicas, *Matador* ofrece otros campos de interés e innovación. Por primera vez, hay protagonistas masculinos de peso. En realidad, aunque la historia central sea la de la pareja Diego Montes-María Cardenal, en *Mata-*

dor hay tres protagonistas masculinos: Ángel, Diego y el comisario. También por primera vez, Almodóvar filma una escena de amor en la cama que sirve para explicar el sentimiento de Diego: cuando le pide a Eva que se haga la muerta, intentando hallar en ella el placer que sólo encuentra matando y amando y que con María acabará llevándole al éxtasis. Almodóvar vuelve a recurrir en esta película a un personaje que escapa a la realidad, un personaje que como la Vanessa de *¿Qué he hecho yo...* tiene poderes y los utiliza en un contexto absolutamente cotidiano. Ángel, espoleado por el enorme complejo de culpa que padece, ha desarrollado una capacidad visionaria que le atormenta con la presencia obsesiva de la muerte y los asesinatos que ve constantemente. La culpa es el otro gran tema de *Matador*, la culpa que aparece de la mano de la religión, una religión opresiva y agobiante, en este caso digna de una película de Buñuel, como por otro lado, y aunque no lo parezca, la relación Chus-Eva es también fruto de una asimilación buñueliana, llena de madres e hijas cómplices, sobre todo en su etapa mexicana. *Matador* tiene más cosas nuevas. Si *Pepi...* y *Laberinto de pasiones* eran películas sin centro, si *Entre tinieblas* y *¿Qué he hecho yo...* figuraban en torno a una figura central única, Julieta y Gloria respectivamente, en *Matador* el eje es una pareja, alrededor de la cual se mueven como satélites grupos de dos en dos: María y Diego son el núcleo principal de este sistema solar, a su sombra se mueven Ángel y su madre, unidos por la culpa que la una inculca al otro; Eva y su madre, que representan el lado cotidiano y más sano de la realidad; Julia y el comisario, ambos espectadores no directos sino indirectos, ya que las radiaciones de los astros centrales les llegan mediatizadas por la visión de Ángel, que es un médium para entender los astros o, como mínimo, contemplarlos.

Esta relación dos a dos tiene una voluntad constante de romperse para convertirse en un triángulo. Hay un momento privilegiado en este sentido, cuando en el jardín, ante los cadáveres, se establecen los dos triángulos principales: Diego-Ángel con el comisario como vértice, Diego y el comisario con María como vértice. Estos triángulos, que no llegan a asumirse nunca porque son antinaturales, tienen una tercera variación en el triángulo Diego-María-Eva, que nunca se visualiza en la pantalla, pero está presente en todo el relato, o el que forman Ángel, Julia y el comisario, que sí llega a visualizarse pero no adquiere sentido como tal.

En *Matador* Almodóvar continúa algo que ya había iniciado en *¿Qué he hecho yo...* El uso del cine dentro del cine. En este caso la película utilizada es importantísima, pues da la pista más clara de lo que sucede en el film. Por si no se entendía o no se había intuido, Almodóvar coloca más o menos al final de la primera parte, en el encuentro inicial de María y Diego, *Duelo al sol* de King Vidor, precisamente en la secuencia final en la que Perla mata a Lewt, que a su vez la mata a ella para agonizar uno en brazos de otro, confesándose su amor y su deseo de morir juntos. Más claro no podía ser, es incluso didáctico, pero la belleza de esta secuencia de *Duelo al sol* es tanta que se le perdona el didactismo.

Matador es un film arriesgado, como todos los de Almodóvar, abstracto y complejo, que no resulta redondo aunque es difícil decir por qué. Quizá es porque está tan lleno de cosas interesantes, de temas importantes, que tocan demasiado de cerca problemas muy profundos de la cultura y el inconsciente y los toca sin saberlo pero sabiéndolo. Almodóvar no es un ingenuo y sabe de qué está hablando al hablar de toros, eclipses, setas, visionarios y alfileres, pero no acaba de darles la dimensión que reclaman, y no precisamente por falta de seriedad —*Matador* es una película muy seria en su planteamiento y en su realización—, sino más bien porque los actores, y pienso principalmente en María Cardenal interpretada por Assumpta Serna, no acaban de conseguir la dimensión mítica y el aura fantástica que deberían tener.

Por otro lado, en *Matador*, Almodóvar hace por primera vez un cine abiertamente homosexual. Hasta entonces su cine no es que disimulara o escondiera nada, simplemente no se había enfrentado a la necesidad de evidenciar esa sensibilidad. *Pepi...* era fresca y desvergonzada, *Laberinto de pasiones*, aun teniendo como protagonista a *gays*, no tenía en ningún momento esta sensibilidad, en *Entre tinieblas* se acercaba un poco más, pero el hecho de ser mujeres le distanciaba y en *¿Qué he hecho yo...* la sordidez de la vida de Gloria se imponía sobre cualquier otra consideración. Aquí Almodóvar se siente seguro y con derecho a dejar un poco de sí mismo en las imágenes y asume esta sensibilidad desde dos puntos: la verbaliza en la conversación de Diego y Ángel y la visualiza en la mirada del comisario en la plaza de la escuela de tauromaquia, además de impregnar de ella todo el comportamiento de Ángel con su madre y con Eva. Ésta es una novedad que libera a Almodóvar de una especie de freno, que en *La ley del deseo* llevará hasta las últimas consecuencias. Pero si en *La ley...* esta sensibilidad está plenamente integrada en lo que se cuenta, lo cierto es que en *Matador* está en contradicción con el relato. La historia de amor de María y Diego no podría suceder nunca entre dos hombres o dos mujeres, porque no es sólo una historia de amor —como en *La ley del deseo*, donde la pasión de Antonio por Pablo es asimilable a una pareja heterosexual—, sino una historia de atracción de contrarios iguales. Éste es el gran misterio de estos dos seres: son iguales, son de la misma naturaleza, pertenecen a la misma especie, pero es preciso, es indispensable que sean distintos para que el acto, el eclipse, la muerte, el placer, la anulación de uno en otro y el nacimiento de una nueva luz se consume. *Matador* confirmaba que de Almodóvar se podía y debía esperar todo, ya que era capaz de hacer algo distinto sin dejar de ser fiel a sus propios postulados. Film de espacios abiertos y grandes interiores, diurno pero con una tendencia hacia la noche en el día, a pesar de su seriedad no puede renunciar a una serie de *gags* que hacen asomar la sonrisa cómplice y relajan la tensión en determinados momentos, pocos realmente. Julieta Serrano, la madre del Opus que en su exageración produce la mueca del terror; Chus con su palabrería convencional y tópica; el desfile de modelos donde Almodóvar, además de hacer su ritual aparición, se permite algunos chistes privados: la droga, los vómitos, la entrevista... En *Matador* está el germen de una nueva etapa que *La ley del deseo* confirmará y que está por ver si en esta progresión dos a dos que hasta ahora lleva su filmografía se cierra y da paso a una cuarta o bien se prolonga en un tercer largometraje de parecidas características. En todo caso, es evidente que *La ley...*, film necesario e indispensable para Almodóvar, no habría podido existir sin *Matador*, que rompió diques y abrió caminos a su expresión.

Capítulo sexto
La ley del deseo

En *La ley del deseo* Almodóvar se ofrece sin ocultaciones, sin sobreentendidos, se pone al descubierto desde la seguridad de quien cree en lo que hace y cree que lo que hace está bien en su película número seis, la más personal de todas las suyas, más personal no porque el protagonista sea un director de cine, en definitiva alter ego, de él mismo, sino porque en ella está todo lo que piensa, expuesto de una forma absolutamente clara. *La ley del deseo* tiene la sinceridad de una primera película y la sabiduría de siete años de cine bien asimilados.

Ya en la primera secuencia, Almodóvar descubre cuáles son sus intenciones. Estamos en un espacio de representación, en una interpretación sin complejos en la que se mezclan Narciso y el amor, el deseo y el doble, la necesidad de sentirse amado y la aceptación de que ese amor es pura ficción. El doble, uno de los temas que se habían repetido en sus dos primeras películas, aflora de nuevo aquí, sólo que con un sentido más profundo, más crítico. El doble del espejo de la primera secuencia, al que se besa pensando en otro, acaba por apoderarse del protagonista, usurpando su propia vida y obligándole a vivir la de ese otro que tan sólo existe en los papeles o en el espejo. Ese doble, que se manifiesta también en las voces de los dobladores —imagen relajante que rebaja la tensión producida por la violencia de pensamiento de los primeros fotogramas—, acabará apoderándose de todos los implicados en este melodrama de pasiones.

La ley del deseo es el resultado de una asimilación

de sus cinco trabajos anteriores: Con *Pepi...* mantiene un hilo invisible que pasa por el calor, el color, los vestidos, los abanicos o la máquina de escribir, instrumento de liberación en *Pepi...*, instrumento de maldición en ésta. Con *Laberinto de pasiones* la relación es más difícil de establecer, aunque ambas son laberintos de pasiones enmarcados en una ciudad muy omnipresente —Madrid está en primer plano en las dos— y con la diferencia que las pasiones en una eran frescas y frívolas y en esta otra son trágicas. A *Entre tinieblas* la une la religión, una religión pagana y privada que escoge sus propios objetos de culto y adoración, que nada tienen que ver con los dogmas establecidos. Con *¿Qué he hecho yo...* aparentemente la más alejada, tiene *La ley del deseo* una vinculación directa en su fisicidad: ambas son películas físicas, que entran por los sentidos y que hacen sentir la lluvia, la humedad o el cansancio en una, el calor, el hastío o la frustración en otra. Con *Matador* las conexiones son más sutiles. Las dos son historias de amor pasionales, dominadas por un deseo convulso hacia el placer y la muerte. Pero si *Matador* es un film abstracto, geométrico, de *La ley...* no se puede decir lo mismo, ya que, como acabamos de señalar, destaca por encima de todo su fisicidad, su tangibilidad. Probablemente lo que más la une a *Matador* proviene de una relación muy subterránea que se deriva de la colaboración con Jesús Ferrero. Si Ferrero no estaba muy presente en *Matador*, en *La ley...* a través de un proceso de asimilación y transformación, casi un proceso de sublimación de unas ideas, Ferrero subyace en la relación de ambos hermanos, que encierran el *yan* y el *yin* de *Belver Yin* de una manera invisible pero real. Lo que la distancia y la distingue plenamente como obra original respecto a esta influencia es precisamente, y vuelvo a insistir en ello, su naturaleza de objeto físico. El calor, los alimentos, la droga, todo es corpóreo, incluso el amor, que en esta película se presenta de una forma abierta, sin disimulos, en toda su desnudez.

En *Matador* había una visión estética desde una sensibilidad homosexual que en *La ley*... se prolonga pero de una manera más asumida. Los personajes masculinos, tres como en *Matador,* con un personaje femenino que hace de cuarto vértice, están perfectamente dibujados. Pablo, el creador que solo vive para sí mismo, Antonio, el hombre de una pieza que se entrega por completo, sin reservas, sin escrúpulos; Juan, el encanto de dejarse querer sin tomar partido, sin asumir las consecuencias, y Tina que antes fue chico y ahora es chica, tan abandonada en una faceta como en otra. A pesar de que los protagonistas sean hombres, la debilidad de Almodóvar por sus chicas es evidente en la manera de contemplar a Ada, la niña, y a Tina, mucho más cariñosa que la frialdad o la dureza con que detiene su cámara en Antonio, Pablo o el mismo Juan.

En *La ley del deseo* todo está visto desde muy cerca. Los actores aparecen en primerísimos planos o en planos de detalle que fragmentan su rostro enfocando los labios, los ojos, de forma que se convierten en seres monstruosos que llenan la pantalla en dimensiones gigantescas. Es como si Almodóvar los mirara con una lupa de aumento, y sólo viera en ellos lo que le apetece ver, especialmente en el caso de Antonio Banderas, que hace aquí una de sus mejores interpretaciones. Banderas tiene el papel menos agradecido de la película y sin embargo acaba consiguiendo que el público se identifique con él y le acepte, especialmente al final, cuando como el héroe de un cuento, muera en aras de su amor. Tina, en cambio, a pesar de su dureza, es un personaje agradecido, lo que no quiere decir simpático. El público se identifica con ella porque el despilfarro de energía que despliega seduce por encima de todo lo demás. Pero Tina es un personaje desagradable, frustrada, celosa, dolorida, encerrada con su pasado que guarda como único tesoro a pesar de ser tan manifiestamente malo. Tina es el polo de atracción de todas las miradas, el paraguas, como explica Almodóvar, que permite soportar la apasionante historia de amor de Antonio por Pablo.

El amor, la pasión, el deseo, temas recurrentes a uno u otro nivel en anteriores films de Almodóvar, se subliman en *La ley...* en un solo y único deseo: el de Antonio por Pablo, al que es capaz de sacrificar todo, incluso su vida. Esta dimensión de entrega absoluta a un amor es lo que confiere a *La ley...* su carácter romántico y la convierte en la primera gran película romántica de Almodóvar. *La ley del deseo* es romántica por sus personajes, entregados a pasiones sin límite, poseídos por un destino que los tiene atrapados desde el principio, sobre todo a Antonio, que es el que realmente apuesta y pierde en esta ruleta rusa del amor a ciegas. Pero también lo es por sus paisajes. Por primera vez —en todas las películas de Almodóvar siempre hay algo que se hace por primera vez— se va a rodar fuera de Madrid, concretamente a Cádiz, y allí sitúa, precisamente en una noche de luna, imagen romántica por excelencia, el asesinato por amor que Antonio comete en la persona de Juan, su enemigo imaginario, pues, como en toda buena obra romántica, los pensamientos han construido una realidad paralela que nada tiene que ver con la verdadera. En esta secuencia del acantilado la referencia romántica se hace aún más evidente al filmar el faro, el mar y las rocas como un dibujo de Victor Hugo o un cuadro de Caspar David

Friedrich, con las dos figuritas perdidas entre la inmensidad del cielo y la inmensidad de las rocas. Pero para reforzar este lado simbólico y romántico en esta escena hay un mordisco. Los labios, y por extensión los mordiscos, tienen una importancia capital en esta aventura amorosa que no llega nunca a consumarse en la persona amada. El mordisco representa algo que se ajusta por completo a las intenciones del guión. La marca de los dientes sobre la cara es como la impronta de algo espiritual: intención, amor, pasión. Es el sello que indica una voluntad de posesión. Se trata siempre de una toma de posesión fallida, que es exactamente lo que significa el mordisco de Antonio a Juan en el acantilado, todo lo contrario del de Pablo a Antonio en la terraza, que significa precisamente lo opuesto: el rechazo hacia cualquier intento de posesión. Una vez más, la muerte está en el centro del relato. Dos muertes distintas se producen en esta película. Una intencionada, en busca de la anulación del enemigo potencial, otra tan intencionada como la primera, pero con un claro sentido de inmolación en un altar —no por casualidad se produce delante de la cruz de mayo incendiada—, en la que Antonio se mata para salvar a Pablo, es decir, para librar a Pablo y a sí mismo de una presencia y un desprecio respectivamente. El altar es el símbolo de una religión pagana, una religión que sirve para pedir cosas. La virgen que Ada hace suya es más una diosa que concede deseos, tres deseos, como las hadas madrinas de los cuentos: Ada le pide a la virgen que les salga un trabajo, que Pablo no las abandone y que Pablo resucite, y la virgen, como buena hada madrina del bosque urbano, se los concede, ratificándola en su ingenua fe en los milagros. La región está totalmente concentrada en este altar lleno de tesoros, donde toda la iconografía *kitsch* del cine de Almodóvar se reúne en un pequeño espacio.

Pero en todo relato es necesario que exista un elemento que sea el vehículo del mal, y en este cuento del siglo veinte, este instrumento del mal es la máquina de escribir, que parece adquirir autonomía y de la que se sirve el destino para involucrar a todos los personajes en una historia ficticia que acaba teniendo más entidad que la realidad misma. El juego de lo imaginario surgido de las cartas, se va complicando a medida que avanza la narración con la aparición de Laura P. una figura de guión que flota como un fantasma por los rincones de la casa de Antonio en Jerez y de Pablo en Madrid. Las cartas son el principal elemento de esta ficción, son los hilos de la tela de araña que se acabará cerniendo sobre Pablo, Juan, Antonio y Tina.

En lo que respecta a la puesta en escena, hay un elemento nuevo en el cine de Almodóvar. Como no puede disponer de una banda sonora original, recurre a su habitual sistema de *collages* musicales, pero con una variante que usa por primera vez. Cada personaje tiene un tema musical que le acompaña. Así, Carmen está mecida por las notas del tema de la *Despedida de Gloria* de *¿Qué he hecho yo...*, Juan se relaciona con *Ne me quitte pas* de Jacques Brel, mientras que Antonio hace suya, por derecho propio, la canción de Los Panchos *Lo dudo*. El único que no tiene un tema propio es Pablo, que participa de los tres al ser el punto de ilación de toda la historia. Toda la película está contada a partir de él, o en función de él. Incluso la secuencia del asesinato de Juan, en la que no participa, está presente entre los dos jóvenes como algo tangible. Pablo guía al espectador en los capítulos del film: él mismo, él y Juan, él y Antonio, él y Tina, él y el sur con el accidente, él y los policías. En esta parte última, la de la investigación policial, el nivel de narración decae un poco —a pesar de que Carmen tiene sus mejores momentos precisamente en esta parte de la película— debido a la falta de presencia del conductor de la historia, que vuelve a subir de nivel en la última secuencia, cuando se encuentra de nuevo con Antonio y en presencia de Tina.

En *La ley del deseo*, el cine no está utilizado argumentalmente de la misma forma que en sus dos anteriores películas. En ésta el cine forma parte intrínseca de la vida de Pablo. En cambio, sí se utiliza en ese sentido la escena del teatro, la representación de *La voz humana* de Cocteau, que es uno de los momentos más brillantes —y más alemanes, por cierto— del cine de Almodóvar. En esta secuencia del teatro y en la del accidente de coche, el director utiliza el montaje de una manera absolutamente especial. No sólo filma de una manera especial sino que monta de una forma distinta. José Salcedo ha sido el montador de todas las películas de Almodóvar desde *Pepi*... Es quizá el único técnico que ha estado en las seis y ha ido aprendiendo su oficio en paralelo con el director. En ésta el montaje, una vez dominados prácticamente los problemas de la cámara, se convierte en el principal atractivo para Almodóvar, que junto con Salcedo se atreve a montar un accidente de coche absolutamente inverosímil pero creíble narrativamente. Más *naïf*, pero muy funcional, es la doble secuencia de la llamada telefónica con la pantalla dividida. En la primera llamada, la de Juan, Pablo y su objeto de deseo se miran uno a otro, están encarados mientras se hablan de su ausencia y su deseo de verse. A continuación, Pablo y Antonio hablan de espaldas, separados y expresándose su dolor por no entenderse. De forma absolutamente gráfica, Almodóvar ha puesto de manifiesto los sentimientos de Pablo, que ya habían quedado intuidos en la doble despedida; la cariñosa y dolida de Juan, la salvaje y con gesto de asco de Antonio. *La ley del deseo* es la más universal de las películas de Almodóvar hasta ahora. Aunque sucede en un Madrid reconocible y un poco harapiento en sus envoltorios veraniegos, su historia es entendible y asimilable en cualquier idioma y en cualquier cultura. Por eso su estreno en diversos países ha constituido un auténtico éxito. *La ley del deseo* se ha presentado en Alemania, en Estados Unidos, en Argentina o en Israel, lugares suficientemente distantes en los que ha triunfado, lo que demuestra la viabilidad de una historia universal como ésta. Almodóvar está en un excelente momento. Con un bagaje técnico y cinematográfico amplísimo, cimentado en la práctica, y una confianza en sí mismo envidiable, sus próximos trabajos están llamados a ser mejores aún de lo que hasta ahora han sido sus películas. *Mujeres al borde de un ataque de nervios* y *Tacones lejanos,* los dos proyectos en que está embarcado, deberán confirmarnos en este camino.

Capítulo séptimo
Mujeres al borde de un ataque de nervios

Mujeres al borde del ataque de nervios forma parte ya de la historia de Pedro Almodóvar. Nacida directamente de *La ley del deseo*, película madre que aún dará más frutos, *Mujeres...* a pesar de su enorme éxito comercial y popular, de crítica y de público, es una película menor en la filmografía de Almodóvar, es una película cómoda, hecha para relajarse del enorme desgaste emocional que significó *La ley del deseo*. Eso lo podemos decir aquí de una forma teórica y desde el punto de vista de la crítica, porque desde el punto de vista del realizador ésta ha sido su película más acaparadora. Pero el desgaste que *Mujeres...* ha producido en Pedro no es tan fructífero como lo fue el de *La ley...* Habrá que esperar a su próximo filme para calibrar exactamente qué le ha dado y qué le ha quitado esta película a Pedro Almodóvar.

Mientras tanto el análisis primero de *Mujeres...* es que es un filme bisagra. A pesar de sus aparentes cambios, tanto de equipo como de contenidos, *Mujeres...* se revela la única continuación posible del cine de Pedro Almodóvar.

Película puente, se pueden reconocer en ella huellas de las obras anteriores.

Con *Pepi...* hay una relación evidente. Pepi se ha hecho mayor y se ha convertido en Pepa. La chica desocupada y divertida, que se inventaba fantásticas maneras de sobrevivir, ha encontrado su profesión como dobladora y ha triunfado en la vida. Sus problemas son distintos, pero siguen siendo problemas de comunicación con el entorno. Aún tiene una amiga del alma que se ha transformado de Bom en

Candela y sus encuentros con la policía continúan siendo poco amistosos. Por lo demás Pepi sigue siendo fiel a sí misma. Otros puntos de contacto entre ambos films serían el final feliz y optimista que presenta a Pepi charlando con Bom y a Pepa con una nueva amiga, la Marisa recién despertada de un sueño erótico; o la comida, el bacalao al pil pil y el gazpacho dopado o las hermosas plantas que Pepa cuida amorosamente y que han crecido desde aquellas macetitas de mariguana.

Con *Laberinto*... también hay puntos de contacto. Los terroristas chiítas de *Laberinto*... siguen asolando Madrid. Por lo visto siguen siendo guapos y atractivos, aunque sus gustos han cambiado de Riza Niro a la inocente Candela. El aeropuerto como espacio de solución de un conflicto colectivo vuelve a ser un lugar ideal para resolver los asuntos de unos y otros y el final feliz y en pleno vuelo presagia de algún modo la pasión y el gusto por los aviones y los viajes que domina a Pepa.

Entre tinieblas, la más negra de las películas de Almodóvar, parece estar muy lejos de esta blanca comedia de mujeres nerviosas y sin embargo hay algo de ella. Por ejemplo el uso de la música, la ranchera que Pepa no soporta oír que equivale al bolero que cantan la madre superiora y Yolanda. Probablemente las relaciones terminen ahí, a no ser que pensemos que Pepa es una hermana pequeña de Sor Perdida que ha heredado de ella el amor a los animales o de Sor Estiércol, de la que ha aprendido a hacer comidas más o menos milagrosas, al margen, claro está, de que ¿qué otra cosa son estas monjitas sino un grupo de mujeres al borde de un ataque de nervios?

Gloria, la pobre protagonista de *¿Qué he echo yo para merecer esto?*, bien podría ser la asistenta un poco harta de Pepa, esa asistenta que uno puede imaginarse que llegará al día siguiente y no se extrañará de nada de lo que ve en esa casa tan rara como la suya. Gloria y Pepa son dos mujeres solas, enfrentadas al mundo, la diferencia es que Pepa tiene muchos más recursos que Gloria para salir adelante. Puestos a imaginar podríamos pensar que Cristal se ha hecho rica y se ha convertido en modelo, pero en Candela no le pega el pasado de Cristal en el barrio de La Concepción. Más fácil es imaginar que Toni o Miguel trabajan ahora en averías de la Telefónica, eso si no han heredado el taxi de su padre y lo han transformado en el «taxi Mambo» que circula por las calles de un Madrid más veraniego que nunca.

Con *Matador* el hilo es más claro. Ángel y su desquiciada madre se ha reproducido en Lucía y Carlos. El pobre Ángel, tras su experiencia traumática y eclipsadora, se ha quedado un poco tartamudo, ha roto con su vecina y se ha hecho novio de una compañera de clase, la sin par Marisa, que en definitiva es una reproducción de su madre antes de entrar al manicomio. Otro personaje que enlaza es la abogada que interpreta Kiti Manver y que bien podemos imaginar como amiga de María Cardenal. Celosa de ella, Paulina también quiere vivir una historia de amor, pero evidentemente Iván, el doblador, no es Diego, el torero y todo es mucho más vulgar y cotidiano.

El doblaje es el primer punto de contacto entre *La ley...* y *Mujeres...* El fuego sagrado en que acaba *la Ley...*, con el altar ardiendo, tiene su prolongación en la pira funeraria en que convierte Pepa su cama. La noche, el paso del tiempo, y el teléfono y su presencia continua en *Mujeres...* nacen directamente de *la ley...* concretamente de la secuencia del teatro. *La ley del deseo* es la película más distinta de todas las de Almodóvar, la más autónoma y la que inicia nuevas vías. *Mujeres...* es en cierto modo la primera rama que surge del tronco de *La ley...* que seguramente dará más frutos en pocos años, a lo mejor cuando Ada se haga mayor y se encuentre haciendo de canguro del hijo de Pepa, quién sabe.

Cosas nuevas en Mujeres al borde de un ataque de nervios

Hay muchas cosas nuevas en esta última película, elementos más o menos evidentes que indican por donde pueden ir los intereses de Almodóvar en los próximos films.

Por ejemplo:

Por primera vez en su cine, una mujer, una de sus múltiples mujeres, está embarazada. En *Laberinto de pasiones* se perseguía ese objetivo, pero de una forma poco natural y más bien sarcástica. Después ha habido madres, pero nunca una mujer embarazada con lo que eso significa. El embarazo está unido al final feliz y optimista de esta película que la relaciona directamente con las dos primeras.

Otro elemento nuevo es el sueño. En ninguna de sus anteriores películas sus personajes dormían y mucho menos soñaban. En esta duermen y sueñan. Pepa con un sueño pesado y doloroso, Marisa con un sueño purificador, mejor dicho desvirgador.

La presencia del tiempo perfectamente datado en dos días y dos noches es otra novedad. Hasta esta película, sus historias no tenían unos límites de tiempo específicos, en esta ocasión sabemos que pasamos 48 horas con esta mujer abandonada y llena de problemas.

El lugar de trabajo como espacio de acción aparece claramente por primera vez. En sus primeras películas, los personajes de Almodóvar no trabajaban en nada concreto y no se sabía de que vivían a excepción de las monjas. En *¿Qué he hecho...* Gloria y su marido tienen un trabajo, pero no un lugar fijo. En *Matador*, la abogada y el torero pertenecen a eso que se llama profesiones liberales y en la *La ley...*, Tina y Pablo forman parte del *show-business*. En *Mujeres...* aparece un espacio laboral, el estudio de doblaje donde Iván y Pepa trabajan cada día.

En cuanto a personajes nuevos, la portera testiga de Jehová es una incorporación a la fauna almodovariana, así como la telefonista de Exa o la farmacéutica que del ogro aterrorizador de *¿Qué he hecho yo...* se ha convertido en la compasiva amiga dispuesta a todo por ayudar a su clienta favorita.

Algo a destacar sería la desaparición de tres de los temas más constantes en el cine de Almodóvar, prueba evidente de que estamos en una segunda etapa: la muerte, la religión y la droga. No quiere decir que no vuelvan a aparecer en sus posteriores trabajos, simplemente es una constatación de que Almodóvar no los necesita como soporte dramático para contarnos sus historias. Historias de chicas y de chicos que en el futuro pasarán por caminos insospechados.

TERCERA PARTE
Guía almodovariana

Guía almodovariana

Pedro Almodóvar, como cualquier creador, se presta en su cine a una variedad de análisis, enfoques y maneras de acercarse a él. En este capítulo no se pretende hacer un riguroso estudio de las posibilidades que una mirada de tipo estructural puede ofrecer, sino más bien destacar cómo una serie de elementos se repiten de una a otra película o bien evolucionan a lo largo de sus seis largometrajes, permaneciendo fieles a sí mismos. Se trata de establecer una especie de guía almodovariana que haga más reconocible su cine, distinguiéndolo de otros. No es una investigación exhaustiva, pero sí es significativa.

Pedro Almodóvar, como cualquier [illegible] en su cine a una variedad de [illegible] [illegible] películas [illegible] a lo largo de [illegible] a sí mismos. Se trata de [illegible] una especie de [illegible] que haga más [illegible] [illegible] para el [illegible]

Temas

En este apartado caben cosas tan diversas como la limpieza o los astros. Podría haber más, desde luego, como la culpa, el pecado o la muerte, entre otros, pero en realidad el criterio que guía estas líneas es doble: destacar lo que se repite más en los seis films y dar una información, a ser posible distinta, que complemente lo que se ha dicho en capítulos anteriores. Este enfoque ha hecho que se prescinda de algunos temas ampliamente tratados en la conversación con Almodóvar, aunque otros aparezcan aquí de nuevo, dado que hay películas en las que tienen relevancia y no se ha señalado.

Amistad

La amistad es una de las constantes de Almodóvar. Tema principal de *Pepi, Luci, Bom y otras chicas del montón*, en *Laberinto de pasiones* se concreta en la relación Queti-Sexilia, que superará incluso la amistad para convertirse en sustitución o doble. En *Entre tinieblas*, la amistad aparece más desdibujada, pero está en el origen del comportamiento de la superiora y Sor Rata, amigas desde el noviciado que se han distanciado precisamente porque a las chicas les gustaba más hacerse amigas de Sor Rata que de la superiora.

En *¿Qué he hecho yo para merecer esto!*, la amistad está absolutamente presente: Cristal y Gloria son amigas por encima de que una sea puta y la otra una asesina desgraciada. *Matador*, como tantas otras cosas, toca el tema de la amistad, pero de una manera deformada, bajo un prisma distinto. En esta película, la amistad se establece entre Chus y Eva, que mantienen una relación más propia de iguales que de familiares. Una relación parecida es la que se intuye tendrá Tina con Ada, en *La ley del deseo* aunque aún no la tienen, pues la diferencia de edad les impide ser exactamente «amigas». Todas éstas son amistades femeninas, pues en el cine de Almodóvar, dominado por las mujeres, la amistad masculina no existe. A excepción de *Laberinto de pasiones*, donde Riza Niro, alias Johnny, tiene un verdadero amigo en Fabio.

Astros y fenómenos atmosféricos

En *Pepi*... no tienen mayor trascendencia ni los astros ni los fenómenos atmosféricos, pero en *Laberinto de pasiones*, el sol es fundamental para la historia: Sexi odia el sol y ello le lleva a vivir de noche; el sol está en el origen de su trauma infantil. Las tormentas son importantes en *¿Qué he hecho yo...* y en *Matador*. En la primera, el día del asesinato hay una fuerte tormenta, con un rayo que ilumina el árbol desvalido del parque donde están la abuela y Toni quienes, al volver a casa mojados, encontrarán al lagarto y al padre muertos. En *Matador* las nubes y la tormenta, con su metáfora clarísima del trueno y la lluvia durante la violación de Eva, están vinculadas a la sordera de Ángel, mientras que el eclipse de sol es la figura poética que utiliza el director para explicar lo que sucede entre sus dos protagonistas y justificar de algún modo el estado hipnótico en que viven todos los demás. En *Entre tinieblas*, al ser una película de interiores, no destaca ningún tipo de efecto de esta clase. En cambio, en *La ley del deseo*, las dominantes serían el calor, la noche y la luna.

Especialmente la luna, único testigo, junto con la luna metafórica que es el faro, del asesinato de Juan en el acantilado.

La droga

La droga forma parte de la vida cotidiana de la España de los ochenta. Por ello, Almodóvar la incorpora como algo natural en su cine. De todos modos, es curioso cómo ha ido depurándose su aparición, pasando de protagonista a simple apunte social a lo largo de sus seis películas. Si en *Pepi...* las macetas de marihuana eran el punto de arranque de la película, es decir, tenían una razón argumental importante, en *Laberinto de pasiones* apenas se reduce a unas líneas de coca de premio después del concierto y el esmalte de uñas que Fabio esnifa en la primera secuencia.

En cambio, en *Entre tinieblas* la droga está tan imbricada con la historia, que no se entiende una sin otra. En *Entre tinieblas* la droga es: *1.º* La causante de la muerte del novio de Yolanda. *2.º* El motivo de que Yolanda busque refugio en el convento. *3.º* El nexo de unión entre la madre superiora y Yolanda. *4.º* El hilo que mantiene unido al convento con la calle, a través de Lola y su suministro de drogas de todo tipo. *5.º* La falta de heroína provoca el mono de Julieta y el de Yolanda. *6.º* La manera de ganar dinero para salvar la comunidad con un viaje a Thailandia. *7.º* La excusa para justificar el robo de la carta de África. Si la droga principal en la película es la heroína, hay también ácidos para Sor Estiércol y cocaína para esnifar.

En *¿Qué he hecho yo...*, la droga es otro asunto. Es un negocio para Toni, que de este modo gana algo de

323

dinero para poder irse al pueblo con la abuela. Toni vende, pero no consume, y un solo porro que se fuma le sienta fatal. Su principal cliente es Cristal, que no es en realidad una drogadicta, sino más bien una diletante de la droga. En cambio, la que sí es una drogadicta es Gloria, con su dependencia de los minilips y su afición a esnifar pegamentos y detergentes. En *Matador*, como los temas principales van por otro sitio, la droga no surge más que como un pequeño *gag* en el desfile de modelos de Francis Montesinos, mientras que en *La ley del deseo*, la coca, única droga que se maneja, es más un instrumento de comunicación y de relación que una droga en sí. Pablo y Juan la comparten en su noche de despedida, Pablo y Tina la comparten poco antes de pelearse. En cambio, significativamente, Pablo y Antonio no la comparten jamás, lo que reafirma aún más la desvinculación de Pablo respecto a quien le adora.

Labios

Los labios como elemento importante en la pantalla no aparecen hasta *Entre tinieblas*. Antes, en *Pepi...* y *Laberinto...*, Almodóvar no se atrevía a acercarse tanto a sus actores como para que los labios adquieran protagonismo.

En *Entre tinieblas*, los labios que se ven son los de la marquesa marcados en el cristal de la fotografía de su hija con Julieta y Chus. A continuación, la marquesa se los pintará en un primerísimo plano, como queriendo recuperar algo suyo que se había quedado prendido en la foto. En *¿Qué he hecho yo...*, los labios se presentan de una forma teatral, pintados en la mano de Pedro Almodóvar durante el *sketch* de *La bien pagá*, cuando, despreciativamente, pasa el dorso de su mano por el rostro de Fabio, apoderándose de su esencia con ese gesto que le deja sin boca.

Los labios en *Matador* son un elemento importantísimo. En primer lugar, María marca a sus amantes con un mordisco en la nuca y les clava el alfiler justo en medio de esos labios abiertos dibujados sobre la piel. Ángel lo sabe, puesto que la ha visto matar, por eso, cuando la ve la primera vez tras los barrotes que ocultan su cara pero descubren sus labios, la reconoce enseguida. Los labios, que María se pinta continuamente, son la puerta del infierno, su marca indiscutible. En *La ley del deseo*, Almodóvar profundiza en la visión estética de unos labios en primer plano. Primero los desdobla, haciendo que en la primera secuencia el joven se bese dos veces en el espejo; a continuación, en el lavabo del cine, mientras Antonio se masturba pensando en Pablo, la cámara enfoca directamente sus labios en un primerísimo plano que los agiganta pidiendo «fóllame, fóllame». Los labios mordidos de Juan son lo primero que Pablo ve al saberle muerto, y para fijar aún más esa mirada hacia los labios, vemos los suyos propios sin marca, para cerrar el círculo con el mordisco a Antonio en la terraza de su casa. La visión de unos labios rojos en un primer plano constituye una de las agresiones más sutiles al espectador, que Almodóvar está aprendiendo a jugar cada vez mejor.

La limpieza

Éste es un tema que, a excepción de *Laberinto de pasiones*, donde es la criada cubana de Sexilia quien está continuamente limpiando, aparece vinculado siempre a Carmen Maura. En *Pepi*... se preocupa de que no tiren tierra en el ascensor; en *Entre tinieblas*, Sor Perdida es una fanática de la limpieza, limpiar es su vida y de ello depende su estabilidad emocional; en *¿Qué he hecho yo...*, Gloria no es una fanática, sino una profesional de la limpieza, dentro y fuera de su casa, y en *La ley del deseo* Tina se empeña en mantener limpia la casa de su hermano que, según ella, vive como un yonqui. La limpieza bien podría ser una broma privada entre Almodóvar y su actriz, que resulta tremendamente efectiva en las películas.

La publicidad

La publicidad es un tema que le interesa mucho a Almodóvar, pero que tan sólo ha utilizado en dos de sus seis películas: en *Pepi...*, donde los anuncios de Bragas Ponte son su primer trabajo, y en *¿Qué he hecho yo...*, con el terrible y cruel anuncio de café protagonizado, como los de las bragas, por Cecilia Roth. En el resto de sus películas la publicidad no existe como tal, con la excepción absoluta del *Trailer para amantes de lo prohibido*, el mediometraje que realizó para TVE, que es en sí mismo un anuncio publicitario, un *trailer*, de *¿Qué he hecho yo para merecer esto!*

La religión

Tema importante que adquiere en *Entre tinieblas* carácter protagonista, la religión está en todo el cine de Almodóvar, a excepción de *Pepi...* En *Laberinto de pasiones* está sólo como iconografía *kitsch* en el crucifijo que preside la cama de Queti. En *¿Qué he hecho yo...* la abuela resume un tipo de religiosidad cotidiana que ayuda a resolver problemas diarios, que se repite en *La ley del deseo* en la persona de Ada, que encuentra en la cruz de mayo y su virgen milagrosa una fuente de los deseos. En *Matador*, la religión está unida a la culpa y al pecado que forman un todo unido en la persona de Julieta, la madre de Ángel.

Verano, invierno...

De las seis películas, dos, la primera y la última, pasan en verano y el clima es importante. Las otras cuatro suceden en otoño o invierno. Si en *Laberinto de pasiones* esto es indiferente, en *Entre tinieblas* no es que sea indiferente, es que no existe el tiempo climático. En cambio, en *¿Qué he hecho yo...* el invierno es determinante de la desolación y desamparo de Gloria con su lluvia, sus colores grises y su oscuridad. En verano quizás Gloria no habría matado a su marido. En *Matador* el otoño es importante con sus tormentas inesperadas y los atardeceres alargados.

Personajes

Al margen de los protagonistas, que a veces son personajes tipificados, hay en el cine de Almodóvar una serie de personajes que se repiten en su presencia marginal o secundaria y que dan un poco el *background* sociológico de sus historias.

Amas de casa

Las amas de casa han sido una obsesión para Almodóvar hasta *¿Qué he hecho yo...* En *Pepi...* hay dos tipos de amas de casa: Luci, que se atreve a romper con su entorno de rulos, bata de boatiné y carrito de la compra, y Charito, la más insignificante de las criaturas, siempre defendiendo un honor que no le va a servir para nada, arrastrándose por los pasillos y las calles con sus pañuelos y sus zapatillas. En *Laberinto de pasiones* no hay amas de casa propiamente dichas. Queti, aun cumpliendo estas funciones, no es exactamente un ama de casa; la psiquiatra argentina que aparece en bata y planchando, tampoco es una típica ama de casa, y en casa de Sexi, la criada cubana es antes una criada que un ama de casa. Así pues, no hay amas de casa estrictas, pero sí distintas representaciones de la mujer en el hogar. En cambio, en *Entre tinieblas* aparece un ama de casa por excelencia, Sor Perdida, auténtica madre para sus animalitos, obsesionada con la limpieza y el orden.

¡Qué he hecho yo para merecer esto! es el grito que lanza esta nueva heroína de los lances de la caballería doméstica. Este «Quijote del ama de casa», como

lo definió el propio Almodóvar, es un auténtico catálogo de personalidades hogareñas. Juani, por ejemplo, o Cristal, que, aunque vive sola y es puta, es también un ama de casa que prepara una cena para Miguel; o Patricia, la negación del ama de casa, o la propia abuela que ha sido ama de casa antes de ser abuela. En *Matador*, Almodóvar ya se ha liberado de las amas de casa y puede presentar una asistenta, que desde luego no es Gloria, y una señora y una criada de la clase media alta, sin insistir en ningún tópico casero. En *La ley del deseo*, la única que tiende ligeramente hacia el lado ama de casa es Tina, pero en realidad ésa no es una de sus características dominantes.

Animales

Los animales, a pesar de no gustarle, son un elemento presente en sus seis películas. En *Pepi...* el perro de Charito, Charitísima, cumple la función de un hijo para la pobre vecina de Luci, aunque, como muchas cosas en *Pepi...*, probablemente es casual. En *Laberinto...* aparentemente no hay animales, pero sí los hay: los periquitos mudos producto de los experimentos del padre de Sexi que Queti, con sus sabios consejos y complejos vitamínicos, hace cantar. En *Entre tinieblas,* los animales son muy importantes: el gato gris de Jorge Muller, testigo de su muerte; las gallinas y conejos y, sobre todo, «El Niño», el tigre magnífico encerrado en las paredes de aquel convento, en medio de un bosque salvaje y extraño. El lagarto, «Dinero», de *¿Qué he hecho yo...* es uno de los principales protagonistas de la película.

En *Matador* no hay animales presentes, pero sí ausentes: los toros, y en *La ley del deseo*, aunque no hay

329

animales «reales», sí hay un enorme lagarto verde de plástico que Ada lleva consigo y que bien podría entenderse como un auto homenaje privado.

Carteros y cartas

En *Pepi...* hay un cartero que trae un telegrama que avisa que Luci está en la residencia después de una paliza. No tendría mayor importancia su aparición, si no fuera porque sirve para que Fabio haga un número espectacular. En *Entre tinieblas* hay un cartero que trae la carta de África, que sacará al convento de sus penurias; tampoco sería importante a no ser porque es el papel que interpreta Tinín Almodóvar para hacer su ritual aparición en la película. Las cartas son uno de los temas principales de *La ley del deseo*, cartas verdaderas y falsas que se entrecruzan sin que nunca se vea quién las trae y las lleva.

Cojos

Cuatro cojos hay en la filmografía de Almodóvar. El primero, Eusebio en *Laberinto de pasiones,* su caída y posterior cojera es el motivo que permite a Johnny incorporarse a «Ellos». En *Matador*, la cojera es el elemento que distingue y hermana al comisario y a Diego Montes, cojos por distintas razones y en distintas piernas, pero unidos por ese defecto. Por último, en *La ley del deseo* Pablo resultará con una pierna rota en el accidente de coche. La cojera permite que Antonio le atienda amorosamente la última vez que se acuestan juntos y será la causa de que Pablo no llegue a tiempo para impedir el suicidio de Antonio ante el altar de la cruz de mayo.

Hermanos

Tema particularmente afín a Almodóvar. Los hermanos, la fraternidad, están presentes en todas sus películas menos en *Matador*. En *Pepi, Luci, Bom...*, el policía marido de Luci tiene un hermano gemelo que es quien recibe la paliza que le estaba destinada a él. En *Laberinto de pasiones* no hay hermanos propiamente dichos, pero Sexi y Queti, además de amigas, acaban siendo como hermanas gemelas, puesto que al final son iguales. En *Entre tinieblas* aparece una hermana malvada, Eva Siva como hermana de Chus Lampreave, que la engaña y usurpa su personalidad como escritora.

En *¿Qué he hecho yo para merecer esto!*, los hermanos existen pero no ejercen. Toni y Miguel, hijos de Gloria, apenas tienen escenas juntos, y desde luego mantienen una vida completamente independiente, como las de Lucas y Pedro, el escritor y el psiquiatra, que también son hermanos sin convivencia como tales. En cambio, en *La ley del deseo* los hermanos son el auténtico centro de la película. Todo se sostiene en gran parte por la relación de Tina y Pablo, que se apoyan uno a otro. Curiosamente, la única película en la que no aparecen hermanos, *Matador*, es la que Almodóvar dedica a su hermano Tinín. De este modo, también hay hermanos en ella.

Madres

Igual que los hermanos, las madres son algo omnipresente en Almodóvar. Aunque sus madres, como muchas otras cosas, han ido evolucionando a partir de *Laberinto de pasiones*, donde aparecen por primera vez. En *Laberinto...* hay dos madres ausentes: la de Sexi porque murió, la de Queti porque se fugó —aunque más tarde reaparezca—; hay dos madres en potencia: la princesa Toraya, que quiere un bebé probeta, y una cliente del médico, y una madre real, Eva Silva, la única que es de verdad madre y que adelanta en cierto modo la madre que hace Kiti en *¿Qué he hecho yo...*

En *Entre tinieblas* no hay madres —Eva Siva ejerce más de hermana que de madre— pero hay una Madre con mayúscula que es la madre superiora, madre para todas las monjas y las redimidas, y una madre con minúscula, la marquesa, que no es una auténtica madre hasta que se encuentra con Yolanda, posible reencarnación de su hija perdida en África.

En *¿Qué he hecho yo para merecer esto!* hay, al igual que un catálogo de amas de casa, un catálogo de madres. Chus, la abuela, es la madre que ya no es madre; Gloria es la madre en pleno ejercicio de sus funciones; Juani es la madre más común, la más representativa, la que, sin saberlo o sabiéndolo, odia a sus hijos porque son el espejo donde se reflejan todas sus frustraciones. La señora Paquita es la madre por excelencia, homenaje privado de Almodóvar a su propia madre.

En *Matador* las madres son de dos tipos: la odiosa, dominante, intolerante y malvada madre del Opus que hace Julieta y la comprensiva, cariñosa y divertida que hace Chus, más cerca de la amiga que de la madre. En *La ley del deseo* también hay madres reales y falsas, ausentes y presentes. Las reales son la madre alemana de Antonio y Bibi Andersen, madre de Ada, que es a su vez una madre ausente. Tina, en cambio, es una madre falsa pero presente, y más madre que una verdadera madre para la niña.

Médicos

El que aparezcan médicos en una película no es sintomático de nada, especialmente si se trata de cine contemporáneo. Sin embargo, en el cine de Almodóvar, los médicos no están porque sí. El padre de Sexi en *Laberinto...* es un bioginecólogo que odia el sexo y por eso se ha inventado la inseminación artificial. En *¿Qué he hecho yo...*, es un dentista el que se queda con Miguel, liberando a Gloria de la carga de su hijo pequeño, y en *La ley del deseo*, el médico que cuida a Pablo en el hospital es, más que un médico, un cómplice y un amigo. Hay otros médicos: el otorrino de *Matador*, y también hay más hospitales —el final de *Pepi, Luci, Bom...* pasa en un hospital—, pero en estos dos casos los médicos o los hospitales son simples circunstancias sin importancia en la historia.

Niñas

Hablamos de niñas porque niños hay muy pocos en el cine de Almodóvar: el niño de Julieta en *Pepi...* y los hijos de Gloria en *¿Qué he hecho yo...*, que más que niños son hermanos o hijos. En cambio, niñas hay en casi todas las películas. En *Laberinto de pasiones* Carmencita, la niña probeta, es un monstruo odioso que corresponde plenamente al desprecio de su madre. También es odiosa Espe, la hija de Eva Siva y sobrina de Chus en *Entre tinieblas*, que presume ante su tía de que su madre es escritora, descubriendo todo el tinglado del engaño. Vanessa, la hija de Juani en *¿Qué he hecho yo...*, la niña telekinésica, es la más desgraciada de todas y la que mayor simpatía despierta en el director por su desvalimiento.

333

En *Matador* no hay niñas, en cambio en *La ley del deseo*, Ada, la niña, tiene un papel importantísimo: Ada justifica a Tina y a Bibi y es el vehículo para expresar esa religión supersticiosa y especial que circula por toda la película. Las niñas, quizás por su naturaleza de mujeres en proyecto, son un elemento que a Almodóvar le gusta utilizar.

Padres

Con dos excepciones, los padres están siempre ausentes en el cine de Almodóvar. En *Pepi...* hay un padre que habla por teléfono con ella para retirarle la asignación. En *Entre tinieblas*, el padre de Virginia fue el causante del suicidio del novio de su hija y de que ésta se metiera a monja.

En *Matador*, el padre es el arma arrojadiza que utiliza Julieta contra su hijo cada vez que le acusa de cobarde. En *La ley...* por último, el padre de Tina y Pablo está en el origen de todas sus frustraciones. Por acostarse con él se deshizo el matrimonio, por él Tino se convirtió en Tina, para después ser abandonada y olvidada. A estos padres ausentes hay que sumarles cuatro presentes. Los dos de *Laberinto de pasiones*, el de Queti y el de Sexi; Antonio, el padre de *¿Qué he hecho yo...*, el único padre contemplado, a pesar de su miseria y desgracia, con un cierto cariño, el único que ejerce realmente de padre y que intenta legar algo a sus hijos, aunque sólo sea su habilidad para imitar letras. El cuarto padre no es un padre real, es Pablo en *La ley del deseo*, quien, como Tina, es un falso padre para Ada.

Periodistas

Almodóvar no quiere demasiado a los periodistas, aunque los acepta como un mal necesario. En sus películas hay algunos ejemplos de periodistas: Jaime Roca, reportero de revista del corazón en *Laberinto de pasiones;* Ángel S. Harguindey en *Entre tinieblas*, que intenta hacerle una entrevista a la supuesta Concha Torres. En *¿Qué he hecho yo...*, a pesar de prestarse al tema, no hay ningún periodista, y en *Matador* y *La ley...* los periodistas son reporteros de televisión, con una excepción, Verónica Forqué, que hace una entrevista a Almodóvar/Montesinos en el desfile de modelos de *Matador*.

Policías

Los policías no le gustan demasiado a Almodóvar, quien reconoce que no está satisfecho de cómo le han quedado en sus películas. Sin embargo, en todas ellas hay policías, a excepción de *Laberinto de pasiones*. Y es que, como muy bien lo justifica él mismo, si hay asesinatos debe haber policías. En *Pepi...* Félix Rotaeta es el policía facha e intolerante, marido de Luci y violador de Pepi, que desencadena toda la historia. En *Entre tinieblas* hay varios policías. Primero aparecen dos en el cabaret donde actúa Yolanda, luego dos más en el convento, buscando a Merche. Son personajes desagradables y molestos, que responden totalmente a la frase «los policías son los enemigos naturales de las monjas».

El policía de *¿Qué he hecho yo...* es un personaje comodín: sirve para la primera secuencia en la ducha, en la que queda clara la tristeza de la vida de Gloria; sirve para justificar al psiquiatra; para que

Cristal tenga un poco de respiro y para investigar inútilmente el asesinato de Antonio. Sin embargo, no es un personaje bien definido. En cambio, los dos policías que le acompañan en la investigación son mucho más entrañables, casi desvalidos en aquella casa tan pequeña y tan rara, y además asesinos ellos mismos, ya que es uno de ellos quien mata al lagarto de un pisotón.

En *Matador* el comisario de policía es el cuarto protagonista de la historia. Más un criminólogo que un policía, Poncela hace una composición tan abstracta que acaba desfigurándolo como tal. Por último, en *La ley del deseo,* hay dos guardias civiles en Cádiz y dos policías que son padre e hijo en la ficción y en la realidad: Fernando Guillén y Fernando Guillén Cuervo son una pareja bien acoplada, que funciona por compensación; la crispación y sobreactuación del hijo se compensa con la sobriedad y tranquilidad del padre. Los diálogos de esta pareja son de lo mejor de la película y ellos mismos son los mejores policías que ha retratado Almodóvar, quién, si sigue hablando de asesinatos, tendrá que seguir sacando policías.

Psiquiatras

Éste es un colectivo al que Almodóvar retrata más bien con crueldad. En *Laberinto de pasiones,* la psiquiatra argentina de la Escuela Lacaniana es un personaje odioso. En *¿Qué he hecho yo...,* Emilio Gutiérrez Caba representa a un psiquiatra convencional y tópico y en *Matador,* Carmen Maura es, más que una psiquiatra, una especie de paño de lágrimas para Ángel, que encuentra en ella una combinación de madre, amante y amiga.

Putas

En realidad, sólo hay una puta en el cine de Almodóvar prolongada en dos películas. La Kiti de *Pepi...* que ha venido del pueblo para ser modelo y cantante, que tiene su prolongación en la Cristal de *¿Qué he hecho yo...* Ni la una ni la otra son auténticas putas, son más bien mujeres empujadas por las circunstancias de la vida a ganarse la vida así.

Objetos

Los objetos definen e ilustran a los personajes. En Almodóvar hay algunos que son casi fetiches de su cine, otros son simplemente significativos, pero desde luego hay algunos que destacan por su constante utilización y su importancia en el desarrollo de los argumentos.

Abanicos

Los abanicos aparecen en las dos películas veraniegas, en *Pepi, Luci, Bom...* y en *La ley del deseo*. En la primera, Pepi lo utiliza para abanicarse y Bom como peineta para cantar. En la segunda, Tina lo usa por las noches y la madre de Antonio se escuda tras él varias veces.

Carteles

En este apartado cabe distinguir dos vertientes distintas. Una serían los carteles que aparecen en sus películas y que son detalles que ayudan a caracterizar los personajes y los espacios, otra serían los carteles de sus propias películas.

En el primer caso encontramos en *Pepi...* carteles de los «Bomitoni», en *Laberinto de pasiones*, Sadec tiene en su habitación fotos de Julio Iglesias y Bruce Lee, en cambio en el comedor de los islámicos hay un póster de Jomeini. En *Entre tinieblas* hay pósters en el camerino de Yolanda, de Mick Jagger para ser exactos, y luego en la celda de la madre superiora, que está prácticamente empapelada de grandes fotografías y carteles de pecadoras universales como Ava Gardner, Marilyn Monroe, Raquel Welch, Rita Hayworth, Marlene Dietrich, etc. En *¿Qué he hecho yo...* los carteles forman parte del abigarramiento de la habitación de Toni y la abuela. En el cuarto de Miguel hay fotos de James Dean, Paul Newman y Sara Montiel. En casa del psiquiatra hay un cartel de Tàpies. En *Matador*, como es lógico, los carteles son de corridas de toros de Diego Montes, y políticos en el despacho de María. En *La ley...* hay menos y están hechos expresamente para la película. Anuncian *El paradigma del mejillón* y *La voz humana*, la película y la obra de teatro que dirige Pablo Quintero.

En cuanto a los carteles para anunciar sus películas, Almodóvar ha contado con algunos de los mejores profesionales del diseño y el dibujo para hacerlos. Todos ellos son atractivos y muy representativos. *Pepi, Luci, Bom y otras chicas del montón* y *La ley del deseo*, tienen cartel de Ceesepe sobre una idea de Almodóvar. Los dos ponen en escena a todos los personajes: las tres chicas en uno, los cinco implicados en la historia en el otro, dando la información sobre la película al colocarlos haciendo algo específico: Pablo escribiendo a máquina, Antonio leyendo cartas, Tina hablando por teléfono, Ada rezando y Juan en medio de todos ellos contemplándolos. Iván Zulueta, uno de los mejores cartelistas y director, —aunque sólo haya hecho dos películas— del cine español, se inventó completamente el cartel de *Laberinto de pasiones*. El de *Entre tinieblas* fue el resultado de resolver gráficamente una idea de Almodóvar, que quería mezclar al tigre con las monjas. Éste es uno de los carteles más bonitos del cine español. El tigre con la toca de las monjas resulta estremecedor. *¿Qué he hecho yo para merecer esto!* es también un cartel de Iván Zulueta sobre un croquis de Almodóvar, en el que se trataba de destacar la figura del lagarto y dar la sensación de agobio y mal gusto con las letras y su disposición.

Para *Matador*, Almodóvar recurrió a Carlos Berlanga, que le hizo un cartel estilizado, de líneas limpias y manchas de color planas, que respondía perfectamente a la imagen de elegancia y abstracción que tiene el film. Hay que reconocer que Almodóvar se ha preocupado de que sus carteles sean los más adecuados a cada una de sus películas. El de *Pepi...* da la idea de frescura y diversión; el de *Laberinto* crea la sensación de entrecruzamiento en torno a un corazón aculado o un culo acorazonado; el de *Entre tinieblas* sugiere el misterio y el surrealismo subyacente en una película más mística de lo que parece. En cambio, el de *¿Qué he hecho yo...* inmediatamente remite a un anuncio de detergentes y a la vida más bien gris de un ama de casa de barrio suburbano. *Matador* es tan elegante como el propio film, y el de *La ley del deseo* obliga enseguida a pensar en la presencia física de todos y cada uno de los personajes. A este interés puramente informativo hay que añadir el carácter generacional de los autores de los carteles, que empezaron y se han consolidado en sus distintos lugares en paralelo al propio Almodóvar.

Fotografías

Las fotografías son importantísimas en el cine de Almodóvar. En todas sus películas juegan un papel decisivo en la narración, interviniendo directamente en el relato.

En *Pepi...* hay una *polaroid* de Luci y Bom besándose que Pepi se queda para hacer chantaje al marido de Luci. En *Laberinto* ... las fotos juegan otro papel, son informativas respecto a los personajes. La primera que aparece es la de Sadec vestido de mujer tiraní que Riza Niro descubre en el lavabo y le indica que está en casa de estudiantes islámicos; la segunda es la que Toraya lleva consigo con un Riza Niro de uniforme y medallas, única vez que este personaje aparece como príncipe destronado. Pero en *Laberinto* hay más fotos, aunque no se vean; la sesión de rodaje para la fotonovela, las fotos de promoción que las chicas se han de hacer en la lamparería y la foto en el aeropuerto cuando Nana y Angustias pasan junto a Toraya.

Como muchos otros elementos, las fotos van adquiriendo entidad en las siguientes películas. En *Entre tinieblas*, la madre superiora entra al camerino de Yolanda en el *flashback* para pedirle una foto dedicada, que Yolanda recorta de una que tiene con Jorge, como una premonición de su próxima y definitiva ruptura. La marquesa besa efusivamente una foto de su hija Virginia donde aparece junto con Chus y Julieta en una tríada fundacional del convento. Finalmente, de África llega la foto de Tarzán, el hijo de Virginia, que sirve para que Julieta pueda hacerle un chantaje a la marquesa.

En *¿Qué he hecho yo para merecer esto!*, las fotos son más cotidianas. Antonio lleva en la cartera una foto de Ingrid Muller que Gloria ve cada vez que busca dinero. Juani encuentra a Vanessa con una foto de su padre y se la rompe después de darle una bofetada porque no quiere saber nada de él. Pero lo mejor de la película es el anuncio de un fotógrafo que está colocado en la portería de la casa de Gloria. Allí aparecen todos los personajes en las clásicas fotos de estudio, en un cuadro maravilloso por su fealdad y por su enorme capacidad de información. En la parte de arriba está Cristal, Juani, el padre de Vanessa y Vanessa. Debajo está condensada toda la película. En *Matador* las fotos tienen otro significado. Hay dos grupos de fotos: la de Ava Gardner y Eva en su casa de torero, que sirven para que sepamos algo más de Ángel —su familia es del Opus y no va nunca al cine— y del torero —tiene una novia—. El otro grupo es el de las fotos de los chicos asesinados y las chicas desaparecidas que el comisario muestra a Ángel y éste reconoce. En *La ley*..., en cambio, las fotos tienen un carácter sentimental. Hay una primera fotografía de Juan en el faro que nos permite conocer el lugar donde más tarde será asesinado, y hay fotos de Tina y Pablo cuando son pequeños que nos dan la única pista visual de que Tina fue antes Tino.

Gafas

Las gafas de sol forman parte de la vida contemporánea. Si se hacen películas que pasen ahora mismo es lógico que aparezca gente que las usa. Lo único que las distingue en Almodóvar es su carácter de objeto destacado. En *Pepi*..., tanto ella como el policía las llevan, incluso por la noche. En *Laberinto de pasiones* Riza Niro se oculta tras unas gafas oscuras que compra en el Rastro, tras verse reflejado multiplicado en una ristra de gafas que cuelgan en un puesto. En *Entre tinieblas*, aunque es invierno y por la noche, Yolanda se protege tras unas gafas de sol en su huida por el Madrid nocturno. *¿Qué he hecho yo...* era la película menos adecuada para que algún personaje usara gafas oscuras, tanto por la época como por la tipología, así que el encargado de lucirlas es Chávarri en su número exhibicionista.

Diego Montes en *Matador* usa gafas oscuras en la persecución de María, y en *La ley del deseo*, donde están plenamente justificadas por el calor y el verano, Ada y Tina llevan unas gafas iguales que las hermanas, mientras que Pablo se oculta tras ellas en su dolor tras la muerte de Juan. En la negrura de su cristal vemos reflejado el paisaje y vemos cómo le cae una lágrima premonitoria de lo que sucederá pocos instantes después. Las gafas, pues, no son un simple atrezzo para los actores, sino que juegan un papel importante al utilizarse en momentos privilegiados y ser el vehículo para dar una información —caso de Pablo— que de otro modo no tendríamos o se tendría que dar de otra manera.

Máquina de escribir

Al igual que los abanicos, el calor, los vestidos brillantes y de colores, al igual que el cartel de Ceesepe, la máquina de escribir aparece sólo en la primera y la sexta película de Almodóvar. En la primera, Pepi aprende a escribir a máquina para hacer el guión o el cuento de la vida de Bom y Luci. En *La ley del deseo*, la máquina es el instrumento maligno a través del cual se teje la red de equívocos y engaños que conducen a la tragedia final: las cartas falsas y las verdaderas, el guión, todo sale de ella y ella acaba cayendo en el vacío de la noche para estallar como una pequeña bomba cuando ya nada tiene remedio.

Plantas

Las plantas son un elemento destacado de las películas de Almodóvar. Plantas verdaderas y de plástico, como las macetas reales y falsas de marihuana en *Pepi...* y *La ley...* Las flores de plástico están dentro de la casa de Gloria en *¿Qué he hecho yo...* y en el decorado del set de la tele en la entrevista de *La ley del deseo*. En *Matador* hay un jardín donde las plantas no se distinguen, pero sí las setas, que son la pista para descubrir los cadáveres de las chicas. En *Entre tinieblas* no hay plantas propiamente dichas, pero sí un jardín enorme y salvaje donde vive el tigre dentro del convento, además de una planta que sirve para hacer un pequeño *gag* en la presentación de Chus. Almodóvar siempre ha dicho que no le gustan las plantas y eso es evidente en sus películas, donde está presente lo verde, pero no lo clorofílico sino lo plástico.

Radio

A medida que se van complicando los guiones, las radios van desapareciendo del cine de Almodóvar. Hay una radio en *Pepi...*, donde Luci escucha un consultorio femenino acorde con su condición de ama de casa. Hay otra radio en *Laberinto de pasiones*. La oye Queti en la tintorería como un instrumento más de su sabiduría de enciclopedia viviente de los consejos cotidianos. En los restantes films no hay radios, hay televisiones que cumplen una función diferente.

Tebeos, revistas y periódicos

Los personajes almodovarianos leen muchos tebeos y revistas. El policía de *Pepi...* mira revistas pornográficas locales, Pepi tiene un álbum de cromos *Superman* y Luci es feliz con el regalo del cómic sadomasoquista que le trae Pepi. En *Laberinto de pasiones* las revistas son parte sustancial de la historia. Algunas realizadas expresamente para la película, como la portada de *Diez Minutos* con Riza Niro en Madrid, *Vibraciones* con las confesiones de Pathy Diphusa que Riza lee en el bar, *Pronto* con una foto de Riza y el teléfono de los estudiantes tiranís, o *El País* donde se habla de los experimentos del bioginecólogo con los periquitos. Además, Queti lee y consume toda clase de revistas, de donde saca toda su sabiduría.

Un recorte de una reseña de Concha Torres, tras la cual hay una noticia de la muerte de Jorge Muller, es todo lo que aparece en *Entre tinieblas*. *¿Qué he hecho yo...* da poco juego a las revistas. Hay tebeos de *Lola* en casa de Cristal, que ésta le regala a Miguel la noche que se lo lleva a cenar a su casa. En *Matador* dos páginas falsas de *El País* informan de la detención de Ángel y poco después de su inocencia, al comprobarse que no puede soportar la sangre. En *La ley del deseo*, Ada lee el *Fotogramas* en la cama, mientras que en el *El País* se da la noticia del estreno de *El paradigma del mejillón* y una portada de *El Caso* explica con fotos y textos el asesinato de Juan. Almodóvar no duda en recurrir a verdades o falsas imágenes de prensa que enriquezcan o den credibilidad a su narrativa.

Teléfono

Probablemente, sus diez años en la Telefónica hayan dejado un rastro inconsciente en Almodóvar, que utiliza el teléfono en sus películas de una manera muy especial. No es que llamar por teléfono sea algo raro o fuera de lo común en un tipo de cine que sucede en los años ochenta y en una gran ciudad, pero Almodóvar, como hace con las gafas o las fotografías, no se limita a poner alguien hablando por teléfono, sino que esa llamada suele ser fundamental para la historia. Y eso desde *Pepi*...

En su primera película, lo que decide a Pepi a ponerse a trabajar en la publicidad es la llamada telefónica de su padre en la que le anuncia que no le enviará más dinero. Luego, otra llamada servirá para que Pepi explique todas las ventajas de una muñeca con la regla a un supuesto cliente, y por último es hablando por teléfono con Pepi cuando Bom se entera por el telegrama de que Luci está en la residencia y decide ir corriendo a verla.

En *Laberinto de pasiones* hay dos llamadas importantes. Una de Toraya a Contadora desde una cabina en la que habla con su sobrino para pedirle un poco de esperma del emperador y preguntarle por Riza Niro, mientras éste se encuentra detrás de ella ligando con Sadec. La otra es la que hace Eusebio desde la tienda de lámparas para avisar a los islámicos de dónde está Riza Niro. El teléfono —y los zumos— son el tema principal de la conversación de la criada cubana de Sexilia, y la psiquiatra llama al padre, dando pie a que éste explique quién es y por qué Sexi está con ella.

En *Entre tinieblas* el teléfono casi no aparece. En el convento no hay teléfono y sólo se usa en una llamada: la de Lola para arreglar el asunto de Thailandia.

En *¿Qué he hecho para merecer esto!*, el teléfono juega un papel importantísimo en una llamada —hay más, pero son más banales—. Es la llamada de Ingrid Muller desde Berlín para hablar con Antonio, instigada por el escritor Lucas. La pantalla se divide y se ve a los dos interlocutores hablando en alemán. Este diálogo, escuchado por Gloria, será en cierto modo el origen indirecto de la tragedia que tendrá lugar pocos fotogramas más tarde.

Matador es una película tan abstracta que el teléfono casi no aparece. Sin embargo, hay una llamada importantísima al final, cuando Diego descubre que Eva les ha oído y llama a María conminándola a consumar su acto de amor sin dilaciones. Es una llamada fundamental, que precipita el final. En *La ley del deseo* Almodóvar lleva hasta las últimas consecuencias su debilidad por el teléfono, elevándolo a categoría artística al escoger *La voz humana* de Cocteau, un monólogo telefónico, como obra para representar. *La voz humana* no es el único teléfono importante de la película. Una de las secuencias más claras respecto a la actitud de Pablo en relación a Juan y Antonio, se produce en las dos llamadas de los chicos, una detrás de otra y con la pantalla dividida. Si en la primera, Pablo y Juan se miran y se desean a través del espacio, en la de Antonio, Pablo y él se dan la espalda y se hacen daño. Hay otra llamada importantísima al final, cuando Pablo descubre que Tina está con Antonio y trata de advertirla del peligro. Tina en esa llamada reacciona como en el monólogo teatral, pero su actuación es poco convincente debido al dolor que representa para ella descubrir esta nueva traición del destino en la persona de Antonio.

Televisores

La televisión está en *Pepi...*, en *¿Qué he hecho yo...*, en *Matador* y en *La ley...* Pero en cada una de ellas está de diferente modo. En *Pepi...* la televisión es un mueble que acompaña al policía cuando se queda solo y tiene puesto un programa donde se habla precisamente de los Rodríguez en verano. En *¿Qué he hecho yo...*, la televisión está puesta durante la cena. Gloria no la puede ver, pero Antonio, Toni y la abuela sí la ven. Primero hay un programa que, como un murmullo de fondo, va hablando de los anticonceptivos y el control de la natalidad; después el anuncio de Cecilia Roth y por último el *playback* de *La bien pagá* cantado por Miguel de Molina e interpretado por Almodóvar y McNamara, mientras Gloria está en la cama intentando hacer el amor con el marido sin ninguna satisfacción. En *Matador* aparecen dos telediarios: uno tendencioso y justiciero, donde Almodóvar pone de manifiesto sus ideas sobre los locutores de televisión haciendo que se metan con María Cardenal por defender a un violador. El otro momento es un telediario en *off* con la voz de Rosa María Mateo explicando el eclipse y lo que sucederá al producirse. En cambio, en *La ley...* tiene otra función: mostrar a un personaje increíble, la locutora de un programa que podría ser *La Tarde*, en el que Pablo explica cuáles son sus preferencias en el amor, de forma que Antonio, que lo está viendo, sepa después cuáles son al arreglarle la casa y comportarse como Pablo quiere. La televisión es un mueble que decora y a la vez informa acerca de los personajes.

Vídeos

No hay muchos vídeos en el cine de Almodóvar, que más bien odia estos sustitutos del cine. En *Pepi...* el vídeo es una idea para filmar la vida de Bom y Luci que le permite a Pepi explicar al espectador realmente quiénes son sus dos compañeras de reparto. No vuelve a haber vídeos hasta *Matador*, donde sí juegan un papel determinante. En la primera secuencia, Diego se masturba ante vídeos de asesinatos de mujeres, sacados en su mayoría de películas de Jesús Franco, después, cuando conoce a María Cardenal, mirando el vídeo de la cogida la descubre entre el público y comprende que no podrá vivir sin ella, ni con ella.

Vestidos, zapatos, peinados

Desde su primera película, Almodóvar ha cuidado al máximo el vestuario y la apariencia de sus actores. La ropa tiene que dar una información directa de quiénes son y lo que les pasa. En *Pepi...*, es la visión del *punky pop* más convencional, con vestidos de colores, peinados extravagantes. En *Laberinto...*, la ropa es el motivo de relación de Queti y Sexi, al ponerse la primera ropa de la segunda para imitarla. En *Entre tinieblas*, los vestidos de Yolanda y de las vírgenes son una prueba de que Almodóvar busca un camino más sofisticado. El vestido rojo de Yolanda al principio, o el de la Virgen de los Desamparados con el que canta la canción de la fiesta, tienen una función más allá del simple vestuario, provocando el deseo en Julieta de una manera muy especial. Los zapatos protagonizan una escena importante en esta película, en la huida de Merche por el pasillo, cuando la policía se la lleva descalza y Julieta se humilla ante ella, calzándola y pidiéndole perdón con la mirada.

En *¿Qué he hecho yo...*, los vestidos de Gloria son sórdidos, tristes y feos, como corresponde a su condición de mujer de barrio sin tiempo para cuidarse. Los de Juani son iguales de feos pero más caros y más horrendos por lo que implican. En cuanto a Cristal, su vestuario es una colección de ropas *kitsch*, desde las pelucas y disfraces para ejercer su profesión hasta la bata y las sortijillas que lleva puestas en la intimidad. *Matador* tiene en la ropa una de sus principales bazas al poner a los actores en manos de modistos de prestigio, que hicieron el vestuario expresamente para ellos. En cuanto a los zapatos, también tienen su momento importante en la huida del desfile, cuando María se descalza para correr mejor y está descalza en el viaducto mirando al horizonte. El sentimiento abstracto de la película se evidencia en el vestido rojo que Eva pasea toda la última parte de la película, un vestido muy poco acorde con la naturalidad pero que responde plenamente al sentido trágico que preside su vida desde que descubre a los amantes asesinos. En *La ley del deseo*, la ropa de Tina es imprescindible para entender al personaje. Sus vestidos especialísimos y ceñidos, rojos, verdes, blancos, a topos, naranjas, son uno de los aciertos del personaje, que se mete dentro de ellos como una segunda piel, resaltando sus curvas femeninas pero dejando al descubierto sus maneras hombrunas, lo que facilita su ambigüedad. Estos ceñidos vestidos y los zapatos de alto tacón condicionan la manera de andar de Tina y su manera de moverse, que la distingue de las demás mujeres. Entre la ropa masculina, la camisa de Pablo es importante. Primero porque es la pista principal para encontrar al asesino, y segundo porque es el pasaporte que hace que Juan se fíe de Antonio en el chiringuito.

Lugares

Los espacios donde suceden las cosas son o no importantes según las películas. En Almodóvar casi siempre suelen serlo, no sólo porque determinan las acciones, sino porque condicionan el encuadre. Concretamente el uso que hace de las ventanas y las esquinas forma parte de su gramática particular y es una de las características más personales de su cine. Pero no es la única.

Ascensores

Ascensores hay en cualquier casa y es uno de los artilugios que más se usan sin pensar en ellos. En Almodóvar, sin embargo, siempre pasa algo en un ascensor. En *Pepi*... no es más que una referencia verbal de Pepi, que recomienda a los chicos que no tiren tierra de las macetas en el ascensor. En *Laberinto*..., en cambio, es el lugar donde se producen dos encuentros destacados: el primero, el de una renovada Angustias, sin pellejos y sin pelos, con un apocado Ángel, que intenta vender medallas milagrosas de puerta en puerta. En otro ascensor, el del hotel donde vive, Toraya descubre la personalidad de su vecino de trayecto gracias a la llave, y así encuentra a Riza Niro.

En el edificio de *¿Qué he hecho yo*... el ascensor es parte fundamental de la vida de Gloria. La presentación de Juani y Vanessa tiene lugar precisamente en el ascensor, cuando Vanessa, expulsada de él por su madre, demuestra sus poderes telekinésicos deteniéndolo en medio de dos pisos para desesperación de Juani y de Antonio, al que, como dice Gloria, el ascensor respeta más que a la vecina. Poco después, el ascensor estropeado obligará a Gloria a subir los cinco pisos a pie y llegar cansadísima poco antes de descubrir a Dinero en el suelo. Un ascensor diferente, el del psiquiatra, es el punto de encuentro de Cristal y el policía con Gloria y Vanessa, momento que sirve para que el policía exprese en voz alta algo que el público está pensando «no entiendo cómo es que me la encuentro en todas partes». En *Matador*, el ascensor protagoniza una secuencia importante cuando María Cardenal baja al ser descubiertos por Eva, mientras ésta corre por las escaleras, después de que las rejas de la puerta del ascensor hayan enmarcado sus ojos como los de un insecto dispuesto a todo con tal de no perder a Diego.

Bares

Los bares son lugares de reunión cotidianos en la vida moderna, por eso salen muchos bares distintos en el cine de Almodóvar. En *Pepi...* no había bares, el presupuesto no daba para rodar en exteriores. En *Laberinto de pasiones* hay tres bares distintos: la terraza dominguera cerca del Rastro, donde Fabio se encuentra con Riza; la cafetería donde Susana, la psiquiatra, intenta ligar con el padre de Sexi, y el bar de la esquina, es un decir, donde Sexi se encuentra con Queti repetida como ella, casi al final de la película. Un sórdido interior de cabaret donde canta Yolanda, sin que nadie le haga mucho caso, es el primer bar que aparece en *Entre tinieblas*. Poco después, esa misma noche, Yolanda descansa en una mesa de bar ante un solitario café y recuerda la visita de la madre superiora al camerino. *¿Qué he hecho*

yo..., precisamente por su ambiente proletario y de barrio, tiene muchos bares. Los bares son importantes lugares de reunión, que permiten escapar de las reducidas dimensiones de los pisos. En un primer bar, la abuela y Toni se encuentran con un colega y la abuela gana dinero en la máquina yendo después a sentarse a la sombra de una foto de la Alhambra en uno de los planos más patéticos de la película. En otro bar, Lucas y Antonio tienen la conversación acerca de la posibilidad de falsificar las memorias de Hitler ante un público que les mira como en una partida de *ping pong*. Por último, un sórdido bar es el lugar de la despedida de Gloria, cuando Toni y la abuela se van al pueblo.

En *Matador* no hay bares, no tienen razón de ser, pero en *La ley*..., vuelven a aparecer. Una cafetería sirve para que Antonio y Pablo desayunen y se separen cuando el chico se va a Jerez. Una conocida cafetería de Madrid, desde la que se ve una vista nocturna de la ciudad que recuerda un cuadro de Hopper, es el lugar donde Pablo y Tina se refugian a cenar después de la representación. Un tercer bar, una terraza nocturna y veraniega, es el punto de inicio de la discusión más fuerte de Pablo y Tina, que continuará en los lavabos.

Discotecas

Como una prolongación de los bares, las discotecas ocupan un lugar importante en las películas de Almodóvar. En *Pepi*..., toda la última parte, la de la separación de Luci y Bom, ocurre en una discoteca ruidosa y llena de gente. «El Carolina», una conocida sala de Madrid, es el escenario de una buena parte de lo que sucede en *Laberinto de pasiones*. Allí actúan los dos grupos, se conocen Sexi y Riza, y Almodóvar monta su número con Fabio. En *Entre tinieblas*, *¿Qué he hecho yo?*... y *Matador* no hay discotecas por la propia naturaleza de sus historias. En cambio, en *La ley del deseo*, película nocturna y de celebraciones, hay dos importantes secuencias que suceden en una discoteca: la primera, después del estreno de *El paradigma del mejillón*, la última noche de Juan en Madrid. La segunda, después del estreno de *La voz humana*, donde el acecho de Antonio se traduce en el encuentro que será el primer acto de la tragedia. A partir de ese momento, la historia se hace privada y dejan de ser necesarios los espacios de comunicación que representan las discotecas.

Escaleras

Las escaleras, como muy bien sabía Hitchcock, son lugares ideales para filmar porque permiten encuadres muy especiales y son espacios que siempre significan una posibilidad de paso, de traslado de un sitio a otro. Son lugares de unión que explican a veces mejor que una frase lo que está sucediendo en la pantalla. Almodóvar lo sabe y recurre a las escaleras en todas sus películas. En *Pepi*..., como decorado casi futurista en el subterráneo de Azca, donde aparece Julieta pegando al niño. En *Laberinto*..., las escaleras sirven para que, gracias a una oportuna piel de plátano, Eusebio se caiga y se rompa una pierna, dando ocasión a que Johnny se incorpore al grupo como cantante. Luego, hacia el final, en las escaleras de la lamparería, Queti-Sexi se pelea con la novia de Eusebio, bajando por ellas camino del teléfono en uno de los momentos más divertidos de la película.

Entre tinieblas empieza en realidad con una portería y unas escaleras que llevan a Yolanda a encontrarse con su destino en la muerte de Jorge Muller. En el convento, hecho de rincones, laberíntico y extraño, las escaleras son el nexo de unión entre lo cotidiano y lo irreal que sucede allí dentro. También son las escaleras el lugar que escogen Chus y Julieta para reconciliarse tras su pelea en la celda de la madre superiora. En el edificio de Gloria en *¿Qué he hecho yo...*, el tramo de escaleras entre el quinto y el sexto pone en relación las casas de Gloria y Cristal con la de Juani, y es el camino que siguen las dos amigas poco antes de encontrar a Antonio muerto.

El valor estético de las escaleras está explotado al máximo en *Matador*. Las grandiosas escaleras de casa de Diego Montes sirven para que Ángel y Diego tengan su primera conversación, aquella que provocará en Ángel el impulso de demostrarle al torero que es un hombre. Esas mismas escaleras son el escenario del encuentro de Eva y Diego, cuando ella acaba de descubrir que son los asesinos. Ella baja, él sube, se encuentran en el centro, él intenta matarla, pero no puede y acaba cogiéndola en brazos. En casa de María, en la misma secuencia del ascensor, Eva desciende por las escaleras dejando volar su capa roja al viento de su carrera en una de las imágenes más hermosas de toda la película. En *La ley...* la escalera sirve para que Pablo lea la carta de Juan, la carta que en realidad ha escrito él mismo y que ahora recibe con más dolor que otra cosa.

Esquinas

Las esquinas son lugares que marcan el cuadro y tapan de alguna manera un trozo de encuadre, obligando a que alguien se oculte o aparezca tras ellas. Las esquinas en *Pepi...* son uno de los mejores aciertos de la imagen del film. Pepi se oculta continuamente tras las esquinas y desde ellas ve como en un teatro: primero a Luci y Charito, a Kiti y su manager, cómo pegan al policía, etc. Las esquinas no son siempre las de edificios en la calle. En *Laberinto de pasiones,* por ejemplo, la misma función de esquina la tiene la cabina telefónica donde está llamando Toraya mientras Riza liga detrás de ella. Además, hay otro tipo de esquinas, el reverso de las casas, es decir las esquinas por dentro, convertidas en rincones, concretamente el de la habitación del hotel donde Sexi se queda como clavada el día que descubre a Riza con Toraya.

En *Entre tinieblas* las esquinas son las de los pasillos del convento, por donde puede aparecer en cualquier momento una monja, un tigre o la propia Yolanda. Algo parecido, pero mucho más claustrofóbico, es lo que sucede en *¿Qué he hecho yo...*, donde las esquinas son las de la casa con su pasillo y sus habitaciones minúsculas y llenas de cosas. *Matador,* con su puesta en escena de grandes espacios, no tiene esquinas. En *La ley del deseo* hay una importante, la de la despedida de Antonio, cuando Pablo, con cara de asco, se limpia los labios tras el beso del joven andaluz que se marcha a su pueblo.

Ventanas

Todo director tiene algunas cosas que le distinguen, elementos que son como un sello de su trabajo y que uno espera encontrar en sus películas. En el caso de Almodóvar, me atrevo a decir que este elemento son las ventanas y su muy especial utilización. Hay otros realizadores que usan ventanas, Hitchcock sin ir más lejos, pero lo hacen de otra manera. El propio Hitchcock fotografía las ventanas como un *voyeur*, mira a través de ellas. A Almodóvar siempre le ha gustado, desde *Pepi...* hasta *La ley...*, enmarcar a sus actores en pequeños escenarios que parcializan de alguna manera la acción, la fragmentan destacando sólo aquello que le interesa destacar. Las ventanas son un instrumento perfecto y fácil de encontrar para conseguir este efecto que es, en definitiva, un guiño al cómic y sus viñetas y una mirada indirecta al teatro y su escenario cuadrado y único.

En *Pepi...* las ventanas son importantísimas. El primer plano de la película es el de una fachada de ventanas en un edificio de pisos. La ventana es el lugar donde están las macetas que dan pie a toda la anécdota de la película: el carroza mira la fiesta que Toni ha montado para él desde la ventana de su casa; desde una ventana el policía ve a Pepi con una planta —que resultará ser de plástico—. Y la escena más importante de todo el film, cuando Pepi y Bom reconocen su amistad en la cocina haciendo bacalao al pil pil, está vista desde su inicio y durante un buen rato, desde fuera de la ventana, con ellas dos enmarcadas en medio del plano.

En *Laberinto de pasiones* no hay ventanas, probablemente porque es una película más de pasar que de estar. En cambio, en *Entre tinieblas*, film de interiores, estático en muchos casos, las ventanas juegan un papel decisivo. Desde el principio, cuando se ve la casa de Jorge y una pareja bailando en una ventana, los diversos teatritos que se enmarcan con ellas van apareciendo en momentos decisivos de la acción. Desde una ventana se ve a la superiora y a Yolanda subir las escaleras que las conducen a la habitación de Virginia. En la cena donde Yolanda conocerá a todas las monjas, la cámara empieza a moverse desde fuera, desde el jardín, entrando en el comedor por una ventana, deteniéndose antes un instante para mostrarnos a las seis protagonistas sentadas, como en un cuadro, con una luz muy especial. Al final de la primera parte, cuando Yolanda decide dejar la droga, la conversación que sostienen la madre y ella está contemplada desde fuera, cada una de ellas enmarcadas de perfil en una ventana alargada que las asimila a vidrieras góticas en movimiento, mirándose una a la otra de ventana a ventana en uno de los planos más efectivos de la película. El día de la fiesta, la marquesa ve a Yolanda moverse por la habitación de su hija entrando y saliendo del cuadro de la ventana y eso la decide a ir a hablar con ella. Por último, el plano final, cuando Julieta da el alarido de desesperación y se refugia en los brazos de Sor Estiércol, la cámara se retira hacia atrás y sale por la ventana en un *travelling* aéreo que las deja a las dos dentro de la habitación iluminada y solitaria, como en un teatro. La importancia de las ventanas en *Entre tinieblas* es que no hacen propiamente de ventanas sino de aperturas hacia algo que se encuentra en otra dimensión. *¿Qué he hecho yo para merecer esto!* tiene dos planos importantes de ventanas, los dos en la cocina. En el primero, descubrimos a Gloria, lavando platos como siempre, y su hijo Miguel en segundo plano, detrás de ella. En el segundo, vemos cómo Gloria cierra la ventana, corriendo las cortinas para que nadie pueda ver el cuerpo de su marido muerto en el suelo. Si el primero sirve para mostrar la actitud distanciada de Gloria respecto a sus hijos, el segundo separa a Gloria del espectador, dejando a éste fuera del escenario de su crimen.

En *Matador*, en cambio, hay ventanas que tienen el papel de ventanas en la narración. Desde una ventana de su habitación, Ángel ve cómo Eva se ducha y se viste en su propia casa la noche de la tormenta. La cámara nos muestra la ventana, y a Ángel con los prismáticos detrás de ella, iluminada por el relámpago. Más tarde, en casa de Diego Montes, el torero verá llegar al comisario, Ángel, la psiquiatra y María al jardín, para buscar los cadáveres de las chicas. Diego, visto desde abajo, está en una especie de púlpito que confirma el sentimiento sacro que tiene el maestro para Ángel, su discípulo. Por último, aunque no sea tras una ventana sino un ventanal de la comisaría, se ve al comisario hablando con Julieta. Parece como si al director no le interesara realmente lo que allí se habla y por eso se sitúa fuera oyéndolo todo con sordina.

En *La ley del deseo* las ventanas juegan a dos bandas: como escenarios y como elementos narrativos. Como escenario sería el caso de las de casa de Pablo, cuando vemos a Antonio deambulando por las habitaciones hasta encontrar la carta que despertará su ira. Escenarios son también las imágenes «hopperianas» de la cafetería donde desayunan Pablo y Antonio y la cafetería donde cenan Tina, Ada y Pablo. En la comisaría de Conil, el contraplano del sargento, es decir, Pablo, está visto siempre desde fuera de la ventana, enmarcado por ella y cruzado por los barrotes como si estuviera en prisión. Como elemento narrativo, la ventana de casa de Antonio en Jerez es el puente que une y separa a Pablo en la calle de Antonio y su madre. A través de la ventana, Pablo escucha la conversación que le permite adivinar lo que ha sucedido. En el hospital, la ventana es el lugar de descanso favorito de la mirada de Pablo que en cuanto puede andar se sitúa siempre allí mirando el vacío de la ciudad, y en la escena final, la ventana-balcón de casa de Tina juega el papel decisivo al ser el lugar de la gran actuación de Antonio: desde allí amenaza a Tina, pide hablar con Pablo e impone sus condiciones. Al final, tras su muerte, la ventana violentada y rota por la máquina de escribir cayendo al vacío, expresa toda la furia y la rabia de Pablo ante la muerte de Antonio.

Situaciones

Al igual que los objetos o los personajes, las situaciones se repiten en distintas circunstancias en las películas de Almodóvar, dando pie a una tipología concreta de momentos cotidianos que han ido evolucionando de una a otra historia.

En el baño

El baño —y la cocina— son lugares donde, según Almodóvar, uno hace y dice cosas generalmente especiales y muy distintas a las que dice o hace en cualquier otro lugar. Son espacios de vida absolutamente privados.

En *Pepi...* no hay escenas de baño propiamente dichas, aunque sí una referencia directa al mearse, cuando Bom llega a casa de Pepi y conoce a Luci, y otra más indirecta cuando la mujer barbuda se va al baño a afeitarse para ver si así su marido le hace un poco de caso.

En *Laberinto de pasiones* hay varias escenas de baño. La primera en casa de Sadec: Riza se está lavando y descubre la foto de Sadec disfrazado de mujer tiraní. Luego, en el concierto, Riza va al baño y ésa es la ocasión para que los del grupo se fijen en él y le propongan que cante en sustitución de Eusebio, que acaba de romperse la pierna. El padre de Queti aparece en la bañera acicalándose antes del ritual y cotidiano acostarse con su hija. Una bañera muy diferente, lujosa y grandiosa, sirve para que Riza se limpie del contacto con Toraya después de estar con ella, y desde allí oye la discusión de Sexi y Toraya. En el lavabo del bar donde se encuentran Queti y Sexi, ya iguales, se hacen confidencias y se intercambian consejos antes de separarse.

Entre tinieblas tiene tres momentos distintos en el baño. El primero es en casa del muerto: Yolanda está en el baño haciendo pis cuando oye el ruido de la caída y muerte de Jorge. El segundo es en el cabaret: Yolanda intenta contarle a su amiga lo que le pasa, pero ésta le pide que espere, porque tiene un pis horroroso, en ese momento llegan los policías y ésa es la ocasión de Yolanda para escapar. Por último, el pis es la excusa que encuentra la marquesa para poder leer la carta de África a solas en la celda de Sor Perdida.

El baño es un lugar importante en la vida de una familia como la de Gloria, y por tanto es un lugar presente en *¿Qué he hecho yo...* El baño es el lugar de reunión de Toni, la abuela y Miguel por las mañanas, donde la abuela se empeña en peinar a Toni cada día. El baño es también el lugar donde se inicia la discusión que acabará en el asesinato en la cocina, y en el baño busca refugio Gloria para disimular su labio hinchado cuando la policía investiga en la casa. Pero hay dos baños más: el de Cristal, sofisticado y *kitsch*, lleno de espuma de color de rosa, donde Lucas se baña intentando encontrar la inspiración para hacer una novelita porno, y el baño de Ingrid Muller en donde, obligada por Lucas, vomita todas las pastillas que ha tomado para suicidarse.

Tres escenas, una de ellas decisiva, tienen lugar en el baño en *Matador*. La primera nos muestra a Ángel desnudo mirándose en el espejo, después del intento de violación, como si quisiera entender qué le sucede, mientras su madre le contempla deformada por el vidrio esmerilado, que la convierte en un auténtico monstruo. En el lavabo de hombres del cine tiene lugar la primera conversación de Diego y María, su primer encuentro y su primer contacto. Eva, por su parte, se refugia en el baño para prepararse física y mentalmente al combate final para recuperar a Diego. No se la ve dentro, sólo se la ve salir dispuesta a todo. Al final, cuando María y Diego están a punto de consumar su amor, ambos se bañan juntos en una bañera donde María besa por primera y única vez la cicatriz de la cornada. El baño es aquí purificador. En *La ley...* hay varios baños, lavabos y retretes pero, curiosamente, nunca se usan para lo que supone están destinados. Son los lugares ideales para esnifar coca: Pablo y Juan se esconden en uno, Pablo y Tina se esconden en otro. O bien es el lugar para masturbarse, caso de Antonio en los lavabos del cine donde se ha estrenado *El paradigma del mejillón*, o es el lugar donde Antonio demuestra sus habilidades como paleta y fontanero en casa de Pablo.

Cine en el cine

De forma abierta y clara, cine en el cine sólo hay en dos películas: *¿Qué he hecho yo...* con la referencia a *Esplendor en la yerba* que se oye mientras Toni y la abuela la miran arrobados, y *Duelo al sol* en *Matador*, que se oye y se ve en su secuencia final, clave y pista de la historia que se cuenta. Pero hay otras referencias al cine. En el último plano de *Laberinto...* se ve un avión volando por el cielo y se oye a Sexilia y Riza haciendo el amor, Sexi dice que es como *Emmanuelle I*. En *Entre tinieblas*, hablar de *My fair Lady* es una manera de hablar de amor entre el cura y Sor Víbora en la sacristía, mientras él se viste para la misa. Y en *La ley...*, aun sin haber una referencia directa a películas reales, el cine en el cine es el protagonista último de esta historia pasional en la que ficción y realidad se mezclan continuamente.

En la cocina

La cocina es un lugar privilegiado para situar conversaciones. Sus objetos, la disposición de sus muebles se prestan a las confidencias más que a ningún otro sitio. En la cocina, ante el bacalao al pil pil, Pepi y Bom se besan por primera vez en *Pepi...* y se confiesan su amistad y su entendimiento. En *Laberinto...* la cocina es el lugar de refugio de Queti, donde prepara el té para su padre con el bromuro dentro. También la cocina del convento en *Entre tinieblas* es un lugar de reunión. Hay un momento en que cuatro de las cinco monjas se encuentran allí: Sor Rata comiendo a escondidas un poco de carne robada al tigre; Sor Estiércol, perdida de ácidos, en pleno trance; Sor Perdida limpiando sin parar lo que las otras ensucian, y la superiora que intenta averiguar lo que se llevan entre manos Yolanda y Sor Rata.

La cocina es el centro neurálgico de la vida de Gloria en *¿Qué he hecho yo...* Allí transcurre prácticamente toda su vida, y sus relaciones con los demás pasan siempre por allí. Por eso será allí donde matará a su marido: es su reino. En *Matador* no hay cocinas y en *La ley del deseo* sólo hay una escena en una, cuando Tina lava los platos en casa de su hermano, demostrando con ello que es una excelente ama de casa y que su hermano es un desastre.

Comidas

Directamente relacionadas con la cocina, las comidas ocupan un papel en el cine de Almodóvar. Desde el bacalao al pil pil de *Pepi*..., los zumos de *Laberinto*..., la tarta hecha con la sangre de Cristo de *Entre tinieblas*, el pollo quemado y las madalenas de *¿Qué he hecho yo*..., la cena de Julieta y Antonio Banderas con sopa de fideos, lenguado y flan en *Matador* hasta la cena en casa de Tina, cuando Pablo le ofrece trabajar en *La voz humana*, la comida, el ritual de comer, en torno a una mesa o en cualquier otro sitio, es algo presente en Almodóvar.

Duchas

Las duchas tienen un tratamiento parecido al de las comidas, ya sean reales o metafóricas, solitarias o compartidas, están ahí. Metafórica es la meada de *Pepi*... o la ducha con la manga de riego en la noche madrileña de *La ley*... Duchas reales hay en *¿Qué he hecho yo*..., cuando la abuela se mete vestida en la bañera a limpiarse los vómitos de Toni o la escena importantísima en el gimnasio bajo la ducha. En *Matador*, Ángel ve a Eva ducharse antes de violarla y en *La ley*..., Antonio y Pablo se duchan juntos, momento que Antonio aprovecha para decirle que ha leído la carta de Juan.

Fiestas

Las fiestas son distintas en función de las películas. En *Pepi*... la fiesta ocupa uno de los fragmentos más importantes de la película, con el concurso de

«Erecciones generales» en el centro mismo de ella. En *Laberinto...* hay una fiesta de alta sociedad en el *flashback* donde el padre de Sexi conoce a Susana la psiquiatra. En *Entre tinieblas*, la fiesta del santo de la madre superiora es importantísima a muchos niveles. En *Matador*, María y Diego atraviesan una fiesta de jubilados en su huida hacia el viaducto, como una metáfora de que ellos nunca llegarán a viejos porque están más allá de la posibilidad de envejecer. En *La ley...* no hay fiestas propiamente dichas, sino celebraciones de los estrenos, el de la película y el de la obra de teatro.

En los taxis

Los taxis están en todas las películas de Almodóvar, a excepción de *La ley...* En *Pepi...*, Kiti y su mánager cogen un taxi mientras Pepi los observa desde la esquina. En *Laberinto de pasiones* los taxis son importantísimos lugares de confesiones y de toma de decisiones entre Sexi, Queti y Riza. En *Entre tinieblas* tienen una razón puramente funcional, para ir al Rastro a vender sus productos, mientras que en *¿Qué he hecho yo...* el taxista es el protagonista absoluto de la historia. En *Matador* hay un único taxi que se lleva a María descalza del viaducto después de su conversación con Diego.

Apariciones

Pedro Almodóvar y su hermano Agustín aparecen sistemáticamente en los seis títulos. Su presencia es casi simbólica, pero es algo imprescindible.

Pedro Almodóvar ha aparecido como:

Director de escena del concurso «Erecciones Generales» en *Pepi, Luci, Bom*...
Director de la fotonovela de Fabio y cantante en «El Carolina» en *Laberinto*...
Pasajero de autobús nocturno en *Entre tinieblas*.
Cantante en el *playback* de la televisión en *¿Qué he hecho yo*...
Francis Montesinos en el desfile de modelos de *Matador*.
Vendedor en la ferretería en *La ley del deseo*.

Agustín Almodóvar ha aparecido como:

Chico del público que pide a Kiti su teléfono en *Pepi*...
Estudiante árabe islámico compañero de Sadec en *Laberinto*...
Cartero en *Entre tinieblas*.
Cajero de banco en *¿Qué he hecho yo*...
Policía de la comisaría a las órdenes de Poncela en *Matador*.
Abogado de Pablo en *La ley del deseo*.

Entre el mes de agosto de 1987, fecha en que se terminó de escribir este libro, y marzo de 1989, momento en que aparece la segunda edición del mismo, han pasado muchas cosas. Muchas cosas en la carrera y en la vida de Pedro Almodóvar, que ha debido asumir el papel de ser el director español de moda en el mundo. Y todo ello en poco más de un año y gracias a una sola película: *Mujeres al borde de un ataque de nervios.*

Una rápida cronología de lo sucedido en este año y medio, nos daría como fechas más importantes las siguientes:

— Octubre-diciembre de 1987: rodaje de *Mujeres al borde de un ataque de nervios.*

— Marzo 1988: estreno del film en toda España.

— Mayo 1988: Almodóvar es la estrella de un conocido programa de televisión francés, realizado en Cannes durante el Festival de Cine. Su película no estaba seleccionada en el festival, pero eso no impidió que fuera uno de los éxitos del Mercado y se vendiera a Orion, una compañía americana que adquirió los derechos de explotación mundial.

— Septiembre 1988: *Mujeres al borde de un ataque de nervios,* es seleccionada para participar en el Festival de Venecia, donde gana el premio al mejor guión, además de conseguir el premio CIAK para Carmen Maura.

— Septiembre 1988: *Mujeres al borde de un ataque de nervios* inaugura el Festival de Cine de Nueva York.

— Noviembre 1988: *Mujeres al borde de un ataque*

de nervios gana el Genius, Premio Europa, especie de Oscar europeo, como la mejor película joven. Carmen Maura lo gana como mejor actriz. La ceremonia tiene lugar en Berlín.

— Noviembre 1988: La película se estrena comercialmente en Estados Unidos.

— Diciembre 1988: La Academia de Cine Español selecciona la película como representante del cine español en las nominaciones de los Oscar a la mejor película extranjera.

— Febrero 1989: *Mujeres al borde de un ataque de nervios* recibe 15 nominaciones para los premios Goya, especie de Oscar español y es nominada por la Academia de Hollywood como una de las cinco candidatas al Oscar a la mejor película extranjera.

— 21 de marzo: *Mujeres...* gana 5 premios Goya.

— 29 de marzo: La ceremonia de los Oscar en Los Ángeles. *Mujeres al borde de un ataque de nervios* habrá llegado al punto más alto y la carrera de Pedro Almodóvar estará lanzada directamente hacia arriba.

Todo esto no se ha conseguido fácilmente, sino a costa de mucho sacrificio y horas de entrega por parte del director. Desde el momento en que decidió convertirse en el propio dueño de su trabajo, haciéndose productor, se convirtió casi automáticamente en un esclavo del mismo. Esto lo ha podido comprobar Pedro Almodóvar en este último año que ha vivido pegado a las faldas de sus *Mujeres...* sin un momento de respiro, ni para descansar, ni para ponerse a trabajar en una nueva película.

Prueba de esta agradable esclavitud ha sido la acaparación que se ha hecho de su persona en festivales y estrenos, en viajes promocionales y entrevistas. Almodóvar casi no ha pisado su casa de Madrid, refugio inviolable de su vida privada al que muy pocos tienen acceso y del que se resiste a salir, a pesar de las evidentes incomodidades, recuerdo de otros tiempos, que hay en ella.

Al plantear la continuación, el epílogo o como se quiera llamar este último capítulo, indispensable si el libro debía salir un año y medio después de escrito, ha sido muy difícil encontrar un momento para hablar con Almodóvar: viajes, compromisos, cansancio se han erigido en impedimentos no voluntarios pero infranqueables, para mantener una conversación relajada y tranquila.

Es por esto que este último y nuevo capítulo es necesariamente distinto al resto del libro. No parte de una comunicación directa, sino indirecta, a través de los papeles y el teléfono. Y no quiere ser analítica ni exhaustiva, sino simplemente informativa. De ahí las diferencias de estilo, creo yo irremediables e incluso necesarias, ya que ni Almodóvar, ni yo, ni el libro, estamos donde estábamos hace exactamente dos años, cuando en marzo de 1987 iniciamos las conversaciones.

Octubre-diciembre 1987: el rodaje

Pedro Almodóvar, terminada la promoción de *La ley del deseo*, se mete de cabeza en la producción y rodaje de un nuevo film. Se trata de una película de muchas chicas abandonadas, con Carmen Maura de protagonista casi absoluta. Almodóvar cambia muchas cosas en esta película. Primero, cambia de equipo de cámara. Tras cinco largometrajes con Ángel Luis Fernández, en ésta tiene como director de fotografía a José Luis Alcaine, que se siente entusiasmado al trabajar con él, ya que la innovación de muchas de sus propuestas estilísticas le mantienen continuamente sorprendido.

Además de cambiar de operador, Almodóvar cambia de ayudante de dirección. Su fiel Rafael Moleón, nombre inseparable de su cine ya fuera como Rafa Moleón, ya fuera como Terry Lenox, se ha decidido a dar el salto a la pantalla grande y está preparando su primer largometraje, *Baton Rouge*. Esto obliga a Almodóvar a replantear su sistema de trabajo, ya que con Rafa habían llegado a un enorme entendimiento.

Otro elemento se suma a las diferencias. La práctica totalidad del film se rueda en un decorado construido en los Estudios Barajas. Un decorado magnífico que representa la casa de Pepa, la protagonista, espacio donde sucede la mayor parte de las aventuras de esta historia que al final se demuestra blanca por los cuatro costados y apta para todos los públicos.

Almodóvar estaba muy satisfecho del guión, de los decorados, pero sobre todo estaba contentísimo con sus actrices. Carmen Maura es Pepa, pero también aparecen en la película Julieta Serrano, con un papel escrito a su medida, Kiti Manver, recuperada de su accidente y tan espléndida como siempre, Chus Lampreave en una inolvidable intervención como portera Testiga de Jehová. Además de estas cuatro habituales del harén almodovariano, tres incorporaciones enriquecen el panorama: María Barranco, que será la revelación del film como Candela, Loles León, quien con tan sólo un papel de cinco minutos permanece en la retina del público y evidentemente del director con el que parece condenada a trabajar en muchas ocasiones, y Rossy de Palma, un físico único que en manos de Pedro adquiere categoría de ídolo egipcio.

Dos hombres aparecen en la película, Antonio Banderas, personaje puente entre todas las mujeres al borde del ataque de nervios y Fernando Guillén, la voz, el amante cobarde, que representa al hombre por excelencia, ese hombre que nunca da la cara y siempre se esconde ante los problemas.

En octubre de 1987, Pedro Almodóvar decía en unas declaraciones a *La Vanguardia:*

> Esta película trata del abandono, de ese momento en que, cuando te ha dejado tu pareja y pierdes la razón y el control de los nervios, puedes hacer locuras. Pero los hombres tenemos menos registros a la hora de manifestar nuestro desequilibrio y en cambio las mujeres lo hacen de forma más espectacular. Uno se emborracha o le da la vara a los amigos, pero ellas tiran cosas por la ventana o salen a la calle y buscan a la que les hace la competencia y bien se hace amiga de ella o intenta luchar. Yo creo que las mujeres son más espontáneas, más sanas y como sujeto dramático son mucho más interesantes que los hombres.

Esta era la filosofía que presidía el film en el momento de su rodaje. Pero había muchas más cosas en él. En el *Fotogramas* de diciembre de 1987 yo misma escribí de este rodaje un reportaje que daba muchas más claves acerca del film.

El reportaje se llamaba «Qué he hecho yo para que me abandones».

> Gran terraza. Ático. Amanecer. Con gran sigilo, como cada día, amanece sobre Madrid. El sol se abre paso a través de la polución que gravita sobre la ciudad. Con magia imperceptible, va depositando su luz sobre la gran terraza del ático donde vive Pepa. Al sol debe gustarle salir cada día para instalarse en aquella terraza. En ese espacio, Pepa ha resumido sus aspiraciones de vivir en la selva, en el campo y en una granja.

Así comienza *Mujeres al borde de un ataque de nervios,* la séptima película de Pedro Almodóvar que se está rodando en Madrid. La terraza descrita en la primera secuencia es uno de los principales decorados, un espacio privilegiado donde suceden un montón de cosas que contribuyen a que estas chicas estén al borde del disparate, un disparate controlado y dirigido por un Almodóvar super-contento y super-satisfecho de como se está desarrollando el trabajo.

Es media tarde, Pedro Almodóvar descansa en un rincón y aprovecha para comerse una ensalada mientras Carmen acaba de vestirse y prepararse.

«La verdad, comenta entre lechuga y tomate, es que esta película me ha salido muy rápida. Como ves he dado una lección de eficacia, ganas de trabajar y sentido práctico. Estaba preparando *Tacones lejanos* un rodaje que se tiene que hacer en verano. Era el mes de junio. Estaba harto de conceder entrevistas, así que me puse a escribir y me salió esto. Bueno no esto exactamente. Yo quería hacer una película pequeña, casi experimental, muy baratita, con un recital de Carmen Maura. Pero se ha ido complicando y llenando de cosas y de chicas.»

Llega Carmen con una camisa roja con topos blancos. Esta tarde se rueda en el interior de su casa. Carmen está encantada. Después de Tina, este papel es un auténtico regalo. Pepa es una chica a la que le pasa de todo en muy poco tiempo. Sale guapísima, con minifaldas. Carmen asegura «me identifico mucho con Pepa, pero ella es más buena. Al no ser actriz, toda la generosidad que yo tengo en el trabajo, ella la deposita en los seres humanos».

Almodóvar termina de comer, todo el mundo está a punto. Se rueda en la cocina, hay que cortar tomates, muchos tomates. Carmen pone tanto entusiasmo que se corta. Rápidamente la curan, hay que mantener el *raccord* Pedro comenta mientras tanto: «Cada vez tengo más dificultad en definir el cine que hago. Al principio pensaba que sería una comedia, porque hay muchas puertas y gente que entra y sale. Pero la estoy planificando de forma deliberadamente contraria. Intento fijarme en las entrañas de las cosas. Pepa es dobladora y eso me lleva a buscar lo más físico que hay en la voz. Estoy haciendo una película casi con rayos X».

José Luis Alcaine y Alfredo Mayo forman el equipo de

cámara que trabaja por primera vez con Almodóvar. Para Alcaine: «lo más insólito de trabajar con Pedro son los encuadres completamente distintos a los habituales. Además quiere un tipo de fotografía que no es la que hago normalmente, una fotografía de película americana de los cincuenta. Es muy divertido y estimulante trabajar con él».

Se prepara otra escena. En ella el teléfono juega un papel importante. En realidad el teléfono y la espera angustiosa de que suene o no suene, forman parte fundamental de la trama. «Yo creo, dice Almodóvar, que en realidad me ha salido una película contra la Telefónica. Odio el teléfono que representa para mí el pasado y todas las obligaciones pendientes. Creo que ésta es algo así como un arreglo de cuentas con ellos. Al final la protagonista dice que empieza una nueva vida y que el teléfono no tendrá cabida. Tiene que quedar muy claro esa angustia de estar esperando que te llamen y que no suene el teléfono.» Esto tiene mucho que ver con el hilo argumental que conduce a estas mujeres al borde del ataque de nervios: «Se trata de tres mujeres abandonadas: Lucía hace veinte años, Pepa en este momento y Candela que se encuetra en una situación límite. Todas forman parte de un universo de abandonos. Los tres papeles son difíciles: Lucía por su locura, Pepa por su soledad y Candela por el lío en que está metida».

Toda la acción sucede en dos días vertiginosos y rapidísimos donde a Pepa le pasa de todo: Al final de la película hay una sorpresa que lo justifica todo. Durante dos días, Pepa quiere hablar como sea con Iván, tiene que decirle algo muy importante. Pero no hay forma de encontrarlo. Cuando al final da con él, en el aeropuerto, ya no tiene nada que decirle.

La casa de Pepa, esa terraza increíble sobre el cielo de Madrid, y el elegante y espacioso piso, en el centro vital de todo lo que sucede. Esa casa, curiosamente está llena de aviones y mapas: «Esto tiene una justificación muy clara, explica Pedro, esta película es diferente de las otras mías principalmente por una cosa: no hay drogas —o como dice Antonio Banderas "es muy blanca"— nadie bebe, nadie fuma, nadie se droga. No tienen tiempo y además no necesitan evadirse de la realidad porque ya van suficientemente acelerados. Pero para Pepa sí hay una evasión, es una evasión geográfica. Ella quería viajar, tiene una gran curiosidad, por eso tiene tantos aviones y mapas. De hecho la terraza resume un poco todo el mundo: hay un corralito con animales como en la Mancha, tiene hamacas como en Los Ángeles y palmeras como en Hawai. Esta terraza es muy importante. Todo tiene que ser muy bonito, pero nada real. Se tiene que ver que todo es falso, hecho por la mano del hombre, de estos hombres que hay por aquí. Tiene que haber mucho artificio y ser muy espectacular. Esta película se podría hacer de un modo casi naturalista, pero quiero darle un tono distinto, evitando completamente el naturalismo visual. La voy a abstraer mucho de decorados y colores, utilizando una estética completamente artificiosa».

Este estudio, este decorado es un foco de atracción. Aunque no rueden hoy, han venido todos o casi todos los actores principales y se han puesto sus mejores galas: Julieta Serrano con el look años sesenta, vestida de Courreges y con un aire a lo Pamela Tiffin; María Barranco, uno de los descubrimientos de esta película, con su minifalda, supermoderna; Rosy de Lolme la otra novedad del clan Almodóvar, vestida de negro enigmática y atractiva; Antonio Banderas, con aspecto de chico bueno, guapo e ingenuo y Willi Montesinos con un pelo rubio platino que le hace parecer «Willy Monroe» como dice él, acompañado de su fiel e inteligente perro. También están en la película Fernando Guillén, la voz, el hombre que abandona a todas, Chus Lampreave, haciendo una portera genial, Loles León, la telefonista ideal, Kitti Manver, una abogada de nombre imposible y un montón de actores secundarios que entran y salen continuamente en una película que tendrá el *look* de la comedia americana, pero que, haciendo honor a su principal influencia declarada, Billy Wilder, seguramente tendrá más de un toque alemán.

PEPA es Carmen Maura

Pepa es una chica fantástica, que está pasando un mal momento. Pero pasado mañana, cuando pasen las cuarente y ocho horas que dura la acción, se las va a arreglar mucho mejor. Está pasando un arrechucho sentimental, está muy enamorada y el hombre que quiere acaba de abandonarla de una forma horrorosa. Pepa es una mujer con muchos recursos. Es dobladora, gana un pastón y se dedica a la publicidad. Por eso vive en esta casa maravillosa con un terrazón impresionante que da a la Gran Vía. En toda la película no duerme, siempre está corriendo, acelerada por todo. Se pasa el tiempo intentando hablar con ese hombre y al final lo encuentra, pero sólo para decirle que ya es tarde.

LUCÍA es Julieta Serrano

Mi personaje tiene un trauma terible, un trauma de amor. Se ha quedado parada hace veinte años, en 1967. Para ella no ha pasado el tiempo. Por eso va vestida de los años sesenta. Tiene una obsesión y eso la mantiene en trance todo el tiempo. Soy la madre de Carlos, una madre terrible, pero en este caso terrible por motivos pasionales. La parte más importante de mi papel sucede en esta casa, la casa de Pepa que es la ex-amante de mi ex-marido. Al final hay una secuencia modélica en la que estamos todos, será muy difícil de hacer, pero tengo muchas ganas. Con Pepa tengo una escena preciosa, Carmen y yo frente a frente, casi como un duelo.

CANDELA es María Barranco

Candela es una chica muy moderna, pero en el fondo es una pueblerina. Va a todas partes con su *book* y una estampita de la virgen. Es andaluza y ha venido del pueblo para trabajar en publicidad. Es modelo. Así ha conocido a Pepa, que es su mejor amiga. Yo siempre digo que Pepa es mi voz, porque me dobla en los *spots*. Pepa me ayuda siempre, pero sobre todo en este momento en que estoy metida en un lío tremendo. En esta casa encuentro la solución a mi problema y también conozco a Carlos que aparece aquí con su novia. A Carlos le gusto por los anuncios y él me gusta mucho a mí, porque ¿a quién no le va a gustar Antonio Banderas?

MARISA es Rosy de Lolme

Soy la novia de Carlos. Una chica de Serrano, bastante

379

pija, muy mandona, con mucho genio. Todo mi papel, menos una escena, pasa aquí, en este decorado en el que dan ganas de quedarse a vivir. Aunque soy la novia de Carlos, no tengo ninguna escena solas. Siempre estamos rodeados de gente que entra, sale, grita, se cruza, abre puertas, cierra puertas. Al final de la película tengo una escena muy bonita con Pepa, será la última y estoy muy ilusionada con que la película acabe con nosotras dos juntas

CARLOS es Antonio Banderas

Carlos es el personaje vínculo entre todos los otros, entre todas esas mujeres al borde del ataque de nervios. Soy hijo de Lucía y me quiero ir de mi casa porque no la soporto más. Mi novia es Marisa y con ella, por casualidad, voy a parar al piso de Pepa que es la ex-amante de mi padre. Allí conozco a Candela que se intuye acabará sustituyendo a mi novia al final de la película. Es el único personaje masculino que tiene contacto con ellas. Carlos es muy tímido, muy bueno, incluso tartamudea. Va vestido a la última moda y lleva gafas, es un poco ingenuo. Al igual que todos los demás, lo mas importante de mi papel pasa aquí, en este decorado, donde de verdad sucede de todo.

EL TAXISTA es Willy Montesinos

El taxista es el único personaje que no sube nunca a la casa. Al principio tenía que haber varios taxis, pero Pedro decidió que sólo fuera uno. Es un taxista un poco especial. En el taxi se puede encontrar de todo: bebida, revistas, condones, todo al servicio del público. El taxi es como el camerino de los Hermanos Marx. Cada vez que Pepa sale a la calle, allí está el taxi. Pepa le cuenta todas sus cosas, llora, ríe. En realidad no se sabe si ella encuentra al taxi o el taxi la encuentra a ella. Es un poco la conciencia de la ciudad y sirve de elemento de enlace entre las distintas situaciones en que se va metiendo esta chica al borde del ataque de nervios.

Igual que en sus anteriores películas, el *pressbook* de promoción de *Mujeres...* se convirtió en una pieza de coleccionista en la que Almodóvar resumía mejor que nadie y que ninguna entrevista las intenciones y logros de su trabajo.

Los textos del *pressbook* decían:

Nervios y lágrimas

Como decía Raphael «los hombres lloran también», pero yo creo que las mujeres lloran mejor. Esta es la razón de *Mujeres al borde de un ataque de nervios*.

Antes del 68, si una chica abandonaba a un chico, el muchacho estaba obligado a convertirse en héroe, a través de una aventura personal o haciendo algo por la Humanidad, descubriendo una vacuna o algo así. Después del 68, con el aterrizaje en las pantallas del antihéroe con barba de semanas y traumado por alguna guerra o un matrimonio desgraciado, si además le dejaba su novia, el chico se comportaba de un modo terriblemente realista y no intentaba hacer nada por la Humanidad, al contrario: abandonaba su trabajo y el cuarto de baño y empezaba a empinar el codo más de la cuenta. Y empujado por la espontaneidad propia del alcohol, dedicaba toda su energía a darle la barrila a su familia, a sus compañeros de trabajo y finalmente —repudiado por todo el mundo— a los camareros, únicos seres condenados tradicionalmente por los guiones a escuchar impunemente hasta que al chico le dieran un óscar por lo bien que le sentaban las ojeras y la barba.

No voy a negar que los chicos sufrimos, y que la soledad nos pesa tanto como a una feminista, pero ¿a quién le interesa hoy día hacer una película sobre el tema? A mi, desde luego, no. Las chicas, esas sí que saben comportarse cuando su novio las planta. No conocen el pudor, ni el sentido del ridículo, ni esa cosa horrenda que antes se llamaba amor propio. Sus reacciones están llenas de registros.

La mujer sabe que necesita del amor para seguir respirando y está dispuesta a defenderlo como sea. Porque en esa eterna guerra todas las armas están permitidas.

Si a una chica la deja su amante por otra, no tiene reparos en lanzarse a la calle, averiguar quién es la Otra, tirarla por un precipicio si su rival demuestra ser tan tonta como para acompañarla hasta el borde del mismo. Si no consigue lanzarla por el precipicio, intenta hacerse amiga suya para que la rival tenga terribles sentimientos de culpa y le cuente anécdotas íntimas de su común amante.

A veces, el mejor antídoto para desenamorarse (además de las terapias de grupo, las sectas religiosas, el macramé y la artesanía en general) consiste en descubrir detalles de tu antiguo novio y darte cuenta de que le habías idealizado, que en el fondo es un pobre hombre, débil y mentiroso, una persona con la que desde luego no merece la pena compartir una brizna de futuro.

Tesis

El último ha sido un año rico en catástrofes. El mundo necesita una buena sobredosis de optimismo, por esa razón he intentado hacer una película donde todo sea muy bonito y muy grato, aunque no parezca real.

Quiero dar la impresión de que la sociedad por fin se ha humanizado. La gente viste bien, vive en bonitas casas con preciosas vistas. Los servicios públicos son eficaces y las farmacéuticas no piden recetas. Todo es hermoso, artificial y estilizado. Reina el buen gusto y nadie necesita evadirse porque la vida es cómoda y digna de ser vivida.

El único problema es que los chichos siguen abandonando a las chicas, y esto acaba provocando conflictos. Pero toda historia necesita un elemento de tensión, en caso contrario no existiría narración.

La voz

En principio fue el Verbo, es decir, la Palabra Pronunciada: la Voz de Dios. Pero a mí me impresiona más «La Voz humana».

Cuando empecé a escribir el guión de *Mujeres*... pretendía hacer una versión muy libre del monólogo de Cocteau.

En la obra, el amante ausente no tiene voz, incluso cuando llama por teléfono y ella le responde, a él no se le oye. La Voz Humana es la de ella, relatando un largo catálogo de dolores cotidianos, en cuya contemplación se ahoga como en un pozo sin fondo. Porque eso es la ausencia: un espejo negro y cristalino que sólo refleja la angustia del que mira.

382

Al contrario que Cocteau, no sólo le he dado voz al ausente sino que lo he convertido en un profesional de la voz. Cuando terminé de escribir el guión, lo único que permaneció de Cocteau (además del atrezzo: una mujer sola, el teléfono y una maleta) es lo que él no escribió: las palabras del amante ausente. Y sus mentiras.

Pepa tiene muchas cosas que decirle a su ex-amante, y le busca a través de los 3.000 metros de película para decírselas, pero no le encuentra. Para desahogarse se lo cuenta a los policías que vienen a detener a su amiga Candela. Acostumbrados a escuchar a confidentes, los policías no habían oído nunca confidencias tan emocionantes y sinceras como las de Pepa, aunque no guardaran ninguna relación con el motivo de su investigación.

El cuerpo de Ivan es su voz, y como tal está tratada, como algo físico. He intentado fotografiarla, no sólo oírla, moviéndose por el salón de Pepa, como el olor de un guiso transportado por la brisa, o a través de las cintas que Iván ha grabado.

La voz de Iván huye de otras voces porque es débil e incapaz de responder. Iván prefiere hablarle a las máquinas porque nunca le llevarán la contraria y repetirán fielmente todo lo que él diga. Una máquina no tiene carne ni huesos, no responde a las mentiras ni sufre por ellas. Como persona Iván es mediocre, pero el dolor que provoca en las mujeres a las que seduce le proporciona magnitud.

Tacones y falda tubo

Pepa abusa del tacón y de la falda tubo. La verdad es que la favorecen, pero la obligan a ciertos andares que a Susan Sontag (según declaró a la revista *Elle*, después de asistir al rodaje) no le parecen propios de una mujer contemporánea y autónoma. Entiendo y estoy de acuerdo con Sontag cuando se opone a la polarización de los sexos, pero esto no va con Pepa. Una mujer debe ser libre incluso a la hora de elegir sus modelos. Respeto tanto a la imitadora de muñecas Barbie como a la que se viste en plan Charlot, por ejemplo su compatriota Annie Hall.

Pero reconozco que en la imagen de Pepa hay un exceso

de tacón y falda tubo, más que nada porque el personaje se pasa toda la película corriendo como una posesa de un lado para otro, intentando batir récords de velocidad y vestida así resulta un poco difícil.

Se lo comenté a Carmen Maura.

—¿Con tanta acción, no te resultarán incómodos esos tacones y la falda estrecha?

Carmen me respondió:

—Claro que será incómodo, pero yo pondré cara de lo contrario. Para un personaje como el de Pepa los tacones son su mejor forma de sobrellevar su angustia. Si Pepa descuida su aspecto, su ánimo se vendrá irremediablemente abajo. El ejercicio de la coquetería supone una disciplina y representa su principal fuerza. Significa que los problemas todavía no han podido con ella.

Teléfonos

En el curriculum de todo creador debe haber algunos traumas. Naturalmente, yo también los tengo. Uno de ellos: haber trabajado en un sótano de la Compañía Telefónica durante diez años.

Mujeres... es un feroz alegato contra el teléfono y el contestador automático. No es cierto que a través del teléfono los seres humanos se comuniquen unos con otros. El teléfono sólo sirve para demostrar al prójimo el escaso interés que nos provoca. Y el contestador se inventó como ayuda al mentiroso. En esta película me he permitido liberar mi subconsciente y la protagonista arroja dos veces el teléfono por la ventana y una vez el contestador.

Aconsejo a todo aquel que espera inútilmente junto al teléfono una llamada, que tire el aparato por la ventana. Es mejor que ahorcarse con el cable. En ese aspecto *Mujeres...* es una película optimista y positiva.

Debo estar un poco débil, porque en la actualidad la esperanza es mi mensaje favorito.

Alta Comedia

En la Alta Comedia se huye de los decorados naturalistas. Los espacios son grandes y artificiales, aunque las inquilinas no tengan un duro. Hay cantidad de llamadas telefónicas y el timbre de la puerta no para de sonar. Se

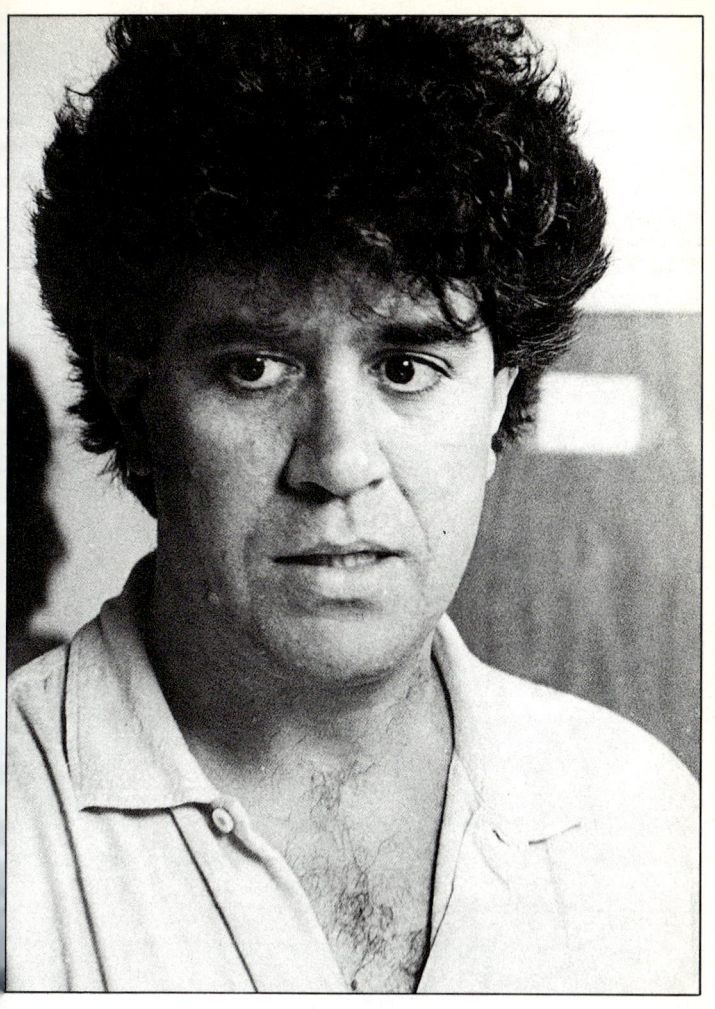

Pedro Almodóvar en el rodaje de *La ley del deseo* (1986)
(Foto: Jorge Aparicio)

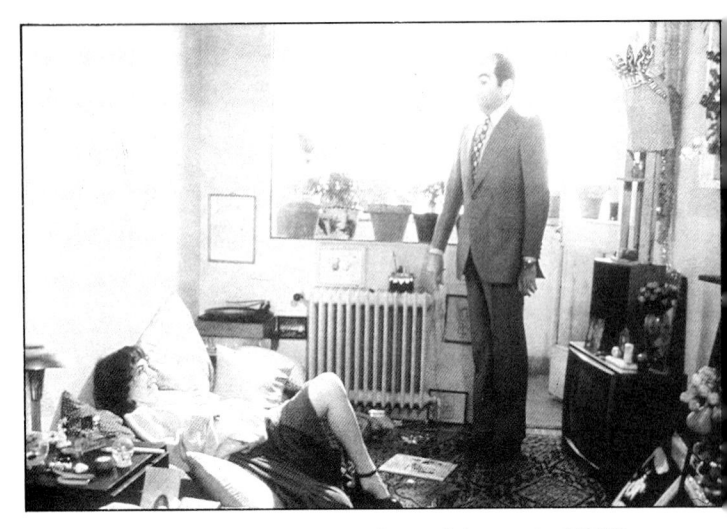

Pepi, Luci, Bom y otras chicas del montón (1980)

Rodaje de *Laberinto de pasiones* (1982)
(Foto: Pablo Pérez Mínguez)

Rodaje de *¿Qué he hecho yo para merecer esto!* (1984)
(Foto: Antonio de Benito)

Rodaje de *Pepi, Luci, Bom y otras chicas del montón* (1980)

Rodaje de *Entre tinieblas* (1983) (Foto: Ana Muller)

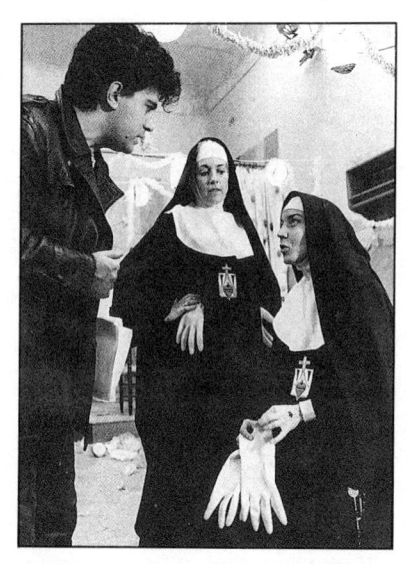

Rodaje de *Entre tinieblas* (1983) (Foto: Ana Muller)

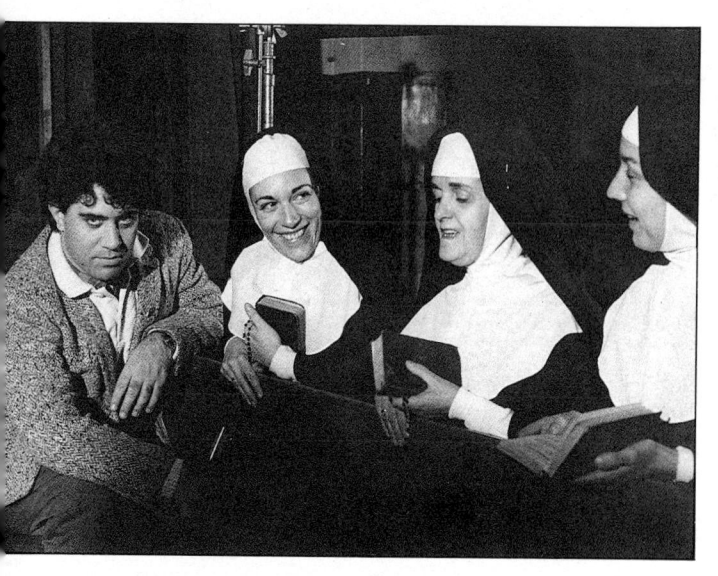

Rodaje de *Entre tinieblas* (1983) (Foto: Ana Muller)

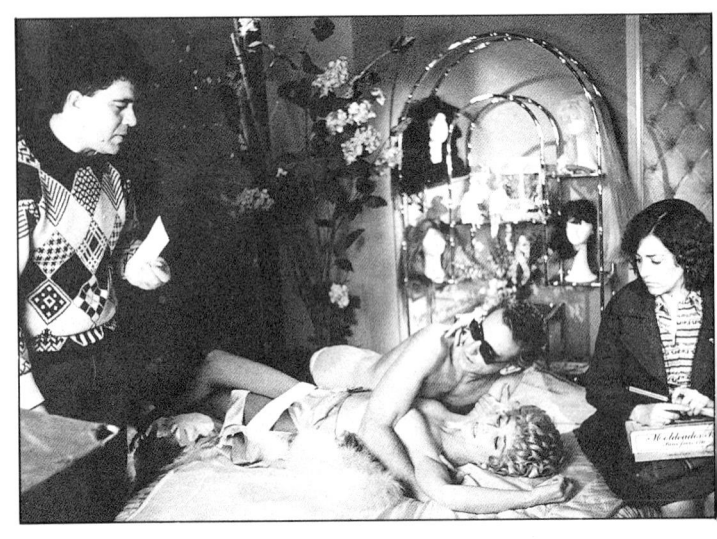

Rodaje de *¿Qué he hecho yo para merecer esto!* (1984)
(Foto: Antonio de Benito)

Rodaje de *¿Qué he hecho yo para merecer esto!* (1984)
(Foto: Antonio de Benito)

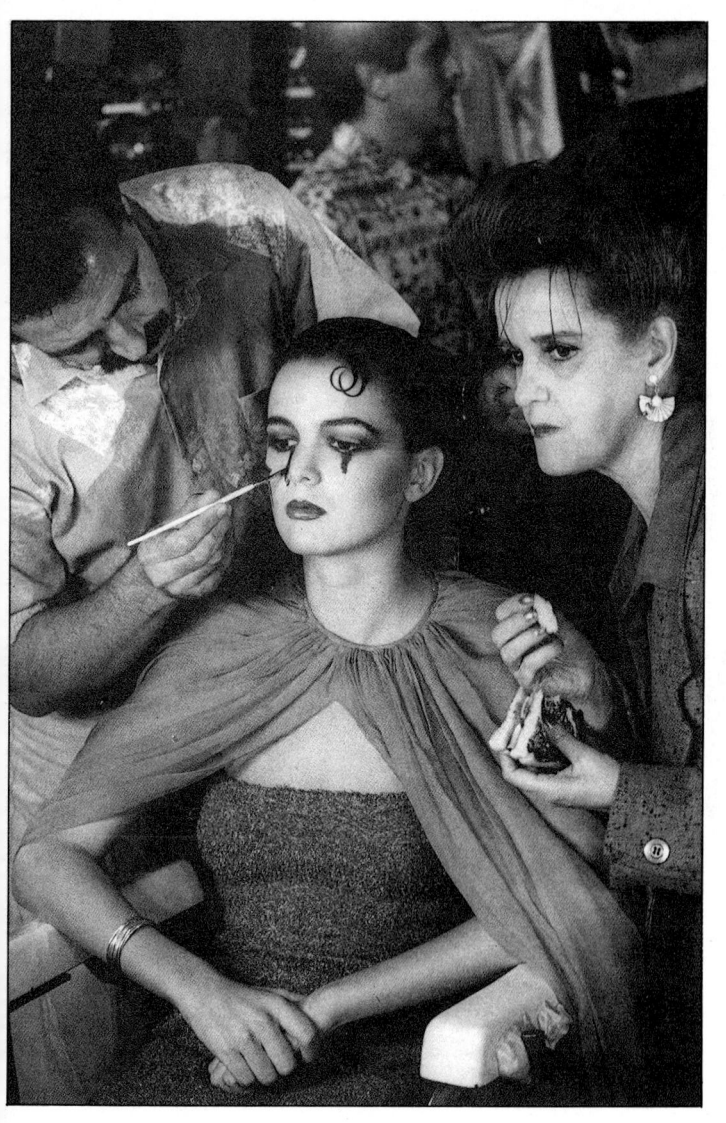

Rodaje de *Matador* (1986) (Foto: Jorge Aparicio)

Rodaje de *Matador* (1986) (Foto: Jorge Aparicio)

Rodaje de *Matador* (1986) (Foto: Jorge Aparicio)

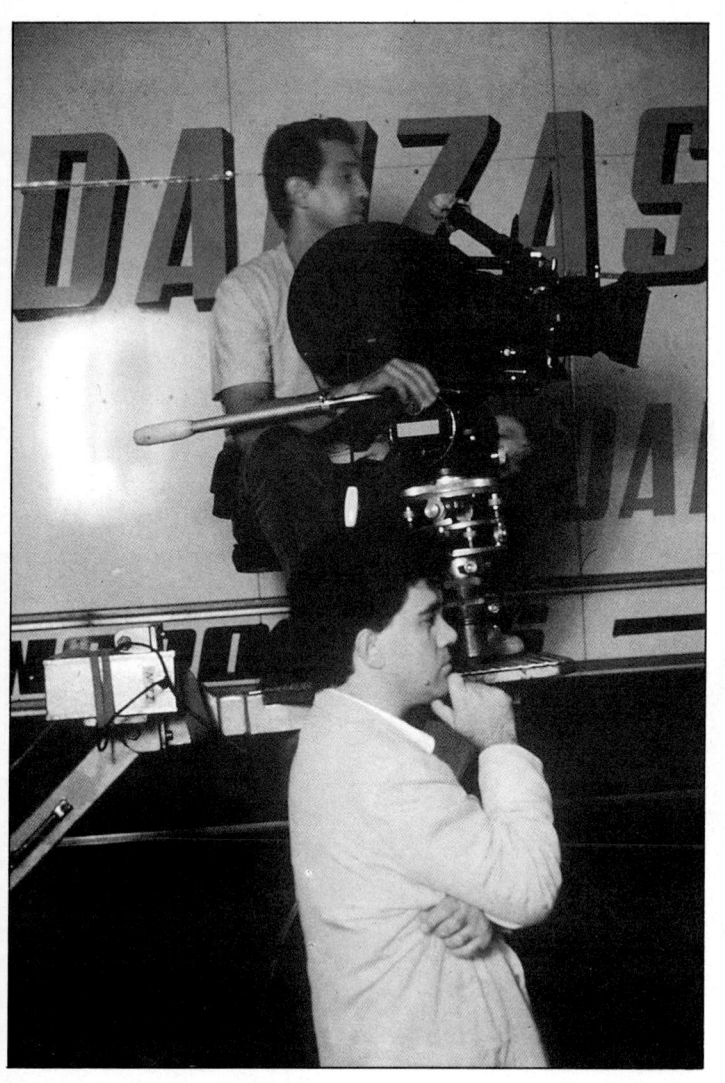

Rodaje de *La ley del deseo* (1987)

Rodaje de *La ley del deseo* (1987) (Foto: Jorge Aparicio)

Rodaje de *La ley del deseo* (1987) (Foto: Jorge Aparicio)

Rodaje de *La ley del deseo* (1987) (Foto: Jorge Aparicio)

Pedro Almodóvar en el rodaje de *Mujeres al borde de un ataque de nervios* (1988) (Foto: Macusa Cores)

Rodaje de *Mujeres al borde de un ataque de nervios* (1988)
(Foto: Macusa Cores)

Rodaje de *Mujeres al borde de un ataque de nervios* (1988)
(Foto: Macusa Cores)

Rodaje de *Mujeres al borde de un ataque de nervios* (1988)
(Foto: Paco Navarro)

Pedro Almodóvar en el rodaje de *Mujeres al borde de un ataque de nervios* (1988) (Foto: Paco Navarro)

Tributo a Pedro Almodóvar. Darmouth College, New Hampshire, USA, octubre de 1988 (Foto: John Layton)

habla muy deprisa, como si los actores no pensaran lo que dicen. También se camina más aprisa de lo normal y no hay tiempo para que los personajes reflexionen sobre sus actos.

En ocasiones la Alta Comedia incluye elementos propios del cine de terror y de aventuras. Por ejemplo, ocurren montones de cosas y la vida de los protagonistas suele pender de un hilo, pero en lugar de selvas, indios, cataratas endemoniadas, muertos vivientes o tesoros escondidos, la acción se desarrolla en el seno de una familia burguesa (cocina, salón, alcoba, etc.) o en las barras de los bares y cafeterías, museos y subastas artísticas. La tensión no la provoca nunca la sangre, y los personajes aunque se odien casi nunca matan, pero se comportan como si fueran capaces de hacerlo.

Las ambiciones más profundas del ser humano se tratan en la Alta Comedia de un modo abstracto, casi sintético. La máxima y más común ambición es la de ser feliz o infeliz con la persona que amas. Semejante ambición, dramáticamente hablando, resulta tan extraordinaria y tan compleja como salvar al mundo de una tercera guerra mundial.

Creo que *Mujeres...* se ajusta bastante a esta definición. Se la puede calificar de Alta Comedia, muy sentimental.

Sentimental
Cualquier disparate resulta verosímil si se desarrolla sobre la superficie de los sentimientos. La emoción sentimental supone siempre el mejor vehículo para contar cualquier historia. Y el humor, claro. Se me olvidaba. Para que una comedia de cualquier tipo lo sea, debe respirar humor, no importa de qué color.

La soledad, los hombres y las motos
Lo peor no es la soledad, a veces el exceso de compañía (aunque sea musical) puede ser terrible, como decía Julie Andrews en *The Sound of Music*: «Un capitán y siete hijos son motivo suficiente para echarse a temblar».

Lo peor es la impotencia ante la confusión que provoca el hecho de que te abandonen. El problema de los hombres y las mujeres es que perteneciendo a la misma especie y pareciéndose incluso físicamente (también los chacales se parecen a los perros y no son perros) no se entienden entre ellos. Así es y así seguirá siendo.

Al final de la película una joven rockera le dice a Pepa que prefiere las motos a los hombres. Pepa le contesta. Es más fácil aprender mecánica que psicología masculina. A una moto puedes llegar a conocerla a fondo. A un hombre jamás.

Marzo 1988: el estreno

A finales de marzo de 1988 se estrenaba en toda España *Mujeres al borde de un ataque de nervios*. Nada permitía prever entonces que un año después aún estaría en cartel llenando cines y divirtiendo a toda clase de gentes.

Poco antes, la Academia del Cine Español había hecho públicas las nominaciones para los Premios Goya de 1987 en los que habían olvidado por completo a *La ley del deseo*, a pesar de haber sido una de las películas más taquilleras e importantes del año anterior.

Almodóvar, dolido ante el desprecio que suponía este olvido, se manifestaba duramente contra la Academia:

> Hay un acto muy voluntario de rechazo al cine que hago y soy consciente de que si les consultaran a estos profesionales si yo debía seguir haciendo cine o volver a la Telefónica, muy posiblemente la mayoría diría que regresara a mi puesto en la Telefónica. A mí me gustaría, que la Academia del Cine Español cambiara sus estatutos y que en ella pudieran estar representados todos los profesionales del cine español, todas las personas que trabajan actualmente en el cine de este país y que ahora no están en esa agrupación. Hasta que eso no ocurra, para mí no tiene ningún valor la Academia.

Respecto a este tema es ejemplar el artículo publicado por Ángel Fernández Santos en *El País* del 24 de marzo de 1988, que, bajo el título de *Extrañas ausencias* denunciaba la ceguera de la Academia:

El mal vino de atrás, de un rincón con telarañas de la selección de películas y personas candidatas a los premios Goya correspondientes a 1987.
En dicha selección hubo cuatro incomprensibles ausencias. Tan descabelladas eran que pusieron en serios aprietos la credibilidad del sistema de criba previa que estos galardones, al estar discernidos por votación libre y secreta entre los profesionales del cine afiliados a la Academia de Cine, requieren por fuerza. Y estas cuatro ausencias vician irremediablemente la fiabilidad del reparto final.
En efecto, la película *La ley del deseo*, dirigida por Pedro Almodóvar e interpretada por Carmen Maura y Eusebio Poncela, entraba por derecho en la liza. Pues bien, ni el título del filme, ni el nombre de las tres personas citadas que intervinieron en él, fue seleccionado en las candidaturas correspondientes. ¿Qué circuitos —o qué cortocircuentos— del gusto y de la mentalidad gremial han excluido de toda opción a una película como *La ley del deseo*, ciertamente irregular y por lo tanto discutible, pero que, con años luz de distancia respecto de las restantes, lleva dentro el mejor, el más audaz y el más original cine que se ha hecho en España el pasado año?

Un año después, la Academia ha modificado sus estatutos y su afiliación y con ello ha modificado sus gustos. El resultado ha sido que *Mujeres al borde de un ataque de nervios* se ha hecho con quince nominaciones.

Con motivo del estreno del film aparecieron varias entrevistas con Almodóvar. Todas ellas más o menos parecidas unas de otras. Pero hubo dos distintas. Una, firmada por Borja Casani, apareció en *Sur Expres*. La otra, realizada por Rafael Wirth, salió en un suplemento dominical de *La Vanguardia*. Tanto en una como en otra encontramos matices de un Almodóvar que empezaba a cambiar sin dejar de ser el mismo.

—... (alguien) calificaba la nueva España como la España de Almodóvar.
—¿Ah, sí?
—Sí (risas).
—Es agradable y a la vez un poco triste, no te voy a decir esas tonterías de que se está muy cómodo en la cumbre y todo eso, pero es triste que desde que empecé a hacer cine en el 80 no haya aparecido ningún nuevo director con una mirada personal, con un universo propio, que cuente sus propias historias. Por mucho que a mí me favorezca estar en un rincón siendo el único, con mayúsculas, por mucho que eso aliente mi vanidad y mi ego, creo que no es bueno para ninguna cinematografía. Si hablas de mí como símbolo de nuestro tiempo, entre comillas y con mucho cachondeo, pues posiblemente lo sea, pero por ausencia de compañía y mediocridad general.

Creo que soy un director muy contemporáneo y que gran parte del cambio ocurrido en este país se refleja en mis películas. Creo que por instinto hablo en ellas de lo que me rodea y parece ser que lo que nos rodea es lo que menos interesa a los directores de mi generación y a los de las anteriores. Y es una pena, porque la realidad es un sujeto dramático de primer orden.

—Ahora una de las manías es la del internacionalismo. Salir fuera, triunfar en el extranjero, ¿crees que es un mito necesario?
—En absoluto. No sólo no lo es, sino que tampoco es una medida para valorar la obra de nadie. Creo que el único éxito verdaderamente satisfactorio se obtiene en el entorno personal. En el lugar donde la obra se ha originado es donde se mide de inmediato la reacción y donde más excitación te provoca. Lo demás pertenece al comercio, al mercado, que es sin duda una cosa fundamental.

La entrevista de Borja Casani terminaba con un párrafo definitivo:

> Creo que la clave es sobrevivir manteniéndose en el centro de las cosas. Hacer lo que quieres aceptando lo que te rodea. Intentar no ser complaciente y adaptarte al mismo tiempo al mundo en que vives.

En la entrevista de *La Vanguardia*, Almodóvar decía entre otras cosas:

—Pienso que la gente está muy adaptada a las ciudades, pero, por otra parte, también tiene gran nostalgia de la naturaleza... Por eso en mis películas siempre hay como una especie de negación a perder el origen. La gente en el año dos mil tendrá un corralito en su terraza...

—Yo me veo cada vez con mas principios. Me sorprende descubrirlo. Soy más ético. Lo básico es ser tú mismo. Yo veo cómo la gente cambia con respecto a las situaciones. Soy muy sincero en todo lo que hago sin medir nunca el resultado de las cosas y además eso es lo mejor, lo más fácil, lo más práctico y lo que te mantiene más equilibrado. En mi vida siempre he dicho lo que he pensado y me he enfrentado a lo que me he tenido que enfrentar. Y esto yo creo que es porque tienes unos principios muy concretos en las cosas que son importantes.

—No soy una persona muy convencional y además el hecho de ser muy espontáneo es lo que me hace lo menos convencional del mundo. Todo el mundo tiene su propia moral. Incluso los malos, malos, malos, la tienen también. Nadie puede decir que esto es bueno y esto es malo, porque lo bueno y lo malo no existen. Si algo está mal lo digo claramente pero mi concepto de la moral no es el concepto tradicional de la moral.

Mayo 1988: el festival de Cannes

Mayo es tradicionalmente el mes del Festival de

Cine de Cannes. En medio del acontecimiento cinematográfico mas importante del año, parecía lógico que Almodóvar tuviera un lugar. Pero los directores del Festival en todas sus secciones no lo consideraron oportuno. Eso no impidió que Pedro Almodóvar se convirtiera en una de las estrellas del *Off* Festival.

Pedro Almodóvar fue el invitado especial de un programa de televisión presentado por Fréderic Mitterrand, se metió a la gente en el bolsillo y vendió su película a Orion. Por primera vez en la historia del cine español sucedía algo así. El cine español se ha distribuido en el mundo y se ha estrenado con cuentagotas en Estados Unidos. Pero ésta fue la primera vez que una película española era comprada por una compañía norteamericana para su distribución mundial. Almodóvar estaba radiante, aunque no sabía lo que se le venía encima en cuanto a promoción del filme.

Pero aún estamos en Cannes, un Cannes soleado, primaveral en donde Almodóvar es reconocido como el representante de *L'Espagne off*, tal como reza el titular del diario *Liberation* del día 23 de mayo.

Ignorado por los seleccionadores oficiales del Festival —que han preferido otras películas españolas— el torbellino Pedro Almodóvar ha hecho un buen negocio en el mercado del film con *Mujeres al borde de un ataque de nervios*.

Femmes au bord de la crise de nerfs, despreciada por los estamentos oficiales, fue aplaudido enormemente. Al final de las dos proyecciones (llenísimas) en el mercado del film, seguidas de ofertas fulgurantes, ha sido Orion Internacional quien se ha llevado los derechos pagando... 2.100.000 dólares! Lo nunca visto para un director de cine español: con ello Almodóvar podrá poner mucha mantequilla en sus espinacas», y bálsamo en su corazón de personaje dejado de lado por el *establishment*-cul, de la administración española, que se ha tomado su tiempo antes de aceptarlo en el rango de los cineastas subvencionables, y el de los notables festivaleros franceses que lo ignoran obstinadamente. (...)

Pedro Almodóvar no habría venido a Cannes sin Fréderic Mitterrand que lo invitó el viernes al programa *Bonsoir les starlettes* en TF1... Almodóvar estuvo en Cannes el tiempo de rodar la emisión, dejarse ver por algunos periodistas, acordar una sesión de fotografías para Vanity Fair y marcharse... de incógnito pero con el tupé bien alto, la camisa llena de loritos multicolores y la maleta roja victoria, llena del contrato histórico.

Septiembre 1988: el Festival de Venecia

Cannes no seleccionó *Mujeres*..., pero Venecia sí. A pesar de llevar cinco meses estrenada en nuestro país, el Festival de Venecia escogió la película de Almodóvar para concursar en la sección oficial. *Mujeres al borde de un ataque de nervios* o como la llamaban los italianos, *Donne sull orlo di una crisi di nervi*, se convirtió en una de las películas más esperadas del Festival, hasta el punto que se pudo definir Venecia 88 como el Festival de la «Tentación y el ataque de nervios», haciendo referencia a los dos títulos más atractivos y conflictivos de la selección oficial: el de Almodóvar y el de Martin Scorsese *La última tentación de Cristo*.

El ambiente del Festival de Venecia se podía resumir así:

Venecia 88 se ha caracterizado por un ajetreo continuo, provocado por la polémica, absurda, agobiante y cansada, del «affaire Scorsese», que se ha erigido en el elemento dominante de la Mostra, con un único contrincante digno de mención: Pedro Almodóvar y sus *Mujeres al borde de un ataque de nervios*, que consiguieron eclipsar al mismo Jesucristo y acabaron por ganarle la partida en el juego informativo.

Los tres títulos que acapararon los premios —*La leyenda del Santo Bebedor* del católico Ermanno Olmi, *Paisaje en la Niebla* del materialista Theo Angelopoulos y *Campo de Thiaroye* del comunista Ousmane Sembene— se constituyeron en la tríada única y posible para los premios. Tan sólo Almodóvar, con una película completamente exótica en el contexto del Festival como sus *Mujeres*..., resultaba un contrincante digno de tener en cuenta. El jurado debió deliberar mucho para encajar cuatro películas en tan sólo tres premios. Finalmente se impuso la «sensatez» de reconocer lo que se consideran obras de compromiso frente a una película más ligera, pero que habla igualmente de sentimientos muy profundos y el jurado se sacó de la manga un premio para el mejor guión que Almodóvar convirtió inmediatamente en una especie de «León de Oro» Moral ganado por él y todo su equipo.

Tras el follón scorsesiano y el empacho de transcendentalismo, la aparición de Almodóvar fue recibida como una bendición del cielo. En definitiva, si hay un Dios de los Festivaleros, nos premió el suplicio informativo de la *Tentación*... con el más que agradable, jocoso, divertido y sumamente inteligente discurso almodovariano que supo sobrevolar la tormenta que le juntó el mismo día en la proyección y la rueda de prensa con Martin Scorsese.

(De la crónica del Festival de Venecia publicada en *Fotogramas* de octubre de 1988)

La prensa italiana se hizo eco de la vitalidad de Pedro Almodóvar y se volcó en elogios:

Lido de Venezia: «Pido que desaparezca la censura» decía a voz en grito, alzándose entre los aplausos, Pedro Almodóvar. «Si alguien quiere darme un premio, ese es el mejor.» El director español no sabe como se tomará el jurado de esta Mostra su película. «Tan sólo espero que después de reír no lloren» dijo. Brillante como pocos de los encuentros que la Mostra nos ha ofrecido este año, salpicada continuamente de calurosos aplausos, su conferencia de prensa ha sido animada y divertida como un verdadero espectáculo. («La República»)

El vencedor moral de la Mostra es sin duda Pedro Almodóvar. El interminable aplauso al anuncio de su Osella por el mejor guión por *Donne sull'orlo di una crisi di nervi* es una prueba de estimación total, muy parecida a una gloriosa liberación. («Il Gazzettino»)

Por otro lado, el semanario *Panorama* recogía las siguientes declaraciones de Almodóvar:

Me gusta cambiar. Cada vez debo tener la sensación de que cada película será una aventura en un terreno desconocido, una prueba distinta, un examen estimulante. Sólo así puedo empezar a trabajar, independientemente de que al final mis películas puedan parecerse. Quizás cuando tenga sesenta años me repetiré, pero ahora no sé hacia donde voy. Descubro cada día que la vida tiene muchas emociones imprevisibles, que mi modo de ver las cosas se transforma y con ello el tipo de cine que me interesa.

No quiero renunciar a esta tensión. En Venecia, la noche antes de la proyección de *Mujeres...* no pude dormir. A las ocho bajé a la playa y mi mirada se posó en el reloj del Excelsior. Como la madalena de Proust, me recordó una mañana de hace cinco años, cuando presenté en la Mostra *Entre tinieblas*: sentía la misma angustia. Y espero continuar sintiéndola.

Septiembre 1988: Festival de Nueva York

No repuesto aún del maratón veneciano, donde se sometió a una auténtica tortura de entrevistas, siempre con la sonrisa en los labios y la palabra amable, Almodóvar, quizás un poco cansado de sus *Mujeres...* se marchó a Estados Unidos a inaugurar el Festival de Cine de Nueva York, ganándole la partida a Scorsese, quién, desde Venecia, estaba unido a él y sus *Mujeres...* por el hilo invisible de la historia festivalera.

Nueva York ya le conocía, pero ahora se entregó de lleno. Potenciada por Orion *Women On the Verge Of a Nervous Breakdown* encontró su público ideal en una prensa y unos espectadores que sueñan con la comedia y añoran que ya no se haga como antes.

New York Newsday dijo entre otras cosas:

> La película de Almodóvar, muestra que es más un alquimista que un director: con elementos distintos consigue poner en pie algo nuevo y brillante. Incluso su inspiración parece tener polos opuestos

The Hollywood Reporter escribió:

> El escenario no cambia, simplemente todos los personajes se entrecruzan unos con otros sin dejar tiempo a respirar. El estilo del director, con una predilección por un suave instinto, hace que las situaciones mas inverosímiles parezcan absolutamente normales. La especial locura de los acontecimientos recuerda a Jacques Tati. Los principales personajes con sus situaciones absurdas recuerdan a Lina Wertmüller. Pero la atención de Almodóvar hacia el diseño y los decorados, vestuario y música es verdaderamente Fellini.

Vanity Fair, que publicaba una foto realmente especial, escribía:

> ¿Es demasiado pronto para anunciar la llegada de la mejor película del año? Quizás, Pero, *Women On the Verge...* que inaugura este mes el Festival de Nueva York (y se estrenará en todo el país en diciembre) es la más tentadora, original y sobre todo vigorosa película que he visto desde *Terciopelo azul* —la mejor comedia que nos llega de Europa desde la muerte de Luis Buñuel.

Por su parte John Powers, un conocedor del cine español se quejaba en *Weekly* de que no se le había otorgado el premio de la crítica ya que sus serios colegas habían preferido premiar a *Voces distantes* de Terence Davies.

Noviembre 1988: estreno en USA y Premio Europa

Con motivo del estreno del film en las salas comerciales el 11 de noviembre de 1988, la crítica volvió a incidir en los atractivos del filme.

Coincidiendo con el estreno en Estados Unidos, la Academia de Cine Español escogió *Mujeres al borde de un ataque de nervios* como la representante española para la nominación al Oscar a la mejor película extranjera.

En un año la situación de la Academia había cambiado algo gracias a la llegada a la presidencia de Fernando Trueba que modificó los estatutos, tal como pedía Almodóvar en marzo, y había abierto las puertas al conjunto de la profesión.

En noviembre también, concretamente el 27, en la ciudad de Berlín, tuvo lugar la entrega de los Genius, especie de Oscar europeos que el cine políglota y plurinacional del viejo continente se sacaba de la manga para competir con Los Premios de la Academia de Hollywood. En esta primera edición se dividió el cine en dos categorías: cine joven o innovador y cine comercial o convencional, por no llamarlo serio. Almodóvar y sus *Mujeres...* competían en la primera categoría y ganaron. Pedro y su hermano Agustín subieron al estrado a recoger el Genius de manos de Ornella Mutti y Lambert Wilson y Pedro se ganó un aplauso por su discurso. También Carmen Maura se hacía con un Genius, el de mejor actriz que se venía a sumar al premio de Venecia de la revista *Ciak*.

Director y actriz desbordaban de contento y de satisfacción. España conseguía un triunfo cinematográfico y Pedro añadía un viaje, un premio, una serie de entrevistas a la larga lista que ha llenado el año 1988.

Enero 1989

Después de Berlín y el Premio Europa, el Genius, después de una agotadora campaña de promoción, Almodóvar volvió a España, pero por poco tiempo, el justo para prestarse a preparar un número especial de la revista *El Europeo* y volver a hacer las maletas para acudir a Hollywood a la concesión de los Globos de Oro, especie de ensayo general de los Oscar.

Pedro era el candidato favorito de la noche, pero al final ganó *Pelle el conquistador* de Bille August. Sin embargo eso no fue una desilusión para Almodóvar, que siempre recordará la divertida cena que compartió con Dennis Hooper y otros enloquecidos fans de su película, porque de Los Ángeles, Almodóvar volvió con un particular y muy privado premio: la visita a Billy Wilder, al que considera su máximo maestro.

Billy Wilder vio el film de Almodóvar y declaró que por fin había encontrado un heredero en el cine. La conversación entre el veterano y el joven director estuvo teñida de nostalgia y esperanza, de recuerdos compartidos —Almodóvar sabe más sobre Wilder que el propio Wilder— y de anécdotas. Billy Wilder se reía de los problemas de Pepa y declaró que su voto sería para la película. Hacía años que no veía un film que le hiciera sentir ganas de volver a rodar.

De todo esto se ha sabido poco y se ha dicho poco, porque Almodóvar conserva esta visita y esta conversación como un tesoro que no quiere compartir. Una conversación así es una de aquellas cosas que compensan del cansancio, del agotamiento, del vacío que se produce en el constante hablar y hablar de lo mismo. Almodóvar volvió de Los Ángeles sin Globo de Oro, pero con las pilas cargadas para enfrentarse a un nuevo proyecto.

En el número especial de la revista *El Europeo*, Almodóvar se hacía a si mismo una de las más lúcidas y duras autoentrevistas que se ha hecho nunca. Algunas de sus respuestas dejaban traslucir su cansancio y sus ganas de aislarse para poder trabajar en una nueva película.

—Ahora me paso el día echando broncas, y antes me lo pasaba gastándole bromas a la gente con la que trabajaba.

—De adolescente disfrutaba mucho viajando, la idea de traslado iba siempre unida a la de aventura; me excitaba lo imprevisto y de paso podía aprender geografía. Ahora mis grandes aventuras se desarrollan entre cuatro paredes, y los viajes han sustituido a la Compañía Telefónica: un deber que yo no determino y que no puedo evitar, una obligación alienante y pesada. Y ya ni siquiera me sirven para aprender geografía.

—Cualquiera de las ciudades que he visitado era como una prolongación de mi oficina de Madrid. ¡No sabes como envidio a los turistas! Tener todo el día para visitar monumentos, museos, restaurantes, salas de fiesta, cines, teatros. Los últimos desplazamientos han sido tan continuados y con tantos kilómetros de por medio, que mientras viajaba tenía la impresión de no estar en ningún lado, ni en ninguna situación. Sin saber cómo, me he convertido en algo como el Baldadiño de Valle Inclán, exhibido de feria en feria como un fenómeno curioso. Lo único que recuerdo de estos viajes son las ventanas de los hoteles. Es lo único que he aprendido: a mirar por la ventana, porque en Madrid no lo hago.

—El resto consistía en hablar como una cotorra de mis películas, desgraciadamente, siempre el mismo tipo de preguntas, por qué siempre trabajo con Carmen Maura, por qué escribo para mujeres, si no es un truco comercial la ausencia de sexo-drogas y rockandroll en mi última película, etc. Por eso los lugares de promoción se parecen tanto. Porque los periodistas hacen siempre las mismas preguntas y porque yo les doy siempre las mismas respuestas, aunque ponga cara de sorpresa y de no sabérmelas. Bueno, en cada país aparecen dos o tres preguntas nuevas. Hay muchas cosas que yo deliberadamente había olvidado y que, por ejemplo, los americanos me han hecho recordar. Franco y la dictadura es una de ellas.

—Parece que tu éxito no sea sino una pesadilla.

—Lo es, pero estoy seguro de que en el futuro, dentro de muchos años, lo recordaré como interesantísimo. Mi único miedo es que me obliguen a ir tan rápido que a lo mejor no lo estoy registrando y cuando quiera recordarlo me encontraré con un enorme vacío.

Febrero 1989: La rendición de Francia

De toda Europa, Francia ha sido el país que más ha tardado en rendirse a Almodóvar. Una reticencia hacia todo lo que venía del sur de los Pirineos —antes de ponernos de moda— y una especie de obligación de hacer un cine trascendental, serio e histórico, hicieron que París y sus críticas no aceptaran el cine de Pedro Almodóvar hasta hace muy poco.

Pero todo llega y por fin *Mujeres al borde de un ataque de nervios* se estrenó en París y salieron muchas críticas en todas las revistas. Por ejemplo:

Studio decía:

En todo caso, Almodóvar es de lejos el mejor nuevo cine que nos llega de España desde Buñuel, cineasta al que el director adora. A su manera provocadora, sabe como nadie dar cuenta de su época, una vez digerida la cultura «pub», «clip», «televisión».

Premiére escribía:

Acaba de volver a Madrid después de meses de promoción sin parar. Berlín, Toronto, Venecia, Nueva York, Los Ángeles. Sepultado en premios y recompensas abandonadas un poco por todas partes, Pedro Almodóvar recupera con un placer no disimulado su base de lanzamiento, aún bajo el shock del éxito casi universal conseguido por su película. Hacía mucho tiempo que un film español no conseguía esta resonancia, *Femmes au bord de la crise de nerf*, es una comedia contemporánea que se parece a los melodramas en voga a finales de los años cincuenta, salpicados de Technicolor y de situaciones insensatas. Con, además, ese toque de locura y unos actores únicos que son la marca, sin duda reconocible entre todas, de la mano de Almodóvar.

Rolling Stones le dedicaba un extensísimo artículo en el que entre otras cosas se decía:

La Almodóvar *touch* es una gigantesca paella donde se degusta el melo a la manera de Douglas Sirk, una buena dosis de humor *made in* John Waters, una pizca de surrealismo buñueliano, todo sazonado con una salsa hitchcockiana. El encuentro con su público se ha hecho sobre todo en el reconocimiento de una nueva generación con sus personajes, su manera de vivir, sus deseos y sus angustias. Pedro ha crecido al mismo tiempo que su público, que quiere ver un reflejo de un aire de los tiempos contemporáneos, la nueva mentalidad española.

Por su parte la muy seria y especial *Cahiers du Cinéma* le dedicaba una crítica larga y elogiosa en la que destacaba que:

El interés del film de Almodóvar, es que rejuvenece la comedia de boulevard, incorporando personajes un poco caricaturescos, pero muy contemporáneos, que vienen sin duda de su experiencia underground. Estos van de la abogada feminista a la chica que se acuesta con terroristas chiítas, pasando por el *chaufer* de un taxi. Y en medio del disparate mas extravagante, creemos en el personaje de Pepa, en su desarraigo, sus crisis de nervios, su catastrofismo, en su manera de salir de las situaciones más complicadas, en su elegancia y en su lucidez al final cuando, en la escena de la ruptura en el aeropuerto, rechaza la conversación tan deseada con su amante.

Febrero-marzo. 1989: Goyas y Oscar

A principio de febrero de este año, la Academia de Cine Español hizo públicas las nominaciones a los Premios Goya del Cine Español. Nadie pareció sorprenderse cuando la misma Academia, un poco cambiada, que el año pasado le negó el pan y la sal a *La ley del deseo*, ahora le daba nada menos que 15 nominaciones a *Mujeres al borde de un ataque de nervios*.

Por otro lado, el día 15 se hacían públicas las nominaciones a los Oscar de 1988. Aunque era seguro, no dejó de ser un alivio para todos, empezando por el propio Almodóvar, que *Mujeres...* estuviera entre las cinco nominaciones como mejor película extranjera. Marzo fue el mes decisivo. El día 21, con Pedro en Los Ángeles promocionando a tope la película, se celebraba la fiesta de los Goyas y *Mujeres...* se hacía con cinco de los más importantes. Al día siguiente, salía todo el equipo hacia Hollywood para estar con el director el día de los Oscar. Todos querían que Almodóvar ganara este premio, pero la Academia de Hollywood tiene sus costumbres y siempre le ha parecido que el Oscar extranjero tiene que ser una cosa «de calidad». *Mujeres...* no ganó la estatuilla, pero sí puede considerarse una auténtica ganadora. Con una recaudación en España que supera los 900 millones de pesetas, en cartel durante más de un año y con llenos todos los días; con una recaudación en Estados Unidos que supera los cuatro millones de dólares en tres meses de exhibición —en versión original subtitulada al inglés— se puede decir que el éxito comercial e industrial está asegurado.

El otro, el personal, cultural o llamémosle como se quiera, Almodóvar sabe que lo tiene dentro. El sabe lo que ha hecho y por qué. Lo que hace falta es que le dejen seguir haciéndolo. Y ahí está el gran reto de Almodóvar.

Vencida la tentación del desierto de ir a dirigir cine en Hollywood, Almodóvar ha vendido los derechos de su obra para que la hagan en Estados Unidos otras gentes con otras actrices y con otros planteamientos. Es lo más inteligente que podía hacer. Si Jane Fonda quiere ser Pepa, que lo sea, pero no bajo su dirección. El debe meterse ya en otro proyecto, una película que confirme lo que sabemos de él: que es un director que no se encasilla, que no ha renunciado a ninguno de sus principios e ideales cinematográficos y que hará, en definitiva lo que quiera. Pero eso será objeto de otro trabajo.

APÉNDICE
Filmografía

Filmografía

Es difícil establecer una filmografía completa de Almodóvar antes de su incorporación al cine comercial con *Pepi, Luci, Bom y otras chicas del montón*, en 1980. En los primeros *pressbooks* de sus películas, Almodóvar daba como válida la siguiente filmografía previa:

1974 *Dos putas*, o *Historia de amor que termina en boda* (S-8, 10 min.).
Film político (S-8, 4 min.).
1975 *La caída de Sodoma* (S-8, 10 min.).
Homenaje (S-8).
El sueño, o *La estrella* (S-8, 12 min.).
Blancor (S-8, 5 min.).
1976 *Trailer de Who's Afraid of Virginia Woolf?* (S-8, 5 min.).
Sea caritativo (S-8, 5 min.).
1977 *Las tres ventajas de Ponte* (S-8, 5 min.).
Sexo va, sexo viene (S-8, 17 min.).
Complementos (Serie de cortometrajes simulando noticiarios, *spots* publicitarios y *trailers* de películas, que incluye varios de los previamente mencionados, como *Film político*, *Blancor*, el *Trailer de Who's Afraid of Virginia Woolf?*, etc., previstos para proyectarse como complementos en las sesiones de sus películas).
1978 *Folle... Folle... Fólleme... Tim* (Largometraje en S-8).
Salomé (16 mm., 11 min.).

A partir de 1979-80, su filmografía es conocida de todos:

1979-80 *Pepi, Luci, Bom y otras chicas del montón.*
1982 *Laberinto de pasiones.*
1983 *Entre tinieblas.*
1984 *¿Qué he hecho yo para merecer esto!*
1985 *Trailer para amantes de lo prohibido* (Mediometraje para TVE).
1986 *Matador.*
1987 *La ley del deseo.*
1988 *Mujeres al borde de un ataque de nervios.*

Primeros trabajos

Ver el material de Almodóvar de su época de Super-8 es bastante difícil. Él conserva algunas de las películas, pero lo que es imposible del todo es recuperar las proyecciones que Almodóvar hacía poniendo voces y músicas. Uno de los proyectos de Agustín Almodóvar es, precisamente, pasar todo ese material a vídeo o a película más segura y sonorizarlo de alguna manera, para que quede constancia histórica de ese momento del cine de su hermano, pero por ahora no se ha hecho nada en ese sentido. Establecer fichas técnicas de estas películas es una tarea que sólo puede hacer Almodóvar y que está pendiente para trabajos posteriores sobre su obra. De momento, lo importante es dejar constancia de la existencia de ese material y, para ello, reproducimos un texto, firmado por el propio Pedro Almodóvar, en el que se da cuenta de algunos de sus trabajos, concretamente de los tres últimos films realizados antes de *Pepi, Luci, Bom*...

Sexo va, sexo viene

Un chico que va por la calle se choca con una tía, haciendo que se le caigan los bolsos y paquetes que lleva. Ella le insulta y le da una bofetada. A él le es lo mismo, porque le ha encantado. Le pide su número de teléfono, y aunque ella al principio no quiere dárselo, por fin lo consigue.

Comienzan a verse de vez en cuando, y cada vez que lo hacen ella le sacude una paliza horrible. La chica, que en el fondo está harta, le dice un día que piensa dejarle. Él le ruega que no lo haga, le repite que está encantado con ella. La chica se extraña, porque cada vez que se ven le está pegando todo el tiempo, pero él declara que *eso* era lo que estaba buscando hacía tiempo, una chica tan agresiva, tan violenta como ella. La chica, harta, le confiesa que a ella lo que le gustan son las mujeres, y que si ha salido con él ha sido para humillarle, para hundirle. Razón de más para abandonarle, porque todo aquello le estaba gustando. Así que la chica le deja.

Desesperado, el chico consulta a «la abuelita», una de esas máquinas callejeras que predicen el futuro. Allí obtiene la siguiente respuesta: «Si a ella le gustan las mujeres, hazte mujer».

Así que el chico comienza a comprar ropas y maquillajes femeninos. Consigue encontrarse con la chica, y cuando ésta le ve, le encanta y se aman locamente.

Al cabo de unos meses la chica se da cuenta de que él está dejando de hacerle caso. Desesperada le pregunta que qué pasa. Y el chico le recomienda que se adapte a las circunstancias, porque a él, desde que se ha hecho mujer, *lo que de verdad le gustan son los hombres*.

Folle... Folle... Fólleme... Tim

Es un largo en Super-8. Fue mi primera experiencia a nivel narrativo de estructurar una historia de hora y media, y planificarla de acuerdo a su duración. Me gusta que cada cosa que hago sea para mí una especie de prueba, ponerme a trabajar en cosas que no conozco, y que tampoco sé si estoy capacitado para hacerlas.

Se trata del típico folletín: una pobre chica que trabaja en unos gandes almacenes, con un novio ciego que toca la guitarra. Él se hace famoso, ella se queda también ciega..., en fin, un melodrama de fotonovela.

Salomé

Como ya había probado diferentes duraciones con el Super-8, me decidí a hacer una película en un formato mayor, en 16 mm. En *Salomé* se cuenta el origen del velo.

Abraham va paseando por el campo con su hijo Isaac, y se encuentra con Salomé, que va toda cubierta de velos y peinetas. A pesar de que Abraham era una persona muy justa y muy piadosa, enloquece por ella y le pide que le baile. Ella comienza a bailar *El Gato Montés*, mientras que se va quitando los velos. Una vez que Abraham está completamente loco por ella, Salomé le pide la cabeza de su hijo. Abraham, que había prometido darle lo que fuese, no tiene más remedio que acceder. Isaac, al ver el panorama, dice que para nada sale corriendo. Pero Salomé, que tiene poderes, aparece delante de él, le hipnotiza y se lo entrega al padre. Abraham enciende una hoguera, y cuando se dispone a matar a su hijo se escucha una voz divina que le dice que aquello era una prueba, que Salomé no es otra cosa que una de sus muchas representaciones, que Salomé era Dios, que a veces toma esa forma para seducir a los hombres. Y que si había hecho todo aquello era para probar a Abraham que era humano y podía pecar. Porque Dios estaba un poco mosqueado al ver que Abraham no pecaba nunca. Y que, para que todas las generaciones se acordaran de ese día y lo festejaran, recogiera todos los velos que Salomé se había quitado, para que a partir de entonces las mujeres de su pueblo se cubrieran con ellos en señal de respeto hacia la iglesia.

(Texto publicado en *Zine-Zine* en abril de 1978)

Pepi, Luci, Bom y otras chicas del montón

Dirección: Pedro Almodóvar. Guión: Pedro Almodóvar. Ayudante de dirección: Miguel A. Pérez Campos. Director de fotografía: Paco Femenia. Operador de cámara: Tote Trenas. Ayudantes de cámara: Chus Rambal y Javier Serrano. Ayudantes rodaje: Pancho Alted, Carlos Lapuente, Armando Villar y Juan Guerra. Fotofija: Federico Ribes. Script: Uge Cuesta. Montaje: Pepe Salcedo. Ayudantes de montaje: Rosa Ortiz, Cristina Velasco y Juan Sanmateo. Carteles: Ceesepe. Jefe sonido: Miguel Polo. Ayudantes de sonido: Antonio Bloch y José Bloch. Sastrería: Manuela Camacho. Maquillaje: Juan Luis Farsacc. Transportes y atrezzo: Jim Contreras. Laboratorio: Fotofilm SAE. Sonorización: Cinearte. Canciones: *Tu loca juventud* y *Estaba escrito* cedidas por Hispavox.

Producción: Fígaro Films. Productor: Pepón Coromina. Producción: Esther Rambal y Pastora Delgado. Productor ejecutivo: Félix Rotaeta. Productor delegado: Paco Poch. Nacionalidad: Española.

Año de producción: 1980. Duración: 80 minutos. Formato: 16 mm., hinchada a 35 mm. Pantalla: 1: 1,33. Lugar de rodaje: Madrid. Estreno: 27 de octubre de 1980.

Intérpretes: Carmen Maura: Pepi; Félix Rotaeta: el policía; Olvido Gara «Alaska»: Bom; Eva Siva: Luci. Con la colaboración de Concha Grégori, Kiti Manver, Cecilia Roth, Julieta Serrano, Cristina S. Pascual. Con la actuación de: José Luis Aguirre, Carlos Tristancho, Eusebio Lázaro, Fabio de Miguel, Assumpta Rodes, Blanca Sánchez, Pastora Delgado, Carlos Lapuente, Ricardo Franco, Jim Contreras, Ceesepe, Ángela Fifa, el niño Diego Álvarez, Pedro Miralles, Agustín Almodóvar, Enrique Naya, Juan Carrero, Tote Trenas y «Los Pegamoides».

Nuestro agradecimiento a: Pablo G. del Amo, Ricardo Franco, Blanca Sánchez, Fernando Hilbeck, Discoteca «El Bo», la Boutique Ararad.

Sinopsis

Pepi es una chica independiente, moderna, rica heredera que vive sola. Una mañana llaman a su puerta. Es un policía que vive en el edificio de enfrente y ha visto sus macetitas de droga. Pepi le ofrece sus favores a cambio de que no diga nada, pero con la condición de que no la folle pues es virgen. El policía no la cree y la viola. A partir de ese momento Pepi se muestra sedienta de venganza. Acecha el edificio de enfrente y descubre dónde vive el policía. Decidida a todo, busca ayuda en el grupo musical «Bomitoni» donde canta su amiga Bom y les propone que le den una paliza al policía a cambio del macetamen. El grupo da la paliza al policía por la noche, pero cuando Pepi quiere comprobar el resultado de su venganza se da cuenta de que el policía está indemne puesto que el golpeado ha sido su hermano gemelo.

Pepi quiere vengarse como sea y se hace amiga de

la mujer del policía. La para en la calle y le propone que le dé clases de punto. Durante la primera lección llega Bom a casa de Pepi y se produce entre ella y Luci algo así como un flechazo, sellado con una copiosa meada. Bom es sádica y Luci es masoquista: la pareja es perfecta.

Toni, del grupo musical, monta una fiesta en casa de un primo suyo, pagada por un carroza que vive enfrente con una mujer barbuda y es un *voyeur*. En la fiesta están Pepi, Luci, Bom y otros muchos, especialmente chicos que participan en un concurso de «Erecciones Generales» dirigido por Pedro Almodóvar.

Pepi se decide a escribir la vida de Luci y Bom cuando su padre la llama para decirle que no le enviará más dinero. Así que Pepi busca un trabajo como creativa publicitaria. Sus primeros anuncios son de bragas y son un éxito. Bom y Luci se van con el grupo a una gira por provincias, mientras Pepi intenta poner en marcha la producción de muñecas que tengan la regla y suden. Luci se ha ido de casa y vive en casa de Bom. El policía está solo y aprovecha la ocasión para forzar a Charito, la vecina, haciéndose pasar por su hermano gemelo.

El grupo vuelve de gira y da un concierto. Entre el público está Kiti, una chica que ha venido del pueblo para ser cantante y modelo.

Pepi quiere hacer un vídeo de Luci y Bom, va a su casa para decírselo y encuentra a Bom boxeando y a Luci quejándose. Las tres deciden ir a una discoteca. Bom se aburre, Pepi no, aparece Kiti que se sienta con ellas, aparece también Julieta Serrano vestida de Dama de las Camelias y Bom envía a Luci a buscarla, mientras tanto llega también Assumpta Rodés. Luci vuelve a salir a buscar tabaco y se encuentra con su marido que le da una paliza tremenda.

Como Luci no vuelve a la discoteca, Pepi y Bom se van a casa de Pepi a cenar bacalao al pil-pil. Luci ha desaparecido hace tres días y Bom está preocupada, cuando recibe un telegrama: Luci está en la residencia. Pepi y Bom van a verla y la encuentran feliz y reconciliada con su marido que la pega mucho. La dejan allí y ellas dos, cogidas del brazo, se disponen a iniciar una nueva vida juntas.

Laberinto de pasiones

Dirección: Pedro Almodóvar. Guión: Pedro Almodóvar. Ayudante de dirección: Miguel Ángel Pérez Campos. Director de fotografía: Ángel Luis Fernández. Ayudante de cámara: Salvador Gómez Calle. Auxiliar: Miguel Fernández. Regidor: Félix Rodríguez. Auxiliar: Luis José Rivera. Fotofija: Pablo P. Mínguez. Script: Terry Lennox. Montaje: José Salcedo. Ayudante de montaje: Rosa María Ortiz y Cristina Velasco. Sonido directo: Martín Mueller. Ayudante de sonido directo: Armin Fausten. Sastra: Marina Rodríguez. Maquillaje: Beatriz Álvarez y Fernando Pérez. Decoración: Pedro Almodóvar. Ambientación: Virginia Rubio. Jefe de eléctricos: Fulgencio Rodríguez. Maquinista: Antonio Fernández Santamaría. Iluminador: Carlos Miguel Miguel y Miguel Ángel Rodríguez. Mezclas: Enrique Molinero. Efectos sala: Luis Castro. Efectos especiales estudio: Jesús Peña. Truca: Sixto Rincón. Títulos: Iskra. Transporte: Megino. Atrezzo: Vázquez hermanos. Grúas: Vaquero. Cámaras: Cámara Rent. Laboratorio: Madrid Film. Montaje y sonorizació: Exa-Cinearte. Canciones: *Suck it to me* (Bernardo Bonzzi, F. McNamara y P. Almodóvar) y *Gran ganga* (B. Bonezzi y P. Almodóvar). Cantadas por P. Almodóvar, acompañado en el primer caso por F. McNamara. Músicos: Ana «Pegamoide», Eduardo «Pegamoide» y Nacho «Pegamoide». Vestuario de Helga Liné: Alfredo Caral.

Producción: Alphaville. Jefe de producción: Andrés Santana. Ayudante de producción: José Luis Arroyo. Administración: Julio Liz. Nacionalidad: Española. Año de producción: 1982. Duración: 100 minutos. Formato: 35 mm. Pantalla: 1: 1,66. Estreno: 29 de septiembre de 1982.

Intérpretes: Cecilia Roth: Sexilia; Imanol Arias: Riza Niro; Helga Liné: Toraya; Marta Fernández Muro: Queti; Fernando Vivanco: doctor; Ofelia Angélica: Susana; Ángel Alcázar: Eusebio; Concha Grégori: Angustias; Cristina S. Pascual: novia Eusebio; Fanny McNamara: Fabio; Antonio Banderas: Sadec; Luis Ciges: tintorero; Agustín Almodóvar: Hassan; María Elena Flores: Remedios; Ana Trigo: Nana; Poch: Ángel; Javier P. Grueso: Santi; Santiago Auserón: Gonzalo; Paco Pérez Briam: Manuel Ángel; José Carlos Quirós: Alí; Eva Siva: azafata; Charly Bravo: señor; Zulema Katz: Paciente; Marcela Amaya: criada cubana; Jesús Cracio: Jaime Roca; Mercedes Juste: Ana; Lupe Barrado: camarera hotel; Javier Ulacia: camarero; Teresa Tomás: madre Angustias; Socorro Silva: Portera; M.ª Carmen Castro: niña probeta; Eva Carrero: Sexilia niña; Elena Ramos: dependienta.

Con la colaboración de los artistas plásticos: Ouka Lele, Guillermo Pérez Villalta, Costus, Pablo P. Mínguez, Javier P. Grueso, Carlos Berlanga y Fabio de Miguel.

Con el agradecimiento a: Hotel Barajas, Lámparas Santiago, Boutique Vanguardia.

Dedicatoria: A Blanca Sánchez.

Sinopsis

Sexilia deambula por el Rastro madrileño mirando a los chicos. Riza Niro también deambula por el Rastro mirando a los mismos chicos. Se cruzan pero no se ven. En un bar Riza Niro es abordado por Fabio, que liga con él y se van juntos, mientras que Sexilia ha reunido un grupo de chicos para celebrar una fiesta. Sexilia es hija de un famoso bioginecólogo que se ha especializado en inseminación artificial y hace experimentos cuyo resultado son niñas probeta. Sexilia va al psiquiatra porque es ninfómana y odia el sol desde pequeña. La psiquiatra es argentina de la escuela lacaniana y quiere tirarse al padre de Sexi como sea.

En el consultorio del padre de Sexi está Toraya, la ex emperatriz de Tirán que por fin es fértil. Toraya se entera por una revista que Riza Niro, hijo del emperador tiraní, está en Madrid. Intenta localizarlo, mientras Riza sigue haciendo su vida por las calles de la ciudad. Encuentra a Sadec, un estudiante, y se va con él, pero cuando descubre que es tiraní, huye. Riza quiere cambiar de *look* y busca a Fabio para que lo arregle. En un concierto en el Carolina cantan «Las Perras», el grupo de Sexi, Nana y Angustias y cantan «Ellos». El cantante de «Ellos», Eusebio, se cae por la escalera y Riza, que se hace llamar Johnny, lo sustituye con mucho éxito. Sexi le mira actuar y se enamora de él, también él se enamora de ella. Esa noche Riza se marcha con Santi y Sexi se va con dos chicos pero no pueden follar pues sólo piensan el uno en el otro. Por la mañana Sexi va a buscar a Riza, reconocen su amor pero sin sexo.

Cuando Sexi vuelve a casa ve por la calle a Queti, la hija del tintoreto, que lleva puesta su ropa. Queti es una *fan* de Sexi y tiene un problema muy gordo con su padre, que se la tira un día sí y otro no porque la confunde con su madre que se ha fugado de casa. En casa de Sexi, Queti se encuentra con Nana y Angustias y les da recetas para todo, pues tiene miles de soluciones. Sexi y Riza están cada vez más enamorados y deciden irse juntos a Contadora. Para que Sexi se pueda ir tranquila Queti se convertirá en ella y seguirá cantando en el grupo y viviendo con el padre de Sexi, así se librará de su propio padre.

Sadec es un islámico con un olfato muy desarrollado. Él y sus amigos deciden raptar a Riza Niro, pero Sadec no puede pensar, mejor dicho olfatear nada más que el olor del chico que encontró en la calle. Está enamorado y cuando descubre que Riza Niro es el mismo que estuvo con él se pone a buscarlo con desespero. También Toraya busca a Riza Niro en los ambientes gay de Madrid. Finalmente Toraya lo encuentra en su mismo hotel y se lo lleva a la cama. En ese momento llega Sexi, que tiene una terrible decepción. Corre a casa de la psiquiatra y allí descubre que la causante de su trauma infantil y su ninfomanía es Toraya por una cosa que sucedió en la playa quince años antes. Sexi se encuentra con Queti, que ahora es ella, y decide perdonar a Riza y marcharse con él a Contadora. Va a buscarle al estudio donde ensayan mientras Queti se reúne con las chicas para una sesión de fotos en una lamparería. Allí está también Eusebio y su novia, comprando lámparas. Eusebio descubre que Johnny es Riza Niro y lo denuncia a los estudiantes islámicos. Queti consigue avisar a Sexi para que huyan. Se van todos, Riza, ella, y el grupo a Contadora. Comienza una persecución. Primero en el estudio: llegan las chicas, Eusebio y su novia, los islámicos y Toraya con un periodista. Después en el aeropuerto, donde confluyen todos, pero demasiado tarde: Riza y los demás se han ido a Panamá. Los islámicos no desperdician la ocasión y raptan a Toraya, al periodista le roban la cartera y las chicas se quedan solas y sin novios. En casa de Sexi, Queti, en su papel de hija, se acuesta con su padre y consigue curarle de su miedo al sexo. En el avión a Contadora, Sexi y Riza hacen el amor por primera vez.

Entre tinieblas

Dirección: Pedro Almodóvar. Guión: Pedro Almodóvar. Primer ayudante de dirección: Terry Lennox. Segundo ayudante de dirección: José María Cossío. Secretaria de dirección: Obdulia Beringola. Director de fotografía: Ángel Luis Fernández. Ayudante de cámara: José María Civit. Auxiliar de cámara: María Cruz Cores. Fotofija: Ana Muller. Montaje: José Salcedo. Ayudante de montaje: Rosa Ortiz. Auxiliar de montaje: Blanca del Rey. Sonido directo: Martin Mueller y Armin Fausten. Registro de sonido: Eduardo Fernández. Repicaje: Antonio Illán. Decoración y ambientación: Pin Morales y Román Arango. Trajes bolero Yolanda y vírgenes: Francis Montesinos. Vestuario: Teresa Nieto Morán. Ayudante vestuario: Miguel Ordóñez. Sastra: Carmen Velasco. Jefe eléctricos: Rafael G. Martos. Jefe maquinistas: Ernesto Pérez. Eléctricos: Carlos Miguel y Francisco Durán. Maquinistas: Enrique Bello. Operador grúa: Santiago Gordo. Steadicam: Andrés Vallés. Música: Cam España S.A. Canciones: *Salí porque salí* de Curel Alonso, editada por Música Latina; *Dime*, de Morris Albert, editada por Ediciones Quiroga; *Encadenados*, de Carlos Arturo Britz y Lucho Gatica, editada por Emi Odeón. Arreglos musicales de *Salí porque salí* y *Dime:* Miguel Morales. Interpretadas por: Sol Pilas. Estudios sonorización: Exa. Laboratorio: Madrid Films. Color: Eastmancolor. Títulos: Pablo Núñez. Cámaras: Cámara Rent. Material eléctrico: Mole Richardson. Grúas: Valero. Atrezzo: Mateos hermanos. Tapicería: Francisco Ardura. Vestuario: Peris. Constructor decorados: Antonio López. Jardinería: Alonso. Animales: Circo México y su tigre Alis. Transportes: Ángel Megino. Asesoría jurídica: Legiscine.

Producción: Tesauro S.A. Producción: Luis Calvo. Director de producción: Tadeo Villalba. Jefe de producción: Luis Briales. Administrador: José Astiárraga. Nacionalidad: Española.

Año de producción: 1983. Duración: 115 minutos. Formato: 35 mm. Pantalla: 1: 1,85. Lugar de rodaje: Madrid. Estreno: 3 de octubre de 1983.

Intérpretes: Cristina Sánchez Pascual: Yolanda; Julieta Serrano: madre superiora; Marisa Paredes: Sor Estiércol; Mary Carrillo: marquesa; Lina Canalejas: Sor Víbora; Manuel Zarzo: capellán; Carmen Maura: Sor Perdida; Chus Lampreave: Sor Rata de Callejón. Con la participación de: Willmore: Jorge; Laura Cepeda: Lina; Miguel Zúñiga: Madero; Marisa Tejada: Lola; Eva Siva: Antonia; Cecilia Roth: Merche; Rubén Tobías: policía; Concha Grégori: Sofía; Ángel S. Harguindey: periodista; Mariela Serrano: Espe; Berta Riaza: madre generala; Luisa Gavaza: Monja 1.ª, Alicia Altavella: Monja 2.ª; Carmen Giral: Monja A; Carmen Luján: Monja B; Lola Mateo: Sor A; Casimira Encinas: Sor B; Alicia González: Sor X; Carmen Santoja: Sor Y; Flavia Zarzo: Novicia; Miguel Molina: Tarzán. Con la colaboración de: Luciano Berriatúa, Maite Guillamón, Ricardo del Amo, Tinín Almodóvar, May Paredes, Cecilia Paredes, Mavi Margarida, Tessa Arranz, Elena, Nieves García, Lucía Bosé, Jorge Megino, Marta Maier, Jaime Cortezo, Loreto Briales, Carlos Berlanga, Laura Moreno, Beatriz Álvarez, Tadeo Villalba Jr. y Jorge Giner.

Con el agradecimiento al Excelentísimo Ayuntamiento de Madrid, Empresa Municipal de Transportes, Circo México y su tigre Alis, Boutique Dou y Alfredo Caral.

Sinopsis

Madrid de noche. Yolanda camina por sus solitarias calles. Entra en una casa. Un hombre con un gato la espera impaciente. Le trae droga. Mientras él se pincha, ella va al baño y oye un ruido. Sale y le encuentra muerto. Asustada, huye. Vaga por la noche madrileña y recuerda una extraña visita: la madre superiora de «Las Redentoras Humilladas» es una *fan* suya y se ofreció a ayudarla si lo necesitaba.

En el convento, la madre superiora habla con la marquesa. La marquesa quiere retirar el apoyo económico al convento ahora que se ha muerto su marido. Esto puede ser la ruina para la congregación. En la misma están las cinco monjas que viven en el convento y el capellán. Cantan. En ese momento se abre la puerta y aparece Yolanda aureolada por la luz del día. La madre se dirige a ella y le da la bienvenida. La conduce a una habitación, la habitación de Virginia, la hija de la marquesa, y la mejor de la casa, también le facilita heroína y se droga con ella para que tenga confianza.

Las monjas pasan por momentos difíciles, pero ahora tienen una redimida. La madre decide venderlo todo para conseguir dinero. Sor Rata, mientras tanto habla con su hermana que le da un libro a escondidas. Sor Rata va a ver a Yolanda y le deja el libro que ha escrito ella con el pseudónimo de Concha Torres. Yolanda conoce a las monjas en la cena. Sor Perdida se ocupa de los animales y la limpieza, Sor Estiércol cocina, Sor Víbora cose y Sor Rata se cuida del huerto. Durante la cena, Yolanda y la madre vomitan a causa de la droga y Yolanda descubre al tigre, es «El Niño», lo cuida Sor Perdida y vive en el jardín. Para sacar algo de dinero las monjas van al Rastro a vender cosas. En el convento la madre superiora y Yolanda se quedan solas. Cantan juntas un bolero y se explican algunas cosas de sí mismas. El tiempo transcurre con lentitud y en el convento cada monja se dedica a sus cosas: Sor Perdida con sus gallinas y «El Niño», Sor Estiércol con sus alucinaciones y sus comidas, Sor Víbora inventando vestidos, con la ayuda del capellán, para las vírgenes, Sor Rata cuidando el huerto y escondiendo los libros que la superiora acabará descubriendo y la superiora cada vez más colgada de Yolanda que no le hace ningún caso y más bien la rechaza.

  Una noche llega una antigua redimida pidiendo refugio. Es Merche. La madre la acoge a disgusto y sólo por una noche. Por la mañana la policía se presenta en el convento buscándola. Para que no encuentren a Yolanda, la madre la entrega. Yolanda decide romper con su pasado y también con la influencia de la madre superiora. Durante un tiempo las tinieblas se apoderan del convento. Yolanda tiene el mono del caballo, la madre tiene el mono de Yolanda y las monjas están desconcertadas. Pero de todos modos deciden hacer la fiesta del santo de la madre. Y Yolanda cantará.

  De repente llega una carta de África y la madre

superiora se recupera de su desespero. Va a ver a la marquesa y le hace un chantaje, pero la marquesa no lo acepta. Entonces la madre va a ver a Lola, una antigua redimida que le facilita droga y le propone un viaje a Thailandia para sacar dinero. La fiesta se hace y es un éxito. Viene la madre generala que está dispuesta a cerrar el convento. La marquesa también está, se hace amiga de Yolanda y descubre el secreto de la carta de África: tiene un nieto. Yolanda canta para la madre superiora y después de la actuación se marcha con la marquesa. Es el final de la comunidad. Sor Rata se va con ella. Sor Perdida se vuelve a Albacete y deja a «El Niño» con Sor Víbora y el capellán que se han confesado su amor y están dispuestos a fundar una familia y Sor Estiércol se queda con la madre superiora consolándola del terrible dolor de la pérdida de Yolanda.

¿Qué he hecho yo para merecer esto!

Dirección: Pedro Almodóvar. Guión: Pedro Almodóvar. Primer ayudante de dirección: Terry Lennox. Segundo ayudante de dirección: José María de Cossío. Secretaria de dirección: Obdulia Beringola. Auxiliar dirección: José Laragón. Meritorio: José María Bello. Auxiliar: Marta Maier. Director de fotografía: Ángel Luis Fernández. Segundo operador: José Luis Martínez. Ayudante de cámara: María Cruz Cores. Auxiliar: Arturo Pérez. Fotofija: Antonio de Benito. Montaje: José Salcedo. Ayudante de montaje: Rosa Ortiz. Auxiliar: Cristina Velázquez. Ingeniero de sonido: Bernardo Menz. Microfonista: Mario Gómez. Registro sonido estudio: Enrique Molinero. Repicaje: Antonio Illán. Música: Bernardo Bonezzi. Canciones: *La bien pagá*, de Perelló y Mostazo, cantada por Miguel Molina, editada por Emi Odeón; *Nur nicht aus Liebe Weinen*, de Theo Mackeben, Hanz Fritz Beckmann y Wizner Boheme, cantada por Zarah Leander, editada por Ufaton-Verlagsgesellschaft Gmbh. Decoración y ambientación: Pin Morales y Roman Arango. Atrezzista: Juan de la Flor. Ayudante de atrezzo: Tadeo Villalba y Federico del Cerro. Asistencias rodaje: Juan Ollero y Alfonso Tesoro. Constructor decorados: Ramón Moya. Figurinista: Cecilia Roth. Ayudante vestuario: Juan Carlos García. Sastra: Carmen Velasco. Maquillador: Ramón de Diego. Peluquería: Mercedes Gómez. Jefe eléctricos: Rafael G. Martos. Jefe maquinistas: Ernesto Pérez. Eléctricos: Rafael Castro y Miguel Ángel Rodríguez. Maquinista: Enrique Bello. Operador grúa: Enrique Robles. Encargado estudios: Marcelino Carla. Efectos especiales: Francisco Prósper. Efectos: Carlo de Malli. Cámara: José María López Sáez. Truca y títulos: Santiago Gómez. Estudios de rodaje y sonorización: Cinearte. Laboratorios: Fotofilm Madrid. Film: Kodak Eastmancolor. Cámaras: Cámaras Rent. Material eléctrico: Mole Richardson. Grúas: Valero. Animales: Esteban Aspiazu. Transportes: Ángel Megino. Asesoría jurídica: Legiscine.

Producción: Tesauro S.A. Productor ejecutivo: Hervé Hachuel. Director de producción: Tadeo Villalba. Jefe de producción: Luis Briales. Ayudante de producción: Jaime Cortezo. Auxiliar: Ana Alonso. Administrador: Ángel Izquierdo. Contable: Víctor Vega. Secretaria: Carmen Hernández. Auxiliar: Pablo Ballester. Rodaje en Berlín: Alianza Filmproduktion. Nacionalidad: Española.

Año de producción: 1984. Duración: 102 minutos. Formato: 35 mm. Pantalla: 1: 1,66. Lugar de rodaje: Madrid y Berlín. Estreno: 25 de octubre de 1984.

Intérpretes: Carmen Maura: Gloria; Ángel de Andrés López: Antonio; Chus Lampreave: abuela; Verónica Forqué: Cristal; Kiti Manver: Juani; Juan Martínez: Toni; Gonzalo Suárez: Lucas; Amparo Soler Leal: Patricia; Emilio Gutiérrez Caba: Pedro; Luis Hostalot: Polo; Sonia Anabela Holimann: Vanessa; Cecilia Roth: chica anuncio; Diego Caretti: chico anuncio; Jaime Chávarri: cliente *striptease*; Javier Gurruchaga: dentista, Katia Loritz: Ingrid Muller; Ryo Hiruma: profesor *kendo*; José Manuel Bello: colega barrio; Almodóvar-McNamara: *Playback La bien pagá*; Miguel Ángel Herranz: Miguel; Beni: niño circo; Carmen Girali: portera; Agustín Almodóvar: cajero; «El Churri»: *el dealer*; Francisca Caballero: clienta dentista; Esteban Aspiazu: cliente bar; María del Carmen Rives: farmacéutica 1.ª; Pilar Ortega: farmacéutica 2.ª; Luciano Berriatúa: agente 1.ª; Jesús Cracio: agente 2.º; Carlos Miguel: Padre Vanessa; y el lagarto «Carlitos».

Agradecimientos al: Excelentísimo Ayuntamiento de Madrid, el Circo de los Muchachos y el Barrio de La Concepción.

Sinopsis

Además de su casa, Gloria limpia algunas más, para ayudar al presupuesto familiar. Suele tomar anfetaminas todos los días, de este modo consigue permanecer despierta (e histérica) las 18 horas de trabajo que dura su jornada. Uno de los lugares donde trabaja, una academia de *kendo*, le sirve de casual desahogo. Observa fascinada los violentos ejercicios de los *kendokas* y cuando se queda sola los ensaya para descargar toda la agresividad que lleva años almacenando. Como muchas mujeres españolas, amas de casa de barrio, Gloria no tuvo las mismas oportunidades que Carolina de Mónaco. Su marido, Antonio, trabaja en un taxi. No existe la menor comunicación entre ellos, pero tampoco eso la convierte en un ser excepcional. Muchas mujeres están educadas para ello y albergar la más mínima esperanza es una asignatura que nunca se incluyó en ese tipo de educación.

Quince años antes el marido trabajó en Alemania, como chófer de una cantante alemana con la cual tuvo un escarceo que él nunca olvidó. Las únicas huellas de esta relación son una foto dedicada (que él lleva en la cartera) de la cantante Ingrid Muller, un *cassette* con una canción que él escucha continuamente y que Gloria odia, y un libro de memorias (de otra cantante) con cartas autógrafas de Hitler que él ayudó a falsificar. Porque entre las habilidades de Antonio está la de imitar cualquier letra, habilidad que trata de inculcarle a uno de sus hijos como única herencia.

En los 40 metros cuadrados habitados por el matrimonio también ocupan su espacio correspondiente una abuela encantadora y mezquina, aficionada a todas las bebidas efervescentes y que sueña con volver un día a su pueblo y abandonar el infierno de la gran ciudad, como Warren Beatty en *Esplendor en la yerba* o Sterling Hayden en *La jungla del asfalto*. Y dos hijos: Miguel de 12 años, que suele acostarse con los padres de sus amigos, y Toni, de 14, que trafica con heroína para ahorrar dinero y poderse ir con su abuela al campo y poner un rancho o trabajar como labrador. Cerca de Gloria viven también otras mujeres que casi forman parte de la familia: Cristal, una puta todo-corazón que imita a las muñecas Barbie Superestar y sueña con Las Vegas; y Juani, una mujer resentida, maniática de la limpieza y el lujo hortera, con una niña que tiene poderes telekinésicos, de los que se aprovecha para destrozarle diariamente la casa. Gloria limpia, lava, zurce, barre, cocina, lleva a sus hijos al médico, lucha contra las farmacéuticas que no le dan anfetaminas sin receta, sufre un espantoso síndrome de abstinencia, cuando hace el amor pocas veces llega al final, no tiene dinero para comprarse un champú color y teñirse las canas, no la persiguen los veinte hombres más atractivos de la ciudad, tiene que aceptar la presencia de un lagarto en la casa que han recogido la abuela y Toni, y por si fuera poco tiene que soportar que su marido le diga que irá a recoger a Ingrid Muller, que viene a visitarle para proponerle la falsificación de las memorias de Hitler. Es fácil suponer que Gloria no es una mujer feliz. Y como todas las mujeres infelices explota el día más inesperado por una banalidad. El marido le dice que le planche una camisa para presentarse frente a la alemana y ella se niega. Se va a la cocina, el marido le tira la camisa a la cara después de darle una bofetada. Ella está muy excitada, se deja llevar por los nervios y en una fracción de segundo coge un hueso de jamón que cuelga sobre la pared de la cocina y golpea al marido en la cabeza. Y lo mata. Sin darse cuenta le ha dado un perfecto golpe de *kendo* con el hueso. Después tiene que soportar una investigación, pero la cotidianidad de Gloria es tan extraordinaria que resulta imposible descubrir al asesino. Su hijo pequeño se ha ido a vivir con un dentista, la abuela y Toni deciden irse al pueblo. Gloria se queda sola, con un síndrome de abstinencia y la casa demasiado grande y limpia para una mujer que sólo ha adquirido la costumbre de limpiar.

Sale a la ventana para respirar el aire contaminado de la M-30 y contempla su barrio, uno de los más agresivamente feos que Franco dejó como legado a las clases trabajadoras en la explosión económica de los 60. Mira hacia abajo. Desde su quinto piso el vacío resulta tentador, y tal vez hubiera cedido a esa atracción de no ser porque su hijo pequeño, el que se fue con un dentista, vuelve a casa para ocupar el lugar del padre, porque como él mismo dice, «esta casa necesita un hombre».

Los problemas de Gloria para sobrevivir son casi los mismos que al principio; pero al menos ahora no está sola y va a tener más tiempo libre. (Del *pressbook* de *¿Qué he hecho yo para merecer esto!*)

Matador

Dirección: Pedro Almodóvar. Argumento: Pedro Almodóvar. Guión: Pedro Almodóvar, con la colaboración de Jesús Ferrero. Ayudante de dirección: Rafael Moleón. Ayudante de dirección: Eusebio Grazziani. Secretaria de rodaje: Marisa Ibarra. Regidora: Esther Rambal. Auxiliares de dirección: Agustín Almodóvar y Carmen Martínez. Director de fotografía: Ángel Luis Fernández. Ayudante de cámara: Mari Cruz Cores. Fotofija: Jorge Aparicio. Auxiliar de cámara: José Ramón Delgado. Montaje: José Salcedo. Ayudante de montaje: Rosa María Ortiz. Auxiliar de montaje: Cristina Velasco. Ingeniero de sonido: Bernard Orthion. Ingeniero de sonido: Tino Azores. Microfonista: Gilles Orthion. Auxiliar de sonido: Antonio Rodríguez. Música: Bernardo Bonezzi, grabada en Estudios Circus. Arreglos orquestales: Manuel Santisteban. Canción: *Espérame en el cielo, corazón,* cantada por Mina. Decoración: Román Arango, José Morales y Josep Rosell. Ambientador: Fernando Sánchez. Ayudante de decoración: Alberto Puerta. Atrezzista: José Luis Álvarez. Asistencia al rodaje: Inocente Ruiz. Atrezzo: Mengíbar-Mateos-Vázquez Hnos. Vestuario: José María Cossío. Sastra: María de los Ángeles del Saz. Vestuario Assumpta Serna: Francis Montesinos y Ángeles Boada. Vestuario Eva Cobo: Francis Montesinos y Ángela Arregui Dúo. Vestuario Eusebio Poncela: Antonio Alvarado. Joyas Assumpta Serna: Chus Burés. Vestuario: Cornejo. Maquillaje: Juan Pedro Hernández. Auxiliar de maquillaje: Jorge Hernández. Peluquera: Teresa Matías. Jefe eléctricos: Rafael G. Martos. Eléctricos: Ángel Granell y Fernando Bertrán. Maquinistas: Ángel Gómez y Rafael Castro. Efectos especiales: Reyes Abade. Técnico de vídeo: Javier Trueba. Cámaras: Cámara Rent. Laboratorios: Fotofilm Madrid. Sonorización: Cinearte-Enrique Molinero. Material eléctrico: GECISA. Repicado de sonido: Sintonía. Grupo electrógeno: UMESA. Transportes: Félix Fontal. Gestoría: Legiscine.

Producción: Andrés Vicente Gómez. Cía Iberoamericana de TV, S.A. en colaboración con TVE. Productor ejecutivo: Andrés Vicente Gómez. Director de producción: Miguel Gómez. Ayudantes de producción: Esther García y José Carlos Barranco. Administración: Francisco Amaro y Juan Campos. Nacionalidad: Española.

Año de producción: 1986. Duración: 96 minutos. Formato: 35 mm. Pantalla: 1: 1,85. Lugar de rodaje: Madrid. Estreno: 3 de marzo de 1986.

Intérpretes: Assumpta Serna: María Cardenal; Antonio Banderas: Ángel; Nacho Martínez: Diego; Eva Cobo: Eva; Julieta Serrano: Berta; Chus Lampreave: Pilar; Carmen Maura: Julia; Eusebio Poncela: comisario; Bibi Andersen: vendedora de flores;

Luis Ciges: guardia; Eva Siva: asistenta Diego y María; Verónica Forqué: periodista; Pepa Merino: secretaria María; Lola Peno, Marisa Tejada, Mercedes Jiménez y Francesca Romana: alumnas; Jesús Ruyman y Milton Díaz: tipos; Jaime Chávarri: sacerdote; Marcelo G. Flores y Agustín Almodóvar: policías; Concha Hidalgo: Tata Ángel; Angie Gray, Alicia Mora, Laly Salas, Kika, Juan Sánchez, Antonio Passy, Kike Túrmix y Julián Sánchez.

Nuestro agradecimiento a: Concejalía y Club de la Tercera Edad del Distrito de Arganzuela (Club del Reloj), Escuela de Tauromaquia de Madrid.

Película subvencionada por el Ministerio de Cultura.

Dedicatoria: A mi hermano Tinín.

Sinopsis

Diego Montes es un torero retirado prematuramente a causa de una cogida. Dirige una Escuela de Tauromaquia. Ángel es uno de sus alumnos, un chico extraño que padece vértigo, tiene una madre del Opus autoritaria y odiosa y es vecino de Eva, la novia de Diego, que es modelo. Una noche, para demostrarle a su maestro su virilidad, Ángel sigue a Eva e intenta violarla en la calle durante una tormenta, después se desmaya. Al día siguiente va a la iglesia obligado por su madre, pero Ángel busca un castigo y más que un cura quiere confesarse a la policía. Acude a una comisaría y se autoacusa de la violación. Cuando Eva y su madre reconocen que trató de violarla, pero no lo consiguió y no quieren denunciarle, Ángel, que necesita que le castiguen por algo, se autoacusa de cuatro asesinatos, dos chicos muertos con un alfiler y dos chicas desaparecidas, compañeras suyas en las clases de tauromaquia.

María Cardenal es nombrada abogado de oficio para defenderle. Ángel parece reconocerla cuando la ve por primera vez. María es admiradora de Diego Montes y esto los une. Diego y Eva ven a María en la televisión y cuando Diego acompaña a Eva a su casa le reconoce en la puerta del edificio como una aparición. Diego decide esperarla, mientras María habla con la madre de Ángel, que se niega a ayudarla en la defensa de su hijo al que cree culpable de los cuatro asesinatos. María sale de la casa, se da cuenta que Diego la sigue. Para y entra en un cine, Diego entra tras ella. Proyectan *Duelo al sol*, el final. En los lavabos hablan por primera vez. Diego la lleva a su casa, se besan, María intenta matarle con un alfiler, él la detiene. Se separan, pero Diego sabe que ha encontrado alguien como él. En un desfile de modelos donde interviene Eva, Diego vuelve a encontrar a María. La sigue hasta el Viaducto. Allí se reconocen pero se temen. Sobre todo ella.

Mientras tanto el comisario intenta averiguar qué hay de cierto en las autoacusaciones de Ángel. Va a la Escuela de Tauromaquia, pero no descubre nada, Julia, la psiquiatra que se ocupa del caso de Ángel y es amiga del comisario, sostiene que Ángel tiene estados hipnóticos. Efectivamente Ángel tiene un estado de hipersensibilidad que le permite ver y oír todos los asesinatos y muertes que se producen en la ciudad. Es una tensión agobiante. Cuando ya no puede más lleva a la policía donde están los cadáveres de las dos chicas desaparecidas, enterradas en el jardín, están todos: Ángel y Julia, Diego y María, el comisario y los policías. Ante los cadáveres María reconoce que Diego sigue siendo un matador y le lleva a un refugio secreto donde tiene reunidas todas las cosas del torero que ha ido consiguiendo desde su retirada. Ambos se dan cuenta que son iguales y que sólo alcanzarán la felicidad el uno en la otra. Diego rompe con Eva, pero la chica no está dispuesta a dejarle ir, va a su casa y, escondida en la escalera, escucha una conversación entre Diego y María. Así descubre que ellos son los asesinos y cree que puede hacerles chantaje. Pero Diego y María están dispuestos a todo. Es la tarde del eclipse. Se reúnen y lo preparan todo para el acto final. Ángel desde el hospital los ve y advierte del peligro que corren. Eva, que ha ido a denunciarlos a la comisaría, también sabe que están en peligro. En un coche y guiados por Ángel, llegan a la casa refugio de María en el momento del eclipse. En ese instante único se oye un disparo: María y Diego, después de hacer el amor apasionadamente, mueren uno en brazos del otro en un éxtasis de felicidad.

La ley del deseo

Dirección: Pedro Almodóvar. Guión: Pedro Almodóvar. Ayudante de dirección: Rafael Moleón. Segundo ayudante de dirección: Agustín Almodóvar. Script: Marisa Ibarra. Regidor: Federico Bermúdez de Castro. Director de fotografía: Ángel Luis Fernández. Ayudante de cámara: Mari Cruz Cores. Auxiliar de cámara: Eduardo Martín. Fotofija: José Aparicio. Montaje: José Salcedo. Ayudantes de montaje: Manuel Laguna y Antonio Pérez Reina. Sonido directo: James Willis. Ayudante de sonido: Manuel Ferreiro. Efectos especiales de sonido: Jesús Peña. Repicado sonido: A. Illán. Música: *Sinfonía n.º 10* de Shostakovich; *Tango*, de Stravinsky; *Ne me quitte pas*, de Jacques Brel, cantada por Maisa Matarazzo; *Guarda che luna*, de Fred Bongousto; *Lo dudo*, de Navarro, cantada por Los Panchos, *Déjame recordar*, de Bola de Nieve; *La despedida*, de Bernardo Bonezzi; *Susan Get Down*, *Voy a ser mamá* y *Satanasa*, de Almodóvar-McNamara. Decoración: Javier Fernández. Ayudante de decoración: Carlos C. Cambero. Atrezzista: Federico del Cerro. Asistencia rodaje: Juan A. Torrijos. Constructor de decorados: Ramón Moya. Atrezzo: Vázquez Hnos. Efectos especiales: Reyes Abade. Armería: Roasa. Vestuario: Peris Hnos. Maquillaje: Juan Hernández. Auxiliar: Jorge Hernández. Peluquería: Teresa Matías. Jefe eléctricos: Rafael G. Martos. Jefe maquinistas: Ángel Gómez Martín. Iluminadores: Enrique Bello, Rafael Castro, Francisco Durán y Saturnino Fernández. Mezclador: Jacinto Cora. Efectos sala: Luis Castro. Cámaras: Cámara Rent. Laboratorio: Madrid Film. Títulos: Story Film-Pablo Núñez. Grupo electrógeno: Luis Domínguez. Material eléctrico: Cinetel. Grúas: Cinegrúas. Transporte: Megino y Luis Martín. Gestoría: Legiscine.

Producción: El Deseo S.A., en coproducción con Lauren Films. Productor ejecutivo: Miguel Ángel Pérez Campos. Productor asociado: Agustín Almodóvar. Jefa de producción: Esther García. Ayudante de producción: Rosa Menéndez. Secretario de producción: Domingo Sánchez. Control presupuesto: Mauricio Díaz. Nacionalidad: Española.

Año de producción: 1986. Duración: 100 minutos. Formato: 35 mm. Pantalla: 1:1,85. Lugares de rodaje: Madrid y Jerez, Conil y Faro de Trafalgar (provincia de Cádiz). Estreno: 6 de febrero de 1987.

Intérpretes: Eusebio Poncela: Pablo Quintero; Carmen Maura: Tina Quintero; Antonio Banderas: Antonio; Miguel Molina: Juan; Manuela Velasco: Ada; Bibi Andersen: madre de Ada; Fernando Guillén: inspector; Nacho Martínez: doctor; Helga Liné: madre Antonio; Fernando G. Cuervo: policía hijo; Germán Cobos: cura; Maruchi León: hermana de Juan; María Fernández Muro: Groupy; Alfonso Vallejo: sargento; Tinín Almodóvar: abogado; Lupe Barrado: enfermera; Roxi Von Donna: locutora de televisión; José Manuel Bello: guardia joven; Angie Gray: chica terraza; José Ramón Fernández: chulo; José R. Pardo: policía; Juan A. Granja: modelo; Héctor Saurit: periodista; Pepe Patatín: dependiente.

Nuestro agradecimiento a los pintores: Juan Antonio Puertas, Dis Berlín, Manolo Quejido y Miguel Ángel Campano; a los diseñadores: Antonio Alvarado y Ángela Arregui Dúo; y a Ático, Teresa Ramallal, Ferretería Gran Vía, BMW, Gispert S.A. y a los vecinos de la Plaza del Cordón.

Película subvencionada por el Ministerio de Cultura en colaboración con el Instituto Madrileño de Desarrollo de la Comunidad de Madrid.

Palmarés: Tucán de Plata (Premio Glauber Rocha), al mejor director por *La ley del deseo*, en el Fest Rio 87 (Festival de Río de Janeiro). Premio AGIS-BNL, en el Festival de Salsomaggiore (Italia). Uno de los Prizes for the Distribution of Quality Films in Belgium, dado por The Royal Film Archive of Belgium. Premio Nueva Generación, dado por la Asociación de Críticos de Los Ángeles. Premio Fotogramas de Plata, dado por la revista *Fotogramas*. Premio Long Play al mejor director, por *La ley del deseo*. Premio Nacional de Cinematografía 1987 para Carmen Maura.

Sinopsis

Pablo y Tina son hermanos, sus padres se separaron cuando ambos eran chicos de sexo masculino, Tina era Tino. Cuando Tina se fue a vivir con su padre ya mantenía relaciones sexuales con él. Se cambió de sexo y de este modo se convirtió en la mujer de su padre. Después de unos años el padre la abandona y Tina no vuelve a poner los ojos en ningún otro hombre. Los odia.

Pablo escribe y dirige películas. Está enamorado de Juan, un chico encantador que también le quiere, pero no es capaz de darle todo lo que él necesita. Pablo, al contrario que su hermana, no se complace en el dolor. Intenta superarlo a través de la creación. El mejor modo de olvidar es desarrollar sobre el papel todo lo que su vida tiene de insuficiente. Juan se va a su pueblo de vacaciones y le escribe a Pablo una carta encantadora pero carente de pasión. Pablo le contesta escribiéndole él mismo la carta que necesita recibir de Juan y Juan se la reenvía firmada y encabezada.

Hace unos veinte años que Tina se cambió de sexo. Después de su padre no ha habido ningún otro hombre. Comparte su vida con una modelo que tiene una niña de 10 años, la modelo también la abandona. Tina se queda con la niña y se comporta como si fuera su propia madre. La niña a su vez está enamorada de Pablo. Pablo conoce a Antonio, un chico andaluz posesivo y contradictorio que en cuestión de horas pasa de tener la primera experiencia homosexual a convertirse en un amante dominador y amenazante. Lee la falsa carta de Juan y cree que es auténtica. Discute con Pablo pero el director no se lo toma en serio. Antonio se va de vacaciones. Cuando se va le sugiere a Pablo que le escriba con nombre de mujer para que sus padres no sospechen nada. Pablo está escribiendo un guión cuyo principal personaje femenino está inspirado en su hermana. Cuando le escribe a Antonio utiliza el nombre de este personaje:

Laura P. Pero no es lo que Antonio necesita. Pablo rompe con él en una carta donde le explica que sigue queriendo a Juan y que irá a verle a su pueblo. La noche antes de que Pablo llegue al pueblo de Juan, Antonio va allí y sin que nadie los vea, le mata. Cuando Pablo llega, la guardia civil acaba de descubrir el cadáver en la playa. Después de ser interrogado por la guardia civil, Pablo vuelve a Madrid. En el camino las lágrimas le impiden ver un árbol. Tiene un accidente. Recibe un golpe en la cabeza y queda amnésico. La policía descubre las cartas de Laura P. y comprueban que están escritas con la misma máquina que las cartas a Juan firmadas por Pablo y que el guión cuya protagonista es la misteriosa y desaparecida Laura P. Todos la buscan, pero nadie la encuentra.

Antonio vuelve a Madrid mientras Pablo continúa recuperándose en el hospital vigilado por una pareja de policías. Antonio seduce a Tina para sentirse más cerca de Pablo. Tina no lo sabe y le cree. Después de años su corazón vuelve a palpitar al compás del deseo. Cuando Pablo se entera de esta relación teme por la vida de Tina. Acude a casa de su hermana donde Antonio se ha hecho fuerte con una pistola. A cambio de liberar a Tina, accede a pasar una hora de tregua con él antes del desenlace. Un desenlace trágico que se consuma tras el placer del último deseo cumplido. Después de esto ni Pablo ni Tina volverán a ser los mismos. (Del *pressbook* de *La ley del deseo*.)

Mujeres al borde de un ataque de nervios

Dirección: Pedro Almodóvar. Guión: Pedro Almodóvar. Director de fotografía: José Luis Alcaine. Cámara: Alfredo Mayo. Ingeniero de sonido: Gilles Orthion. Decorador: Félix Murcia. Montador: José

Salcedo. Figurinista: José María Cossío. Música: Bernardo Bonezzi. Canciones: *Soy Infeliz*, cantada por Lola Beltrán (Autor: Ventura Rodríguez. Edit. «Música del Sur», por cortesía RCA) y *Puro Teatro*, cantada por La Lupe (Autor: C. Curet Alonso. Por cortesía de S.B.K.). Diseño de títulos y material gráfico del film: Stvdio Gatti. Ayudante de diseño: Alicia González. Decorador: Félix Murcia. 2.º Operador: Alfredo Mayo. Peluquero: Jesús Moncusi. Ayudante de dirección: Julián Núñez. Ayudante de dirección: Miguel Ángel Pérez Campos. Ayudante de producción: Alejandro Vázquez. Ayudante de cámara: Joaquín Manchado. Script: Marisa Ibarra. Ayudante de decoración: Carlos G.ª Gambero. Ayudante de montaje: Rosa M.ª Ortiz y Manolo Laguna. Foto fija: Macusa Cores. Microfonista: Antonio Rodríguez. Regidor: David Jareño. Regidor: Daniel Miranda. Atrezzista: Federico del Cerro. Asistente de rodaje: Juan Carlos Garrido. Secretaría de producción: Fernanda Arnal. Cajero pagador: Alicia Moreno. Sastra: Josume Lasa. Auxiliar de cámara: Juan Carlos Rodríguez. Auxiliar de dirección: Tomás Corrales. Auxiliar de producción: Juan Carlos Caro. Auxiliar de producción: Carlos Lázaro. Jefe eléctricos: Fulgencio Rodríguez. Jefe maquinistas: Carlos Miguel. Eléctrico: Fernando Beltrán. Eléctrico: Enrique Bello. Eléctrico: Alberto Arnal. Conductor unidad móvil: Ángel Frutos. Conductor cámara car: Julián Hernández. Figuración: Nueva Agencia. Permisos oficiales: Alfonso Jadraque. Cámaras: Cámara Rent. Laboratorio: Madrid Film. Sonorización: EXA. Estudios grabación música: Audio Film. Ingeniero grabación música: Tino Azores. Técnico mezclas: Eduardo Fernández. Material eléctrico: Cinetel y Peris Hnos. Vestuario: Cornejo. Tapicería: Emilio Ardura. Atrezzo: Vázquez Hnos. Transporte: Ángel

Megino. Unidad móvil: Ángel Megino. Grupo electrógeno: Paulino Alonso. Efectos especiales: Reyes Abades. Animales: Francisco Ardura. Armas: ROASA. Gestoría: Legiscine. Truca: Pablo Núñez. Efectos sala: Luis Castro. Decorados: Decor Moya. Encargado construcción: Emilio Cañuelo. Forillos fotográficos: Foto-Arte. Estudios de rodaje: Estudios Barajas.

Producción: El Deseo, S.A. Productor ejecutivo: Agustín Almodóvar. Productor asociado: Antonio Llorens. Jefa de producción: Esther García. Nacionalidad: Española.

Año de producción: 1987. Formato: 35 mm. Pantalla: 1: 1,85. Estreno: 23 marzo de 1988.

Intérpretes: Carmen Maura: Pepa; Fernando Guillén: Iván; Julieta Serrano: Lucía; Antonio Banderas: Carlos; María Barranco: Candela; Rossi Von Donna: Marisa; Kiti Manver: Paulina; Loles León: Cristina; Chus Lampreave: portera Iván; Willi Montesinos: taxista. Juan Lombardero: Germán; José Antonio Navarro: policía II; Ana Leza: Ana; Ambite: Ambite; Mary González: madre Lucía; Lupe Barrado: secretaria Paulina; Joaquín Climent: policía I *spot*; Chema Gil: policía II *spot*; Gabriel Latorre: cura; Francisco Caballero: locutora TV; Carlos G.ª Cambero: empleado averías; Agustín Almodóvar: empleado inmobiliaria; Tomás Corrales: basurero; Eva González: chica que baila; Carmen Espada: farmacéutica; Susana Miraño: clienta enmascarada I; Paquita Fernández: clienta enmascarada II; Federico G.ª Cambero: dependiente farmacia; Gregorio Ross: médico; Paco Virseda: mensajero; Imanol Uribe: marido; y Yayo Calvo y Ángel de Andrés-López.

Nuestro agradecimiento al Ayuntamiento de Madrid, Marino García, Emiliano Piedra, Forlady, La

Oca, Perfumería Hegar, Agencia de viajes Nur Travel (Gral. Moscardó), Galería de arte Vijande, Juan Luis Líbano - Decoración Internacional, Peugeot, Amper, Inmobiliaria Urbis, Alcampo.

Sinopsis

Pepa e Iván son actores de doblaje. Por su profesión, él ha declarado su amor a las mujeres más hermosas del cine y la televisión, lo malo es que no han sido las únicas.

Después de una relación de años rompe con Pepa, le deja un recado en el contestador diciéndole que le prepare una maleta con sus cosas.

Pepa no soporta la casa llena de recuerdos y la pone en alquiler. Iván no llega, ni llama y Pepa tiene que decirle que acaba de enterarse que está encinta. Mientras le espera, la casa se le va llenando de gente a través de los cuales descubre un montón de cosas sobre la soledad y la locura, también se entera de algunos secretos de Iván.

Llega, por ejemplo, Candela, una amiga de Pepa que huye de la policía. Candela se había liado con un terrorista chiita que utilizó su casa de cuartel general, sin ella saberlo. Por si tuviera pocos problemas, Pepa no duda en darle asilo.

Lucía es otra de las visitas y viene en busca de Iván. Veinte años atrás fueron amantes y de su relación nació Carlos, detalle que Pepa desconocía y que descubre casualmente cuando Carlos, todo un hombre ya, viene a alquilarle la casa.

También aparece la policía en busca de Candela, Pepa consigue librarse de ellos, a base desesperación e ingenio. En la confusión, Lucía les roba las pistolas. Cuando se queda sola con Pepa le amenaza con las armas, obligándola a decirle el paradero de Iván. Mientras Pepa se decide a hablar, Lucía le cuenta su pasado:

Después de nacer Carlos y ser abandonada por Iván, Lucía consumió su juventud en un hospital psiquiátrico. Un día, cuando miraba el televisor oyó la voz de Iván diciéndole a la protagonista las mismas frases de amor que le había dicho a ella veinte años atrás. Fue como un revulsivo, recobró la razón y la memoria y salió del hospital dispuesta a recuperar el tiempo perdido y hacerle pagar a Iván aquellas dos décadas de silencio y vacío.

Pepa le aconseja que lo olvide, como ella misma está haciendo. «Voy a matarle, sólo así podré olvidarlo», le dice Lucía.

Iván está en el aeropuerto, a punto de zarpar en un avión con su nueva amante. Pepa intenta desarmar a Lucía e impedir que llegue al aeropuerto, pero Lucía no está dispuesta a que nadie se interponga entre el cañón de su pistola y su antiguo amante. Camino del aeropuerto las dos mujeres se baten en violento duelo. La lucha continúa dentro del recinto, muy cerca de donde Iván chequea su equipaje. En el último momento, Pepa consigue desarmar a la demente y salvar a Iván.

Lucía es detenida por la policía. Les ruega que la lleven al hospital, del cual ya no piensa salir jamás. Por fin, Pepa e Iván están frente a frente. Él se deshace en palabras de agradecimiento; en un alarde de generosidad la invita a tomar algo en la cafetería y reconsiderar su situación, pero Pepa le rechaza. Ya no le necesita. No quiere convertirse en un *remake* de la demente Lucía. Todo lo que pensaba decirle, en las últimas horas se ha ido resumiendo a una sola palabra: ADIÓS.

Premio «John Labatt Classic Film» a la Película Más Popular. Festival Internacional de Cine de Toronto, 1988.

Premio «CIAK» a la Mejor Actriz, Carmen Maura. Festival Internacional de Cine de Venecia, 1988.

Premio al Mejor Argumento y Guión Cinematográfico. Festival Internacional de Cine de Venecia, 1988.

Seleccionada por el Lincoln Center for the Performing Arts para la inauguración del 26º Festival Internacional de Cine de New York 1988.

Premio Europeo de Cine, Berlín 1988:
—Mejor Película Joven
—Mejor Actriz

Premio mejor película extranjera del año 1988 por el Círculo de Críticos Cinematográficos de New York (New York Film Critics' Circle).

Premio «D.W. Griffith» a la mejor película en lengua extranjera por el Comité Nacional de Escritores Cinematográficos (The National Board of Review of Motion Pictures).

Nominada para el Globo de Oro a la mejor película extranjera 1988.

Nominada para el Oscar a la mejor película extranjera por la Academia de Artes y Ciencias Cinematográficas de Hollywood, 1989.

Nominada para los premios A.C.E. (Asociación de Cronistas de Espectáculos de Nueva York):
— Mejor Película
— Mejor Director
— Mejor Actriz: Carmen Maura
— Mejor Coactuación femenina: María Barranco y Rossy de Palma.

Nominada para los Premios Onda Madrid 1988:
— Mejor Película
— Mejor Director
— Mejor Actriz: Carmen Maura
— Mejor Actriz de Reparto: María Barranco
— Mejor Fotografía
— Mejor Guión.

Premios «Goya» de la Academia de Ciencias y Artes Cinematográficas de España, Nominaciones 1989:
— Mejor Película (concedido)
— Mejor Director
— Mejor Guión (concedido)
— Mejor Actriz: Carmen Maura (concedido)
— Mejor Actor de reparto: Guillermo Montesinos
— Mejor Actriz de reparto: María Barranco (concedido) y Julieta Serrano
— Mejor Director de Producción: Esther García
— Mejor Fotografía: José Luis Alcaine
— Mejor Montaje: José Salcedo (concedido)
— Mejor Dirección Artística: Félix Murcia
— Mejor Diseño de Vestuario: José M.ª de Cossío
— Mejor Maquillaje: Gregorio Ross
— Mejor Sonido
— Mejores Efectos Especiales
— Mejor Peluquería: Jesús Moncusi
— Premios «Fotogramas» 1989 a:
— Mejor Actriz: Carmen Maura
— Mejor Actor: Antonio Banderas

— Premio «Claqueta» Radio Miramar de Barcelona, por votación polular:
— Mejor película española 1988

— Elegida Mejor Película Española 1988 por la Asociación de Escritores Cinematográficos de Andalucía, España 1989.

— Premios «De Película» (programa de TVE), por votación de público y crítica:
— Mejor Película
— Mejor director
— Mejor Actriz: Carmen Maura.

Índice

Índice

Prólogo 7
Prólogo a la segunda edición 11
PRIMERA PARTE. Autobombo:
   Almodóvar, el cine y los demás 13
   Capítulo primero
     Pepi, Luci, Bom y otras chicas del montón .. 15
   Capítulo segundo
     Laberinto de pasiones 39
   Capítulo tercero
     Entre tinieblas 66
   Capítulo cuarto
     ¿Qué he hecho yo para merecer esto! 108
   Capítulo quinto
     Trailer para amantes de lo prohibido 149
   Capítulo sexto
     Matador 158
   Capítulo séptimo
     La ley del deseo 194
   Capítulo octavo
     Tacones lejanos 249
   Capítulo noveno
     Mujeres al borde de un ataque de nervios .. 257
SEGUNDA PARTE. A modo de complemento 269
   Capítulo primero
     Pepi, Luci, Bom y otras chicas del montón .. 271
   Capítulo segundo
     Laberinto de pasiones 277
   Capítulo tercero
     Entre tinieblas 284
   Capítulo cuarto
     ¿Qué he hecho yo para merecer esto! 290
   Capítulo quinto
     Matador 298
   Capítulo sexto
     La ley del deseo 304
   Capítulo séptimo
     Mujeres al borde de un ataque de nervios .. 312

TERCERA PARTE. Guía almodovariana 317
   Guía almodovariana 319
   Personajes 328
   Objetos 338
   Lugares 351
   Situaciones 361
   Apariciones 367

CUARTA PARTE. Un año después 369

APÉNDICE. Filmografía 403
   Filmografía 405
   Primeros trabajos..................... 407